# 子ども・子育て支援新制度の「今」

# 新子育て安心プラン

## 視点　2020（令和2）年発表「新子育て安心プラン」の概要

待機児童の解消のため、保育の受け皿整備を推進する施策が2013年度から行われてきましたが、2020年度末に期限を迎える「子育て安心プラン」に代わり、「新子育て安心プラン」が2020（令和2）年12月に発表になりました。

●2021（令和3）年度から2024（令和6）年度末までの4年間で約14万人分の保育の受け皿を整備する

ポイント

・第2期市町村子ども・子育て支援事業計画の積み上げを踏まえ、保育の受け皿を整備。

・できるだけ早く待機児童の解消を目指すとともに、女性（25〜44歳）の就業率の上昇に対応。

（参考）2019（平成31/令和元）年：77.7%、現行の子育て安心プランは80%に対応、
2025（令和7）年の政府目標：82%（第2期まち・ひと・しごと創生総合戦略）

・地域の特性に応じた支援を実施。

・仕事・職場の魅力向上を通じた保育士確保を推進。

・幼稚園・ベビーシッターを含めた地域のあらゆる子育て資源を活用。

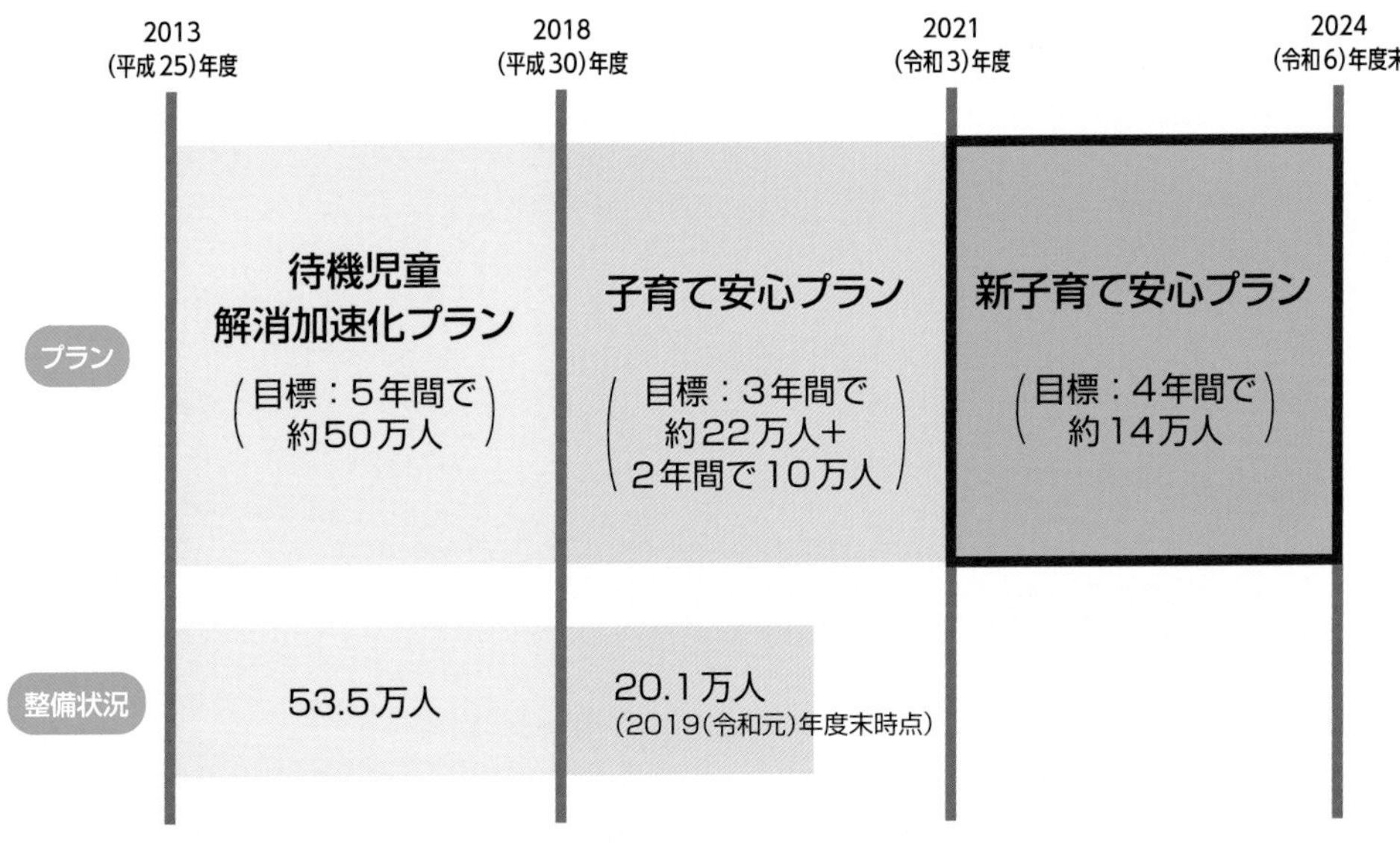


出典：厚生労働省「 新子育て安心プラン」

子ども・子育て支援新制度の「今」

# 「新子育て安心プラン」支援のポイント

## 視点　保育の現状を鑑みた「新子育て安心プラン」の概要

「新子育て安心プラン」では、４年間で約１４万人の保育の受け皿を整備するほか、①地域の特性に応じた支援、②魅力向上を通じた保育士の確保、③地域のあらゆる子育て資源の活用を柱としています。

### ①地域の特性に応じた支援

必要な方に適切に保育が提供されるよう、地域の課題を丁寧に把握しつつ、地域の特性に応じた支援を実施。

●保育ニーズが増加している地域への支援
子育て安心プランにおける保育の受け皿確保の取組を引き続き推進。

施策例

・新子育て安心プランに参加する自治体への整備費等の補助率の嵩上げ
・待機児童対策協議会に参加する自治体への改修費等の補助基準額の嵩上げ・先駆的取組への支援

●マッチングの促進が必要な地域への支援
保護者への「寄り添う支援」を強化し、マッチングを促す。

施策例

・保育コンシェルジュによる相談支援の拡充
待機児童数が50人未満である市区町村でも新子育て安心プランに参画すれば利用可能とする
・巡回バス等による送迎に対する支援の拡充
送迎バスの台数や保育士の配置に応じたきめ細かな支援を行う
・利用者の利便性向上のための改修等の補助対象への追加

●人口減少地域の保育の在り方についても別途検討を進める

## ②魅力向上を通じた保育士の確保

保育士が生涯働ける魅力ある職場づくりを推進するとともに、職業の魅力を広く発信する。

施策例

・情報発信のプラットフォーム構築

・保育補助者の活躍促進
「勤務時間30時間以下」との補助要件を撤廃

・短時間勤務の保育士の活躍促進
待機児童が存在する市町村において各クラスで常勤保育士1名必須との規制をなくし、それに代えて2名の短時間保育士で可とする

・保育士・保育所支援センターの機能強化
現職保育士の就業継続に向けた相談を補助対象に追加

・若手保育士や保育事業者等への巡回支援の拡充
働き方改革支援コンサルタントの巡回や魅力ある職場づくりに向けた啓発セミナーの実施を補助対象に追加

## ③地域のあらゆる子育て資源の活用

利用者のニーズにきめ細かく対応するため、幼稚園・ベビーシッター等、地域のあらゆる子育て資源を活用する。

施策例

・幼稚園の空きスペースの活用
預かり保育などのスペース確保のための施設改修等の補助を新設
待機児童が存在する市区町村において空きスペースを活用した小規模保育の利用定員の上限(19人)を弾力化(3人増し→6人増し まで可とする)

・ベビーシッターの活用
利用料に関する自治体等の助成を非課税所得とする(令和3年度税制改正で対応)
企業主導型ベビーシッターの利用補助を拡充(1日1枚→1日2枚)

・育児休業等の取得促進
育児休業等取得に積極的に取り組む中小企業への助成事業の創設(令和3年の通常国会に子ども・子育て支援法の改正法案を提出予定)

出典：厚生労働省「 新子育て安心プラン」

子ども・子育て支援新制度の「今」

# 全国待機児童マップ

## 視点　2020（令和2）年4月1日時点の待機児童数は調査開始以来最少に

2020（令和2）年4月1日時点の待機児童数は12,439人で、対前年▲4,333人でした。これは、待機児童数調査開始以来最少の結果です。2017（平成29）年の26,081人から3年で13,642人減少し、待機児童数は半数以下になりました。

出典：厚生労働省「保育所等関連状況取りまとめ（令和2年4月1日）」

| 都道府県 | 待機児童数（人） | 待機児童率（%） |
|---|---|---|
| 北海道 | 134 | 0.15 |
| 青森県 | 0 | 0.00 |
| 岩手県 | 58 | 0.19 |
| 宮城県 | 340 | 0.76 |
| 秋田県 | 22 | 0.10 |
| 山形県 | 0 | 0.00 |
| 福島県 | 141 | 0.40 |
| 茨城県 | 193 | 0.32 |
| 栃木県 | 34 | 0.08 |
| 群馬県 | 14 | 0.03 |
| 埼玉県 | 1,083 | 0.80 |
| 千葉県 | 833 | 0.70 |
| 東京都 | 2,343 | 0.73 |
| 神奈川県 | 496 | 0.29 |
| 新潟県 | 3 | 0.00 |
| 富山県 | 0 | 0.00 |
| 石川県 | 0 | 0.00 |
| 福井県 | 0 | 0.00 |
| 山梨県 | 0 | 0.00 |
| 長野県 | 46 | 0.09 |
| 岐阜県 | 0 | 0.00 |
| 静岡県 | 122 | 0.18 |
| 愛知県 | 155 | 0.09 |
| 三重県 | 81 | 0.20 |
| 滋賀県 | 495 | 1.34 |
| 京都府 | 48 | 0.08 |
| 大阪府 | 348 | 0.18 |
| 兵庫県 | 1,528 | 1.31 |
| 奈良県 | 201 | 0.76 |
| 和歌山県 | 35 | 0.17 |
| 鳥取県 | 0 | 0.00 |
| 島根県 | 0 | 0.00 |
| 岡山県 | 403 | 0.82 |
| 広島県 | 39 | 0.06 |
| 山口県 | 17 | 0.06 |
| 徳島県 | 61 | 0.36 |
| 香川県 | 64 | 0.28 |
| 愛媛県 | 55 | 0.21 |
| 高知県 | 28 | 0.13 |
| 福岡県 | 1,189 | 0.94 |
| 佐賀県 | 49 | 0.20 |
| 長崎県 | 0 | 0.00 |
| 熊本県 | 70 | 0.12 |
| 大分県 | 10 | 0.04 |
| 宮崎県 | 14 | 0.04 |
| 鹿児島県 | 322 | 0.75 |
| 沖縄県 | 1,365 | 2.19 |
| 計 | 12,439 | 0.44 |

※待機児童率=待機児童数／申込者数

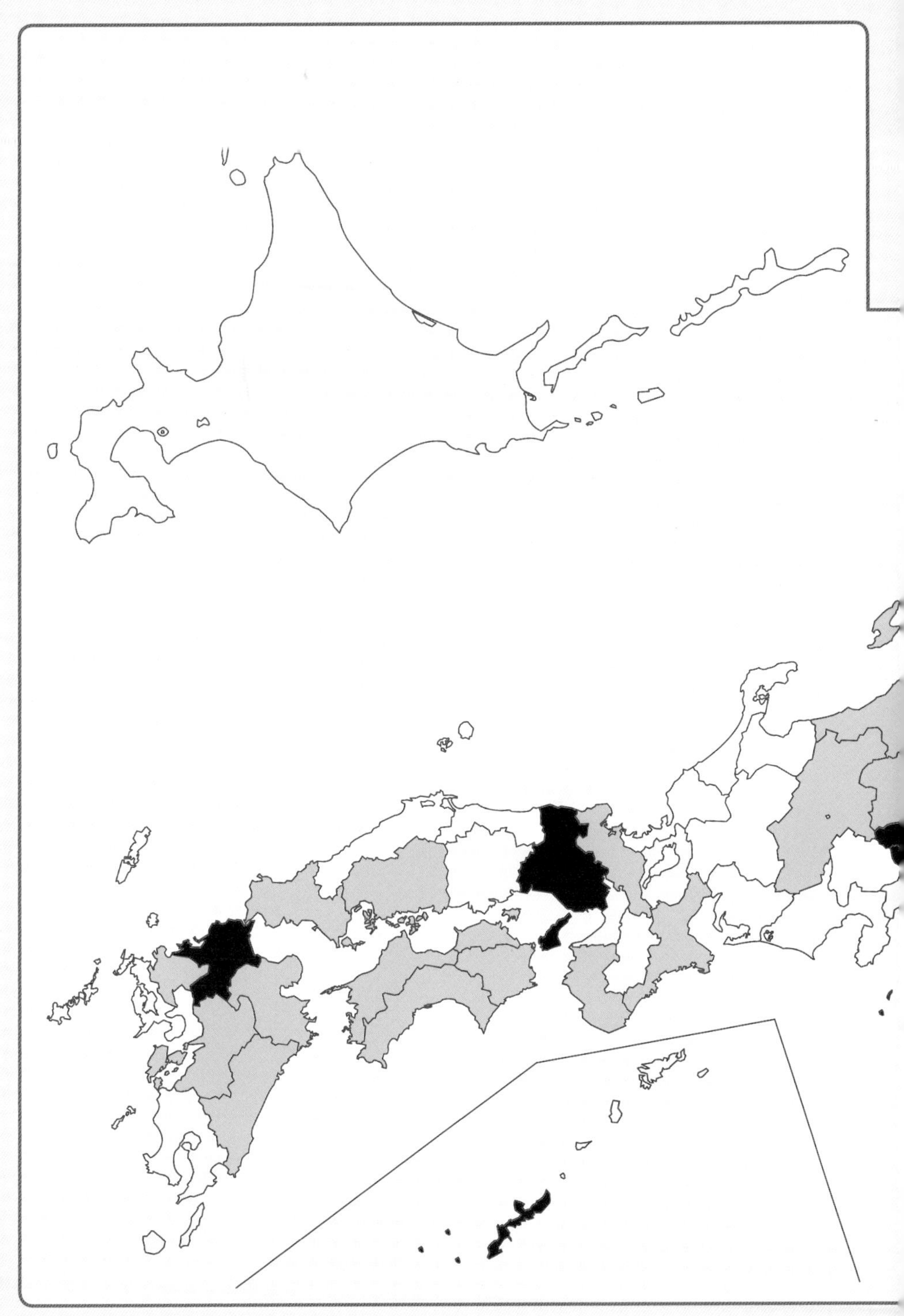

# 子ども・子育て支援新制度の概要

## 視点　子ども及び子どもを養育している者に必要な支援

2019（令和元）年10月1日から、幼児教育・保育の無償化が開始されました。それに伴い、保育料だけでなく、認可外保育施設や幼稚園の預かり保育事業などの利用費なども無償化の対象となっています。そのことを踏まえ、子ども・子育て支援新制度の概要を図式化したものです。

**その他の子ども及び子どもを養育している者に必要な支援**

**地域子ども・子育て支援事業（第4章）**

〔地域の実情に応じた子育て支援〕

・利用者支援事業
・地域子育て支援拠点事業
・一時預かり事業
・乳児家庭全戸訪問事業
・養育支援訪問事業等
・子育て短期支援事業
・子育て援助活動支援事業（ファミリー・サポート・センター事業）

・延長保育事業
・病児保育事業
・放課後児童クラブ

・妊婦健診
・実費徴収に係る補足給付を行う事業（幼稚園〈未移行〉における低所得者世帯等の子どもの食材費（副食費）に対す る助成（第59条第3号ロ））
・多様な事業者の参入促進・能力活用事業

**仕事・子育て両立支援事業（第4章の2）**

〔仕事と子育ての両立支援〕

・企業主導型保育事業
⇒事業所内保育を主軸とした企業主導型の多様な就労形態に対応した保育サービスの拡大を支援（整備費、運営費の助成）

・企業主導型ベビーシッター利用者支援事業
⇒繁忙期の残業や夜勤等の多様な働き方をしている労働者が、低廉な価格でベビーシッター派遣サービスを利用できるよう支援

国主体

## 子ども・子育て支援法第1条

子ども・子育て支援給付その他の子ども及び子どもを
養育している者に必要な支援

### 子ども・子育て支援給付（第8条）

**子どものための教育・保育給付**
**（第2章第3節、第3章第1節）**

〔認定こども園・幼稚園・保育所・小規模保育等に係る共通の財政支援〕

**施設型給付費**

認定子ども園　0～5歳

幼保連携型

※幼保連携型については、認可・指導監督の一本化、学校及び児童福祉施設としての法的位置づけを与える等、制度改善を実施

幼保連携型　保育所型　地方裁量型

幼稚園3～5歳　保育所0～5歳

※私立保育所については、児童福祉法第24条により市町村が保育の実施義務を担うことに基づく措置として、委託費を支弁

**地域型保育給付費**

小規模保育、家庭的保育、居宅訪問型保育、事業所内保育

**子育てのための施設等利用給付**
**（第2章第4節、第3章第2節）**

〔幼稚園〈未移行〉、認可外保育施設、預かり保育等の利用に係る支援〕

**施設等利用費**

幼稚園〈未移行〉
第7条第10項第2号

特別支援学校
第7条第10項第3号

預かり保育事業
第7条第10項第5号

認可外保育施設等
第7条第10項第4号、6号～8号

- 認可外保育施設
- 一時預かり事業
- 病児保育事業
- 子育て援助活動支援事業（ファミリー・サポート・センター事業）

※認定こども園（国立・公立大学法人立）も対象（第7条第10項第1号）

市町村主体

出典：内閣府「子ども・子育て支援法の 一部を改正する法律案について」

# 幼児教育・保育の無償化

## 視点 幼児教育・保育の無償化の対象となる子どもと施設

2019（令和元）年10月1日から、幼児教育・保育の無償化が開始されました。ここではその施策の具体的な内容について押さえておきましょう。

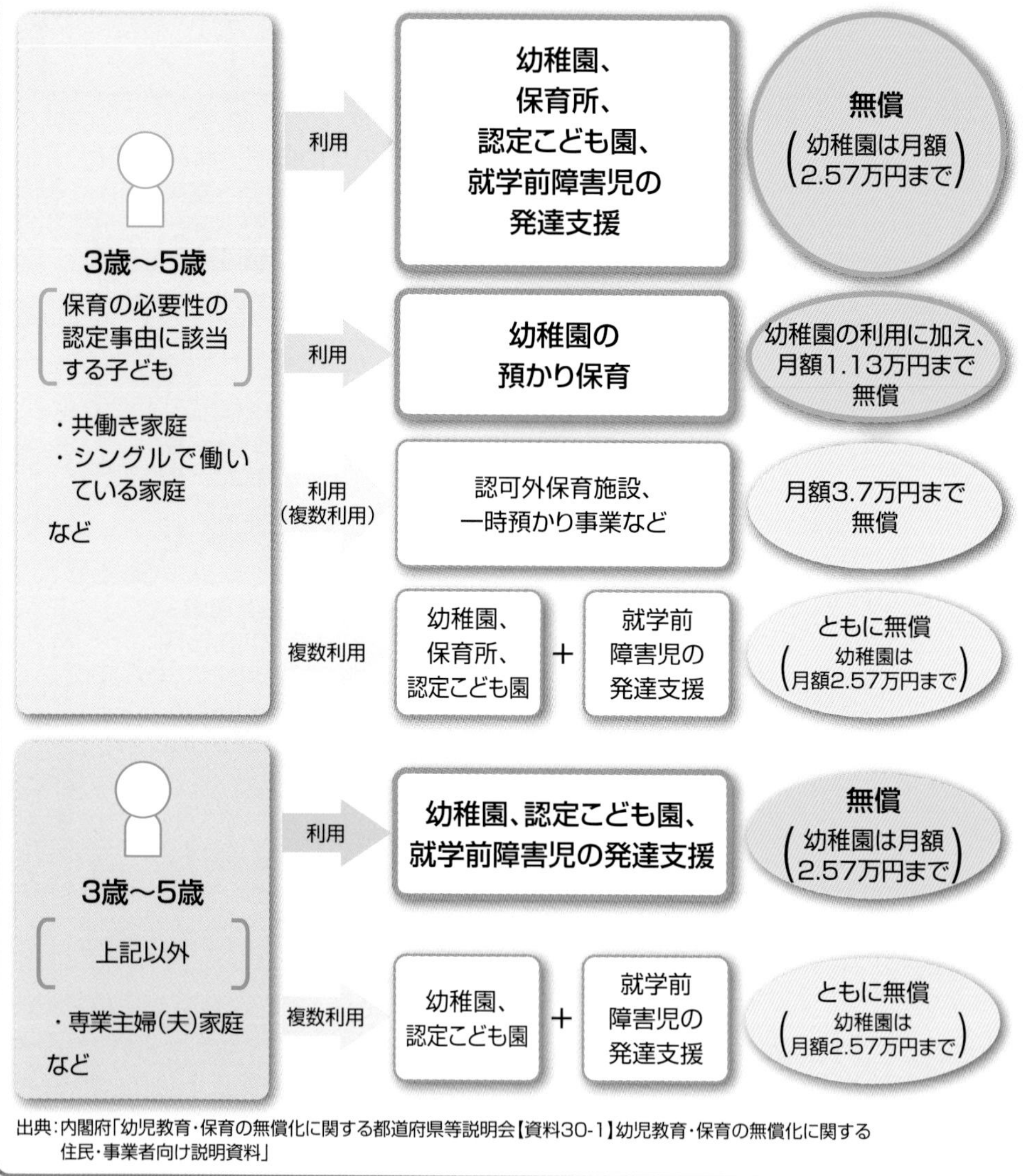


出典：内閣府「幼児教育・保育の無償化に関する都道府県等説明会【資料30-1】幼児教育・保育の無償化に関する住民・事業者向け説明資料」

How-nual　Shuwasystem Industry Trend Guide Book

図解入門
業界研究

# 動向とカラクリがよ～くわかる本

業界人、就職、転職に役立つ情報満載

［第4版］

大嶽 広展 著

秀和システム

# はじめに

日本は少子高齢化のマクロトレンドより、今後国内では労働人口の減少が、併せてデジタルやテクノロジーにおける産業構造の変革により、国際競争力の低下が懸念されています。これによって働き方改革に代表される生産性の向上とダイバーシティの充実が、令和の時代においてさらに重視されるようになりました。さらに新型コロナウイルスによる猛威はあらゆる産業に大きな影響を及ぼし、私たちの生活様式を一変させました。

過去を振り返ると、平成二八年六月二日に閣議決定した「ニッポン一億総活躍プラン」では、「人生100年時代構想」をスローガンに、夢をつむぐ子育て支援で希望出生率一・八の実現が打ち出され、ますます女性の社会進出及び活躍推進の重要性と、保育の必要性、緊急性が問われました。

平成三〇年度からは「子育て安心プラン」という、これまでの「待機児童解消加速化プラン」からもう一段ギアを上げた、さらなる待機児童問題の解消策が打ち出されました。これは遅くとも令和二年度末までに待機児童をゼロにするという施策ですが、その年度末を迎える現在、待機児童は減少傾向にあるものの、令和元年度にスタートした「幼児教育・保育の無償化」の影響もあって、ゼロの達成には到底及びません。依然、待機児童(保留児童)は高止まりしている状態です。

平成二八年に「保育園落ちた　日本死ね」というブログが社会問題になったことは未だ記憶に新しいですが、毎年保育園の入所申込時期には、同様な保護者の悲痛な声がSNSなどから聞こえてきます。

さらに、令和二年度の現在においても、保育の供給を優先するあまり、保育士不足による保育の質の低下、保育園内事故の増加問題はますます深刻化しています。

このように、保育の量と質の双方の問題においては解決の糸口が未だ見えない状況であり、保育業界は混沌とした環境の真っ只中にあります。

保育・子育て分野は、これからの未来を生きる子どもたちのために、仕事と子育ての両立を必要とする保護者のために、まだまだ多くの課題を解決していかねばなりません。

保育・子育て分野の経営や現場運営に関わる方々、この分野を管理・監督している官公庁や行政関係者の方々、就職することを考えている保育学生、志を抱いてこの分野で新規事業や起業したいと考えているすべての方にとって、この本がその行動の一助になればと祈っております。

二〇二一年三月　　大嶽　広展

How-nual 図解入門 業界研究

# 最新保育サービス業界の動向とカラクリがよ〜くわかる本［第4版］

●目次

## 第3章 保育サービスの業界構造と事業形態



## 第4章 保育サービス経営の基本

## 第5章 保育サービス市場新規参入の実態



## 第6章 保育サービス企業ランクと参考事例

## 第7章 保育士を取り巻く環境と課題



## 第8章 中長期における保育サービス経営の展望

## Data 資料編

# 第1章

# 保育サービス業界を取り巻く外部環境と社会問題

この章では保育サービス業界を取り巻くマクロ環境、外部環境及び社会問題について述べます。少子高齢化問題、待機児童問題などが日本の社会の中でどのような影響を及ぼすのか、その問題はどのようにして起こっているのかなどを解説していきます。

# 1 保育サービス業界の歴史

**何事も歴史を知ることが大切です。保育サービス業界の歴史は古く、今から約一五〇年前に始まったと言われています。そこから進化し、今の形があるのです。**

## 保育サービスの始まり

保育サービスの歴史は、一八七一年、「米国婦人一致外国伝道協会」から派遣された女性宣教師のプライン、クロスビー、ピアソンによって横浜に創立された「亜米利加婦人教授所」（現横浜共立学園）が始まりとされています。

また、日本人の創立としては一八九〇年に家塾「新潟静修学校」に併設された託児所が始まりと言われています。そして、大正時代に入ると都市部の低所得勤労者の生活不安の解消のため、公立の託児所が関西や関東を中心に登場し、一九四四年には社会事業法の中で社会事業施設の一環として二〇〇〇か所を超えるまでになったと言われています。

## 戦後の保育サービス

第二次世界大戦後は、一九四七（昭和二二）年一二月、「**児童福祉法**」を公布し、これによって、託児所の名称は保育所に統一され、保育所は児童福祉施設の一つとして位置づけられました。

さらに一九五〇年に当時の厚生省は『保育所運営要領』を発刊しました。一九五一年の児童福祉法改正では初めて、「保育に欠ける子どもを保育所に措置入所させる」という文言が入り、それまでの保育所の入所対象が、家庭での養育が不可能だと考えられる必要性が極めて高い子どもで、疾患のある子どもが中心だったものから緩和されたと言われています。

**【「保育に欠ける子ども」とは】**　児童福祉法第24条第1項の規定により、保護者が児童を保育することができず、同居の親族も保育できない場合を指す。そして、そのような状態にある子どもが保育所に入れることとされている。2015年度の新制度移行後は「保育を必要とする子ども」に変更されている。

## 平成時代に入ってからの変化

平成に入ってからは、特に一九九〇年に起きた「**一・五七ショック***」が社会的に大きな影響を与えたことから、国は一九九四年の**エンゼルプラン**の策定、一九九九年の**少子化対策推進基本方針**の決定など、少子化に対する解決を急ぐようになります。

同年には**新エンゼルプラン**が策定され、緊急保育対策等5か年事業を見直し、二〇〇〇年には保育所における規制緩和策が始まりました。さらに、二〇〇一年「**待機児童ゼロ作戦**」、二〇〇二年「**少子化対策プラスワン**」、二〇〇三年「**次世代育成支援対策推進法**」、二〇〇八年「**新待機児童ゼロ作戦**」など、国としては少子化問題や待機児童問題には時代の変化とともに対策を講じてきたのです。

これらの対策によって、日本における子育て環境は大きく改善されてきました。しかしながら、現在でも待機児童問題などが解決されていないことからも、引き続き保育サービス環境における対策に注目しなければなりません。

**保育に関する主な法律、政策の変遷**

| | |
|---|---|
| 1947年 | 「児童福祉法」制定 |
| 1952年 | 「保育指針」策定 |
| 1965年 | 「保育所保育指針」策定 |
| 1971年 | 「保育所緊急整備計画」策定 |
| 1991年 | 「育児休業法」制定 |
| 1994年 | 「エンゼルプラン」策定 |
| 1995年 | 「育児・介護休業法」制定 |
| 1999年 | 「新エンゼルプラン」「少子化対策推進基本方針」策定 |
| 2000年 | 「保育所の設置認可に係る規制緩和」実施 |
| 2001年 | 「児童福祉法」改正 |
| 2002年 | 「待機児童ゼロ作戦」スタート |
| 2003年 | 「少子化社会対策基本法」「次世代育成支援対策推進法」制定 |
| 2004年 | 「子ども子育て応援プラン」策定 |
| 2006年 | 「就学前の子どもに関する教育、保育等の総合的な提供の推進に関する法律」（認定こども園法）制定 |
| 2007年 | 「仕事と生活の調和（ワーク・ライフ・バランス）憲章」「仕事と生活の調和推進のための行動指針」策定 |
| 2008年 | 「新待機児童ゼロ作戦」スタート |
| 2013年 | 「待機児童解消加速化プラン」スタート |
| 2015年 | 「子ども・子育て支援新制度」施行 |
| 2016年 | 「ニッポン一億総活躍プラン」閣議決定 |
| 2021年 | 「新子育て安心プラン」スタート |

＊**1.57ショック**　1.57ショックとは、1990年に前年（1989（平成元）年）の合計特殊出生率が1.57と、「ひのえうま」という特殊要因により過去最低であった1966（昭和41）年の合計特殊出生率1.58を下回ったことが判明したときの衝撃を指している。

# 2 保育サービスの分類と構造

**保育サービス業界における事業体の種類や、その特徴を整理します。保育サービス業は大きく施設型と在宅型に分類される、認可と認可外に分類されるなど、その形態は多岐にわたります。**

## 施設保育と在宅保育

保育サービスはいくつかの分類ができますが、大分類としては**施設保育**と**在宅保育**に分けることができます。施設保育とは、ある特定の場所に施設を設けてその場所で保育をする形態で、これを一般的に「**保育所**」と呼んでいます。日本における保育サービスの主体は施設保育です。

一方、在宅保育とは、保護者の自宅や保育者の自宅で保育をするケースで、個別もしくは二〜三人の少人数であることが多いのが特徴です。この在宅保育の主な形態としてはベビーシッターなどが挙げられます。日本では施設型保育に比べると知名度も影響力も低いですが、施設保育では対応できないサービスを展開しています。また、「**家庭的保育**」と言われる自宅での少人数保育も、在宅保育の一つの機能として今後も期待されています。

## 認可施設と認可外保育施設

施設保育と在宅保育を比較すると、施設保育が日本国内において、圧倒的に存在感があり、政策的にも中核に位置づけられています。その施設保育は、認可されている施設と認可されていない施設に分類されます。

認可されている施設は、詳しくは後述しますが、施設型給付事業と言われる国が認可する**認可保育所**、**幼稚園**、**認定こども園**と、自治体が認可する**小規模保育**や**事業所内保育**に代表される地域型保育事業に分類されます。一方、認可外保育施設は、内閣府が所管の**企**

**【家庭的保育】**地域型保育事業の一つで、家庭的な雰囲気のもとで、少人数（定員5人以下）を対象にきめ細かな保育を行うことを言う。家庭的保育事業の配置基準は、0〜2歳の子ども3人に対して、家庭的保育者の配置は1人となる。

**業主導型保育事業**、自治体単独施策の**認証・認定保育所**など、そして**ベビーホテル**などに代表される認可外保育所に分類されます。

## 民営と公営

施設保育の認可保育所の運営形式については**公立（公設）**と**私立（民設）**に分類されます。さらに、公立（自治体が主体）は**公設公営**と**公設民営**に分類され、私立（社会福祉法人や株式会社などが主体）は**民設民営**となります。

公設民営については、主に「**業務委託**」と「**指定管理者**」に分類され、民設民営は「**民間移管**」と「**新設**」に分類されます。

二〇一〇年頃から、自治体の財政状況が深刻化する中で、公設民営型の施設が増えており、二〇二一年現在でも全国各地で認可保育所の公設民営における運営事業者公募が行われており、ますます民間事業者の役割や事業内容に大きく影響を与えています。

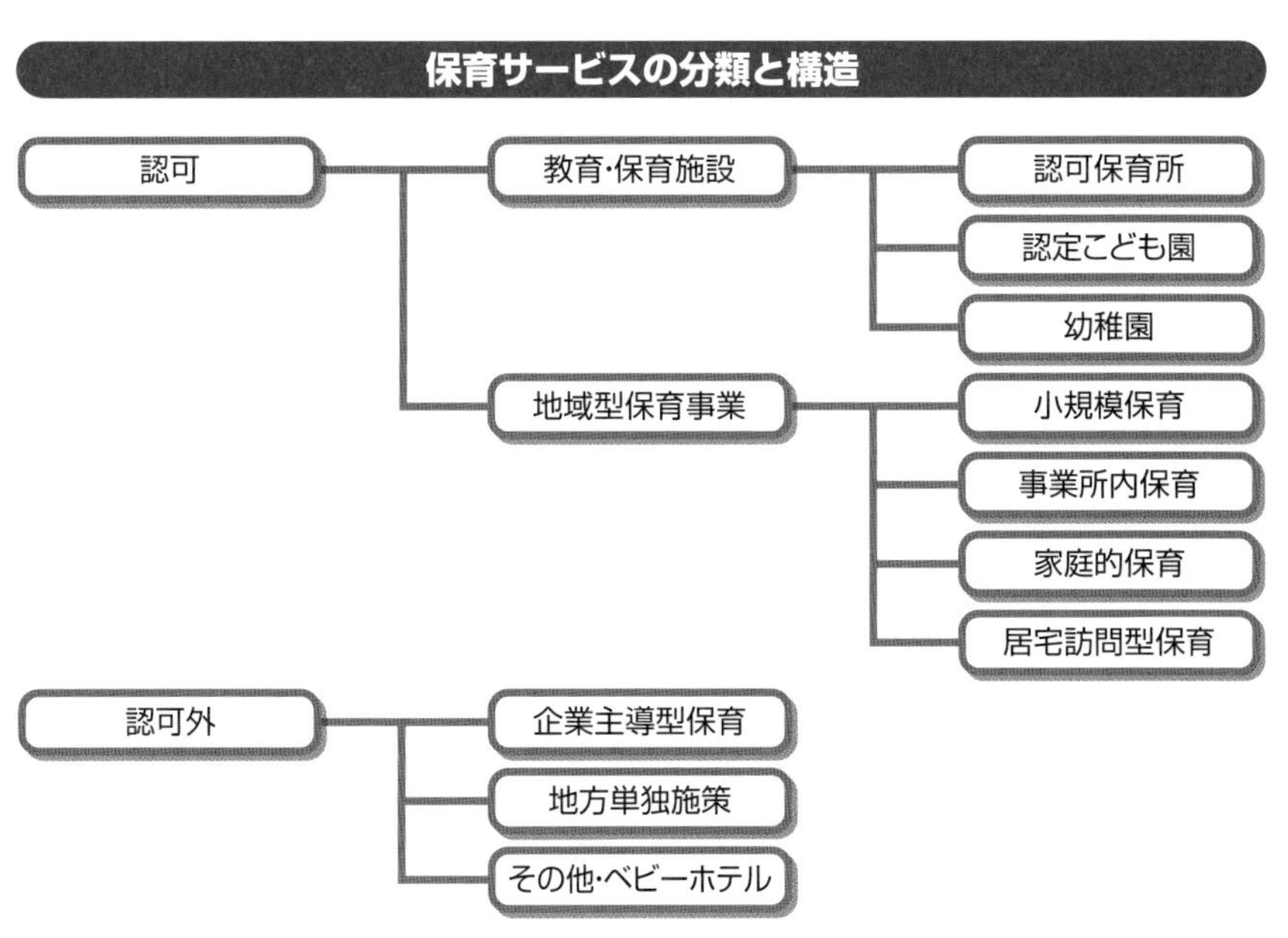

3

# 少子化の実態と経済への影響

**少子化は日本において最も重要な問題の一つです。二〇一九年の出生数は八六万人と、前年から五・九二%減少しました。さらに二〇二〇年の出生数は八四・七万人、二〇二一年は七八・四万人まで減少する予想です。**

## 少子化の原因

少子化の原因は多岐にわたります。影響力の大きい要素としては、「仕事と子育ての両立ができる環境不足」、「結婚や出産に対する価値観の変化」、「子育てに関する不安感の増大」、「経済的不安定」などが挙げられます。

女性の社会進出が進む一方で、ライフスタイルにおける価値観の変化が妊娠・出産・子育て以前に晩婚化や未婚化を招き、また、経済的負担や失業者、ニートなどの増加により出産に踏み切れない、理想とする子どもの人数を産むのは大変という意見も多いようです。

社会変化、経済環境の悪化などが少子化の原因になっています。

## 少子化の影響

少子化の影響は主に「経済的影響」が挙げられ、具体的には労働人口減少が問題視されています。総務省は、二〇五〇年には現在よりも生産年齢人口が約二〇〇〇万人以上少ない五二七五万人まで減少すると発表しています。これによって消費や経済全体が低迷し、日本の国際競争力は確実に弱まります。さらに、社会保障費の負担も大きな問題です。

また、経済的影響以外には、兄弟のいない世帯、少ない世帯が増えることによって、子ども同士が切磋琢磨し社会性を育みながら成長していくという機会を減少させ、自立したたくましい若者へと育っていくことをより困難にするなどの社会的影響も考えられます。

## 少子化対策

国は二〇二〇年に新たな「**少子化社会対策大綱**」を閣議決定し、基本的目標として**希望出生率一・八の実現**を掲げました。これは保育に限らず結婚支援、妊娠・出産への支援、経済的支援など包括的な支援内容になっています。具体的には以下の内容が主になっています。

①結婚支援
②妊娠・出産への支援
③男女共に仕事と子育てを両立できる環境の整備
④地域・社会による子育て支援
⑤多子世帯への支援を含む経済的支援

これらを確実に実行し、成果を上げることが、いよいよ強く求められるタイミングに来ています。



**出生数と合計特殊出生率*の推移**

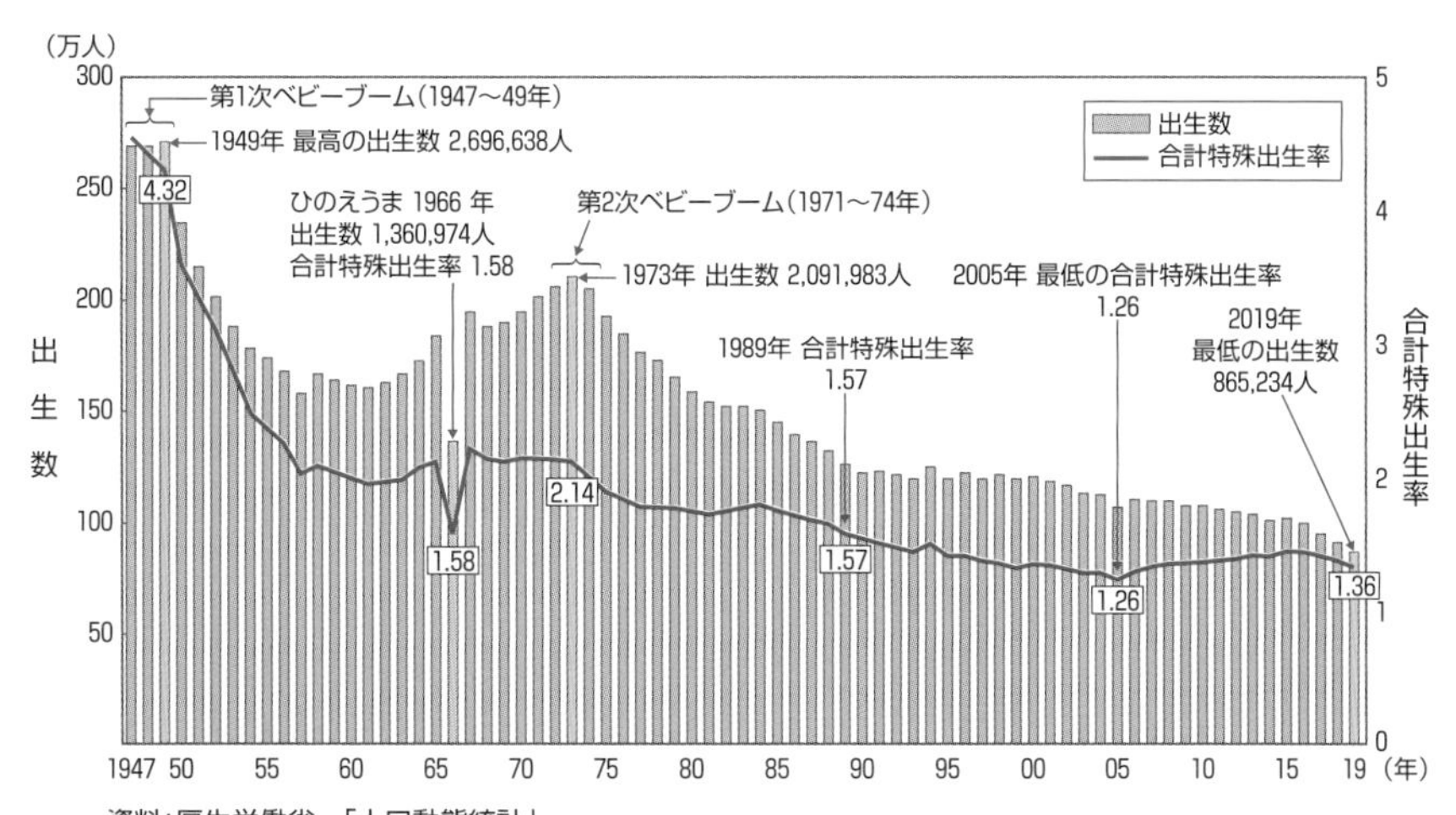


資料：厚生労働省　「人口動態統計」
出典：内閣府「令和2年版　少子化社会対策白書」
https://www8.cao.go.jp/shoushi/shoushika/whitepaper/measures/w-2020/r02webhonpen/html/b1_s1-1-2.html

＊**合計特殊出生率**　合計特殊出生率とは、1人の女子が生涯に生む子どもの数を近似する指標である。出生数は出産適齢期（15歳から49歳までの女子）の人数により変化するため、適齢期の人数に左右されることなく出生の状態を観察できるように開発された。年齢別の出生率を特殊出生率といい、それを合計したものが合計特殊出生率である。

# 4 世界の少子化対策及び日本との比較

**世界の主要国と比較した際に、少子化問題が懸念される日本の出生率の水準はどう捉えるべきなのでしょうか？　この節では世界と比較をして、日本の実態を把握します。**

## 諸外国の合計特殊出生率

「令和２年版少子化社会対策白書」によると、二〇一八年の諸外国の**合計特殊出生率**（アメリカ、フランス、スウェーデン、イギリス、イタリア、ドイツ）は、フランス、スウェーデン、アメリカ、イギリスなどは一・七〜一・八八と高水準であることがわかります。一方で、ドイツ、日本、イタリアは一・二九〜一・五七と低水準に留まっています。

全体的にはこの一〇年間の合計特殊出生率は減少トレンドですが、日本においては二〇〇五年以降上昇トレンドでした。しかし、ここ数年は停滞しており、今後の動向に注目が集まります。

また、アジアに目を向けると、韓国などは〇・九八と日本以上に低水準となっており、香港や台湾でも一・〇台と日本以上に少子化問題は顕著であるということが言えます。

## フランスの少子化対策

フランスは一九九四年に出生率が一・六五まで低下し、その後、早急に少子化対策を実行しました。その結果V字回復となり、二〇一四年以降はやや減少しているものの二〇一八年でも一・八八を維持しています。

主な具体策としては、子ども二人から家族手当が支給される、高校までは一律学費無料などの手当、経済的支援が挙げられ、それ以外には休暇制度の充実、さらに保育制度では、日本で言うところの保育所、幼稚園以外に保育学校と言われる二歳からの保育機関や一時託児所があります。

その他に特徴的なのが在宅での保育サービス支援です。日本でも近年注目され始めていますが、家庭型保育所、認定保育ママなどが充実しているのです。

## スウェーデンの少子化対策

スウェーデンでは一九九〇年代前半に出生率が二・〇を超えており、二〇一八年時点でも一・七五を維持しています。

主な施策としては、「両親保険」と言われる育児休業制度があります。

これは一人の子どもが八歳あるいは小学一年生になるまで最大で合計四八〇日間の休暇が取れる制度で、休業期間は社会保険から給与の八割が保障されます。

また、児童手当についても子ども一人当たり月額約一万一〇〇〇円が一六歳まで給付され、高校、大学も授業料は無料、妊娠、出産にかかわる費用も無料、子どもの医療もほとんどの自治体で歯科も含めて無料と、とにかく社会保障の手厚さが伺えます。

**合計特殊出生率の比較**

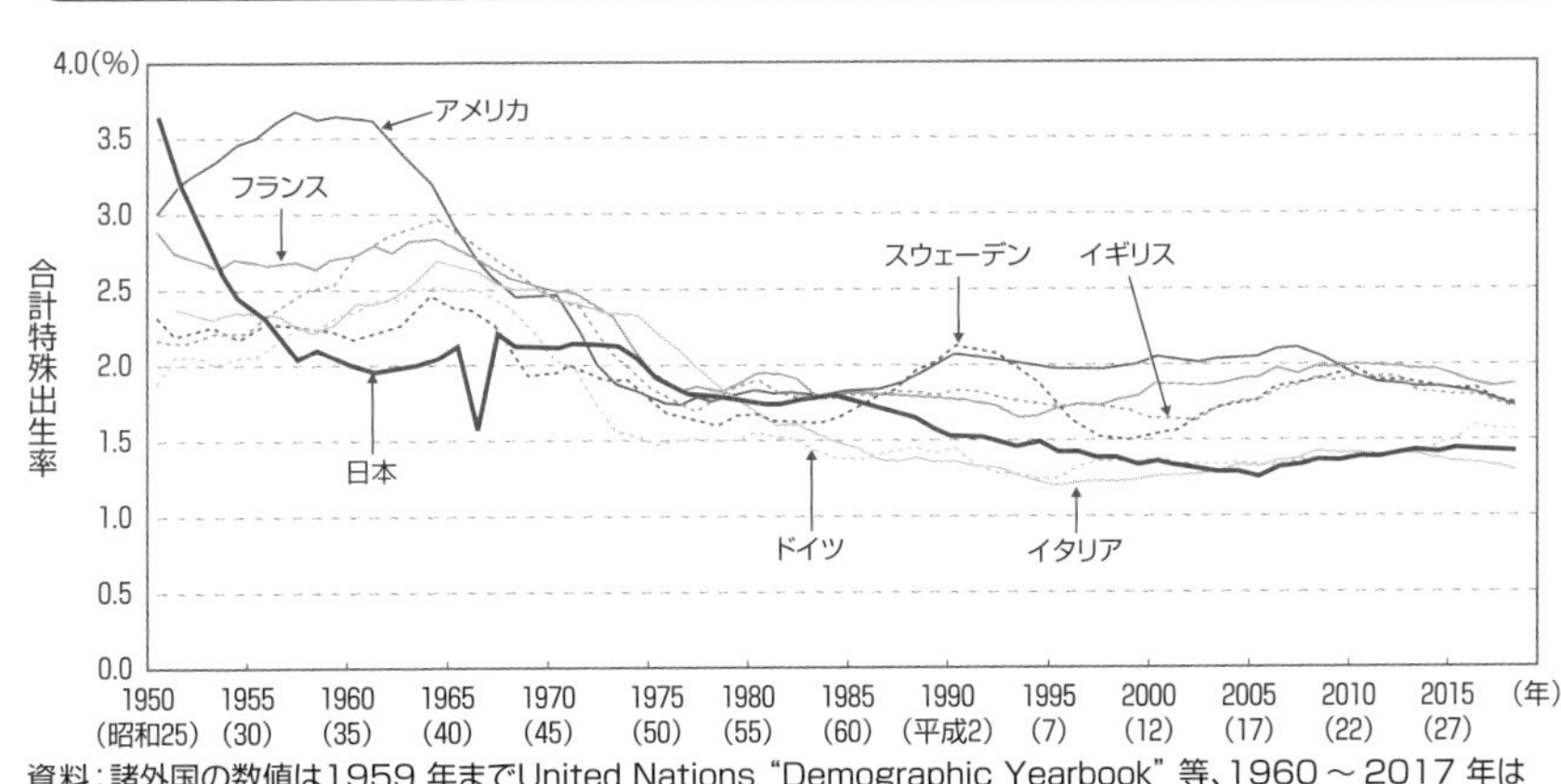


資料：諸外国の数値は1959年までUnited Nations "Demographic Yearbook" 等、1960～2017年はOECD Family Database、2018年は各国統計、日本の数値は厚生労働省「人口動態統計」を基に作成。
注：2018年のフランスの数値は暫定値となっている。2019年は、フランス1.87(暫定値)、スウェーデン1.70、アメリカ1.71となっている。
出典：内閣府「令和2年版少子化社会対策白書」
https://www8.cao.go.jp/shoushi/shoushika/whitepaper/measures/w-2020/r02webhonpen/html/b1_s1-1-2.html

# 5 M字カーブの実態と原因

**日本の仕事と子育て環境がまだ不十分であることの象徴的な姿として議題に上げられているのが「M字カーブ」です。この実態と原因について検討していきます。**

## M字カーブとは

女性の年齢階級別の労働力率をグラフで見てみると、結婚・出産期にあたる二〇代後半から三〇歳代に低下し、育児が落ち着いた時期に再び上昇しています。この形から「M字カーブ」と呼ばれています。

これは、仕事と子育ての両立環境が不十分であることを意味しています。「幼少期は母親が子育てに専念するべき」という風潮によるところも大きいでしょう。いずれにしても、この世代の女性の労働力が弱いのが日本の実態です。

## カーブは大きく改善傾向

しかし、近年はこの数値が改善傾向にあり、M字の底が上昇して凹みが浅くなっています。

底にあたる三〇〜三四歳の女性の労働力率は、一九七九年には四七・五%でしたが、一九九九年には五六・七%、二〇一九年には七七・五%まで上がっています。

また、内閣府「仕事と生活の調和レポート2018」によれば、子育て期の二五〜四四歳の女性の就業率は、二〇〇六年の六四・九%から、二〇一八年の七六・五%へと、二〇二〇年には七七・〇%まで上昇すると予測されています。

これについては、これまで国策として講じてきた様々な取り組みが功を奏していると評価できると考えられます。今後もこの傾向が続けば、労働人口減少時代に女性の労働力はさらに大きな影響力を持ち、日本経済に貢献してくれることでしょう。

## 本質的な改善になっているのか

しかしながら、この傾向については別の見方もあります。それは、長期にわたる日本経済の低迷、特に二〇〇八年の**リーマンショック**＊以降の経済不況によって、女性が働かなければならなくなったという事実です。

国の制度として様々な取り組みが功を奏していることは少なからずありますが、「働きやすい」という考えではなく、「働かなければ生活できない」という女性が増えていることも事実としてあります。

その結果が待機児童問題であり、働きやすい環境を実現するためには、まだまだ課題もあるということが言えるのではないでしょうか。

したがって、今の環境や傾向に満足をせず、働きやすい環境や働く意欲を高めることによって、女性の就業率を高める努力を、引き続き国全体で推進していくことが求められるのです。

**女性の就業率が描くM字カーブ**

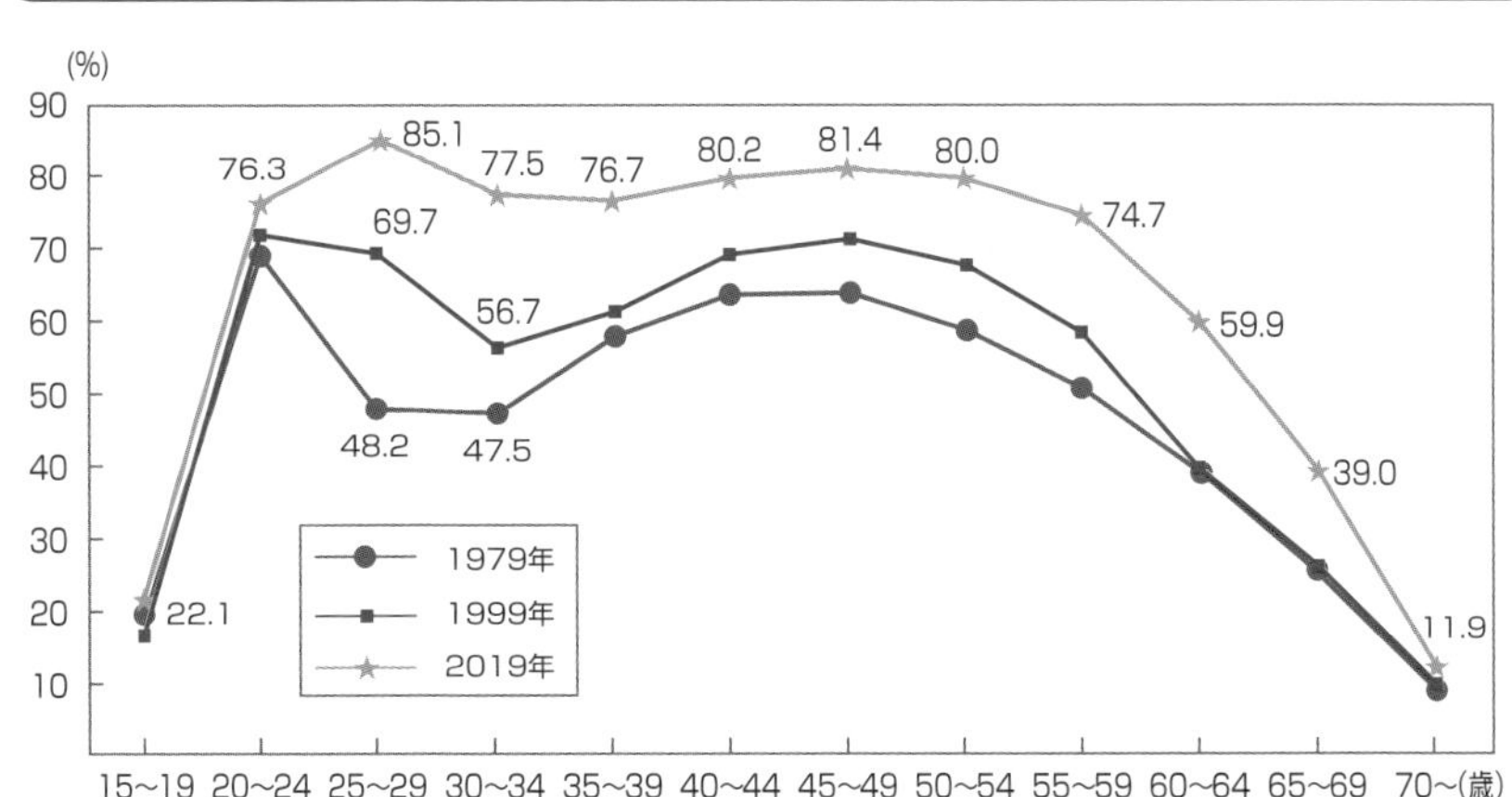


資料：総務署「労働力調査（基本集計）」より作成
出典：内閣府「男女共同参画白書 令和2年版」
https://www.gender.go.jp/about_danjo/whitepaper/r02/zentai/html/honpen/b1_s02_01.html

＊**リーマンショック** 国際的な金融危機の引き金となったリーマン・ブラザーズの経営破綻とその後の株価暴落などを指す。リーマンは米国第4位の投資銀行だったが、サブプライム問題などで経営が行き詰まり、2008年9月15日、米連邦破産法11条の適用を申請し破綻した。

# 6 経済不況と平均世帯所得の低下

**待機児童問題や少子化問題を語るにあたっては、経済動向とそれに伴う世帯所得の実態把握は欠かせません。この節では子育て世帯所得の実態について見ていきましょう。**

## 世帯当たり平均所得金額

二〇一九年の国民生活基礎調査によると、一世帯当たりの平均所得金額は二〇一八年時点で五五二・三万円となっています。ちなみに五年前の二〇一三年は五二八・九万円だったので、対比では一〇四・四%、所得が増加していることがわかります。

また、児童のいる世帯に限って見てみると、一世帯当たりの平均所得金額は二〇一八年時点で七四五・九万円です。二〇一三年頃からは回復傾向にあります。この最大の理由は**共働き比率が高まっている**ことだと考えられます。

## 所得階級別と年齢階級別

所得金額階級別に見てみると、世帯年収三〇〇万円未満世帯は全体の三一・六%、三〇〇万円以上～八〇〇万円未満は四六・三%、八〇〇万円以上の世帯が二一・〇%となっています。このことから、半数以上の六一・一%が平均所得を下回っており、平均所得は年収の高い世帯が大きく牽引していることがわかります。

また、年齢階級別に見ると、乳幼児がいる子育て世帯の中心となる二九歳以下、三〇～三九歳の階級についての一世帯当たり平均所得金額は、それぞれ三六二・六万円、六一四・八万円となっており、全体の平均所得金額よりも低いか、若干上回る程度です。子育て中の世帯の家計は、決して楽ではないということがわかります。

## 一世帯当たり平均所得金額の年次推移

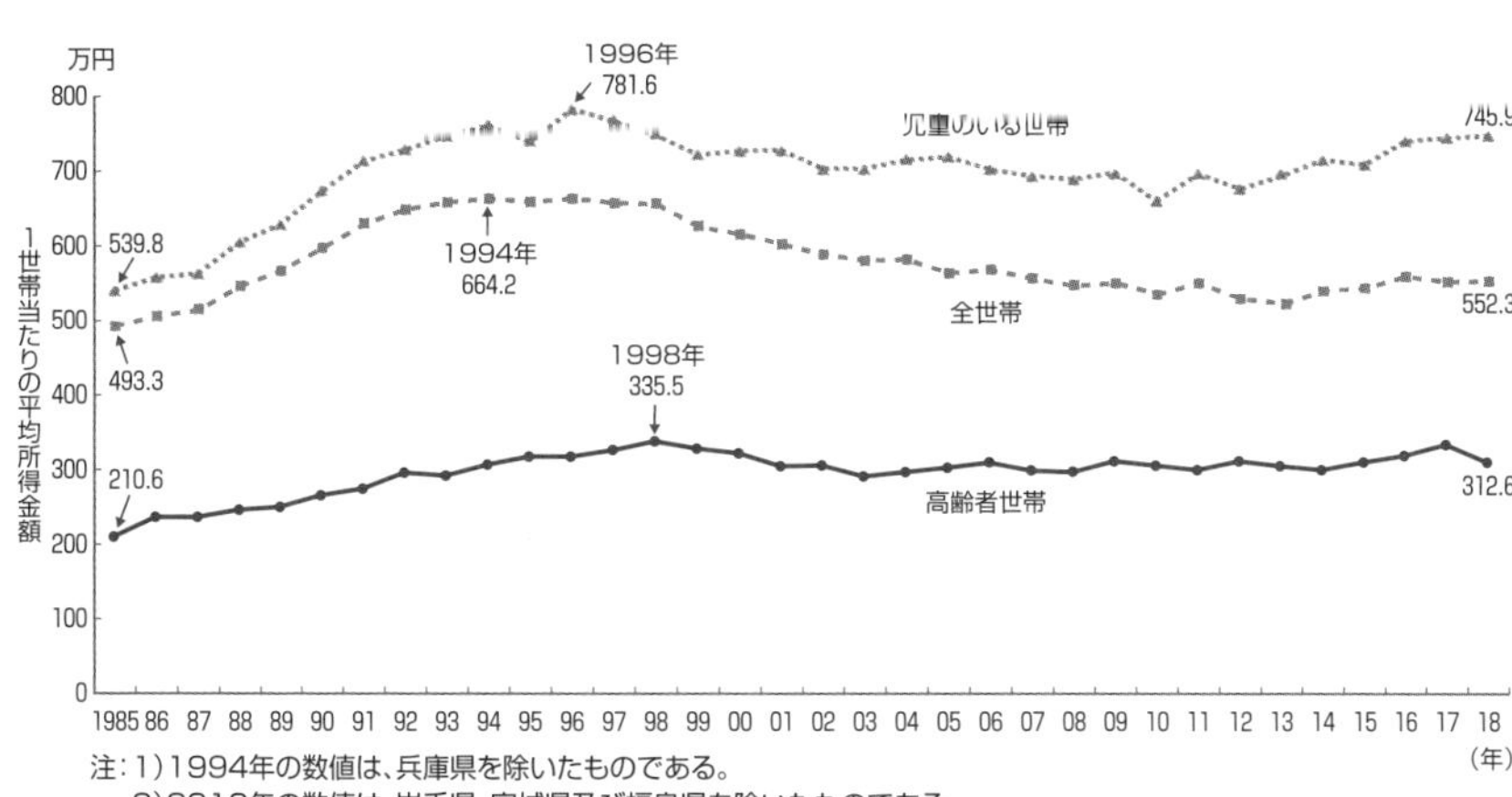


注：1）1994年の数値は、兵庫県を除いたものである。
2）2010年の数値は、岩手県、宮城県及び福島県を除いたものである。
3）2011年の数値は、福島県を除いたものである。
4）2015年の数値は、熊本県を除いたものである。

出典：厚生労働省「2019年　国民生活基礎調査の概況」
https://www.mhlw.go.jp/toukei/saikin/hw/k-tyosa/k-tyosa19/index.html

## 所得金額階級別にみた世帯数の相対度数分布

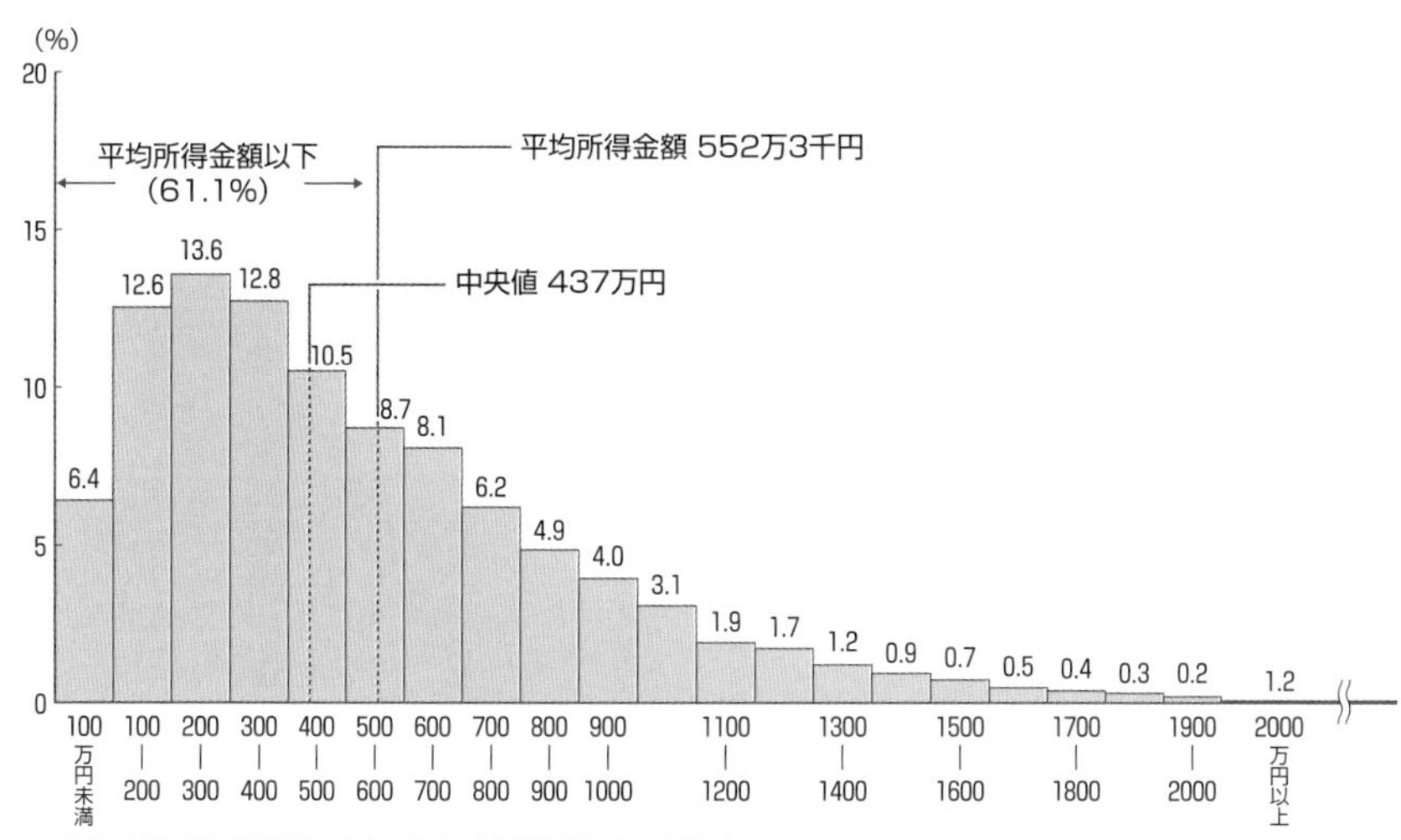


出典：厚生労働省「2019年　国民生活基礎調査の概況」
https://www.mhlw.go.jp/toukei/saikin/hw/k-tyosa/k-tyosa19/index.html

# 7 共働き世帯の増加

**共働き世帯の比率は年々上昇傾向にあります。保育需要と共働き世帯は非常に相関関係が強いため、共働き世帯の実態をしっかりと押さえておく必要があります。**

## 一九九九年に共働き世帯が逆転

内閣府「令和元年度版男女共同参画白書」によると、共働き世帯は二〇一八年時点で一二一九万世帯、専業主婦世帯は六〇六万世帯で、全体の六六・七%が共働き世帯、三三・三%が専業主婦世帯です。

一九八〇年代までは圧倒的に専業主婦世帯比率が高かったのですが、一九九〇年代に入りほぼ同率となり、一九九九年以降は共働き世帯比率が高まっています。

また、共働き世帯数の割合は、二〇〇一年が五一%であることから、全体の世帯数に対しての共働き比率も高まっていることがわかります。

「経済が低迷すると共働きが増える」とよく言われますが、今後の経済環境によりさらに共働きが増え、保育需要が高まることも十分に予想されます。

## 世界における日本の女性就労率

日本も共働き比率が年々上昇傾向にありますが、世界と比較した際にはどれだけ高いのでしょうか?

少々古いデータですが、OECDの二〇一六年調査では、女性就業率において各国の比較をしています。

諸外国を挙げると、アメリカ六四・〇%、イギリス六九・五%、ドイツ七〇・八%、フランス六一・四%、イタリア四八・一%、スウェーデン七四・八%、デンマーク七二・〇%、日本六六・〇%となっており、決して低くはありませんが、高くもない状況です。

M字カーブの節でも述べましたが、ここ数年日本国

**【幼稚園と保育所の違い】** 所管(幼稚園は文部科学省、保育所は厚生労働省)や根拠法令(幼稚園は学校教育法、保育所は児童福祉法)などの違いに基づいて、預かり年齢、預かり時間、保育者の資格などが異なる。

内の子育て世帯における女性就業率は改善傾向にあることからも、今後は期待できることでしょう。

## 幼稚園入園者・保育所入所者との関係

　幼稚園は二〇一八年時点で一二〇万人在園していますが、二〇一〇年では一六〇万人と、八年間で四〇万人も減少しています（子ども・子育て支援新制度のスタートで私立幼稚園から認定こども園へ移行した園の影響もあり）。

　保育所については次節で詳細を述べますが、入所者は増加傾向にあります。そのことからも、**共働き世帯と専業主婦世帯の比率は、幼稚園利用者と保育所利用者の推移と相関関係にあります**。専業主婦が増えれば、幼稚園利用者が増える、共働き世帯が増えれば保育所が増加しているのです。

　そして、この傾向は年々強まっています。今後は幼稚園がますます減少し、保育所は地域によっては当面増加するエリアも決して少なくありません。

共働き世帯数の推移

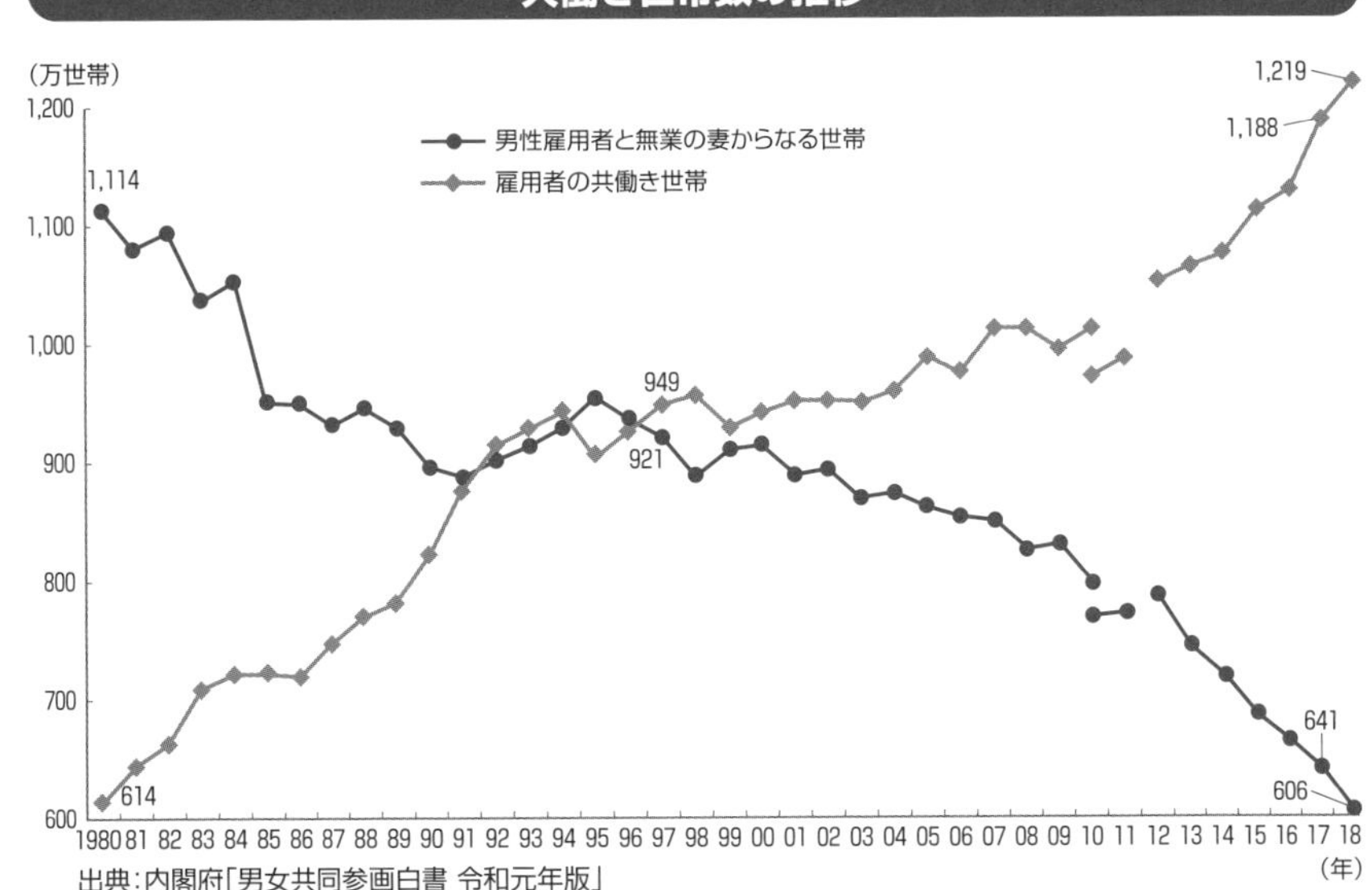

出典：内閣府「男女共同参画白書 令和元年版」

8

# 保育所数と利用児童数

**実際に全国には保育所がどの程度存在し、どの程度利用者が存在しているのか、それとともにどの程度増加しているのかを把握します。**

## 保育所数と利用者数

厚生労働省の発表によれば、全国の保育所等（認可保育所、特定地域型保育事業、幼稚園型、幼保連携型認定こども園）の数は二〇一九年四月時点で三万六三四五園となっています。五年前の二〇一四年は二万四四二五園だったので、五年間で約一・二万施設ほど増えたことになります。

また、利用者数を見ると二〇一九年四月時点では約二六七万人で、これも同様に二〇一四年と比較すると、二〇一四年は約二二六万人、五年間で四一万人も増加したことになります。

特に二〇一五年からスタートした「子ども子育て支援制度」によって、急速に保育所等が増加したことに伴い、潜在的な保育需要が顕在化し、利用者数が増えたと考えられます。

## 待機児童数

次に**待機児童数**を見てみると、二〇一九年四月時点では一万六七七二人です。これも五年前の二〇一四年と比較すると、二万一三七一人で減少していることがわかります。

前述した通り、この五年間で大幅に施設が増加したことによって待機児童が減少したことは事実としてあるものの、待機児童数はゼロにはならず、微減という状況であるということです。結論を言えば、保育所等をいくら増やしても、待機児童は解消されないという状況が、長い間続いているということです。

## 1-8　保育所数と利用児童数

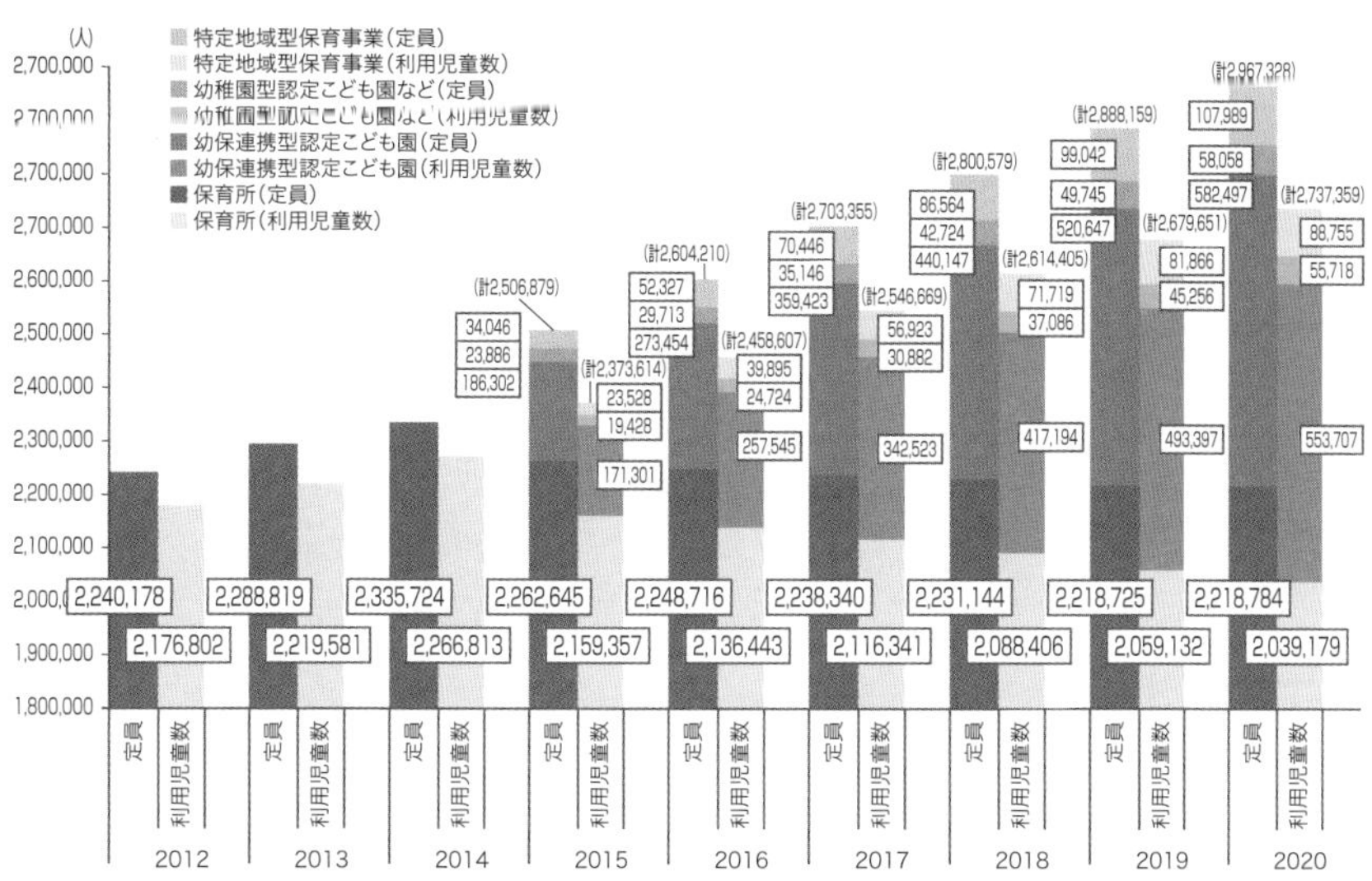


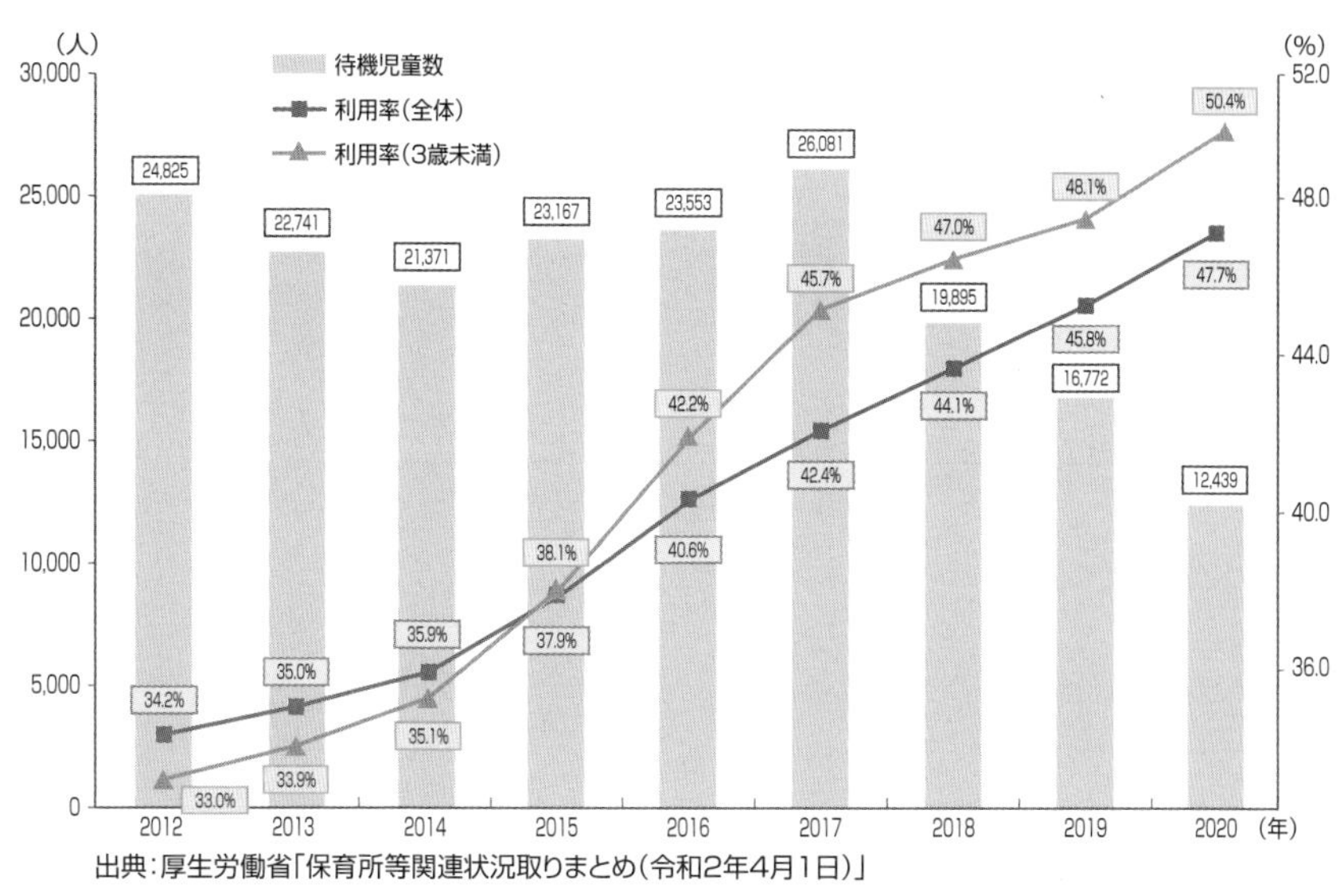


出典：厚生労働省「保育所等関連状況取りまとめ(令和2年4月1日)」

# 9 待機児童が減少しない理由

**待機児童が減少しない理由には、保育需要の高まりはもちろんのこと、追いつかない保育環境整備の実態にあります。なぜ保育環境が追いつかないのかという原因を究明していきます。**

## 都心部の実態

待機児童が減少しない最大の理由は、少子化による子どもの減少以上に、経済の悪化によって働かなければならない母親が増えていることと、女性の社会進出の意識が向上していることが挙げられます。さらに、よりミクロな視点で捉えると、それ以外にも「都心部の物理的構造による問題」、つまり「**用地確保**」の問題が挙げられます。

認可保育所を建設しようとすれば、大きな園舎だけでなく、原則的には園庭が必要になります。しかし、都心部にはそう簡単に余っている土地はありません。東京のような大都市は当然ながら待機児童は多いのですが、用地がないために、保育所が建てられないという問題があります。

定員二〇人未満の小規模保育やビルテナントに入るような賃貸物件活用型の認可保育所も増えていますが、この用地問題が足かせになっていることは否めません。

後述しますが、この問題と同等、もしくはそれ以上に深刻なのが「**保育士不足**」です。保育の供給に対して保育士が足りない、保育士の採用ができないことによって、施設は建てたものの、利用者が入所できないというのは、特に二〇一五年以降から現在に至るまで続いている大きな問題です。

## 低年齢児が預けられない

待機児童の約八八%は〇～二歳の低年齢児です。昨今の保育需要の大きな特徴は、早期職場復帰による低年齢児からの保育所利用です。具体的に〇～二歳の保育所利用率を見てみると、二〇〇七年が二〇・三％だったのに対して二〇二〇年では三九・七％に増加しています。

しかし、このように毎年約一～二％ずつ〇～二歳の保育所利用率が高まっているにもかかわらず、保育環境は抜本的な解決がなされていません。

一般的に認可保育所の年齢別定員ピラミッドは、たとえば〇歳一〇名、一歳一五名、二歳二〇名、三歳二〇名、四歳二〇名、五歳二〇名のように「寸胴型」をしていることが圧倒的に多いのですが、新年度を迎えるとスライド式に年齢が一学年上がり、〇歳は別にして、特に一～二歳については年度途中だけでなく、年度初めでも入所することが極めて困難な状態になっています。

もちろん寸胴型をピラミッド型にすることは、スライド式であることを考慮すると現実的ではありません。他にも低年齢児の定員が増やしにくい理由として、人員配置の基準によって抱える人員が増える、保育単価の効率性の問題などが挙げられます。

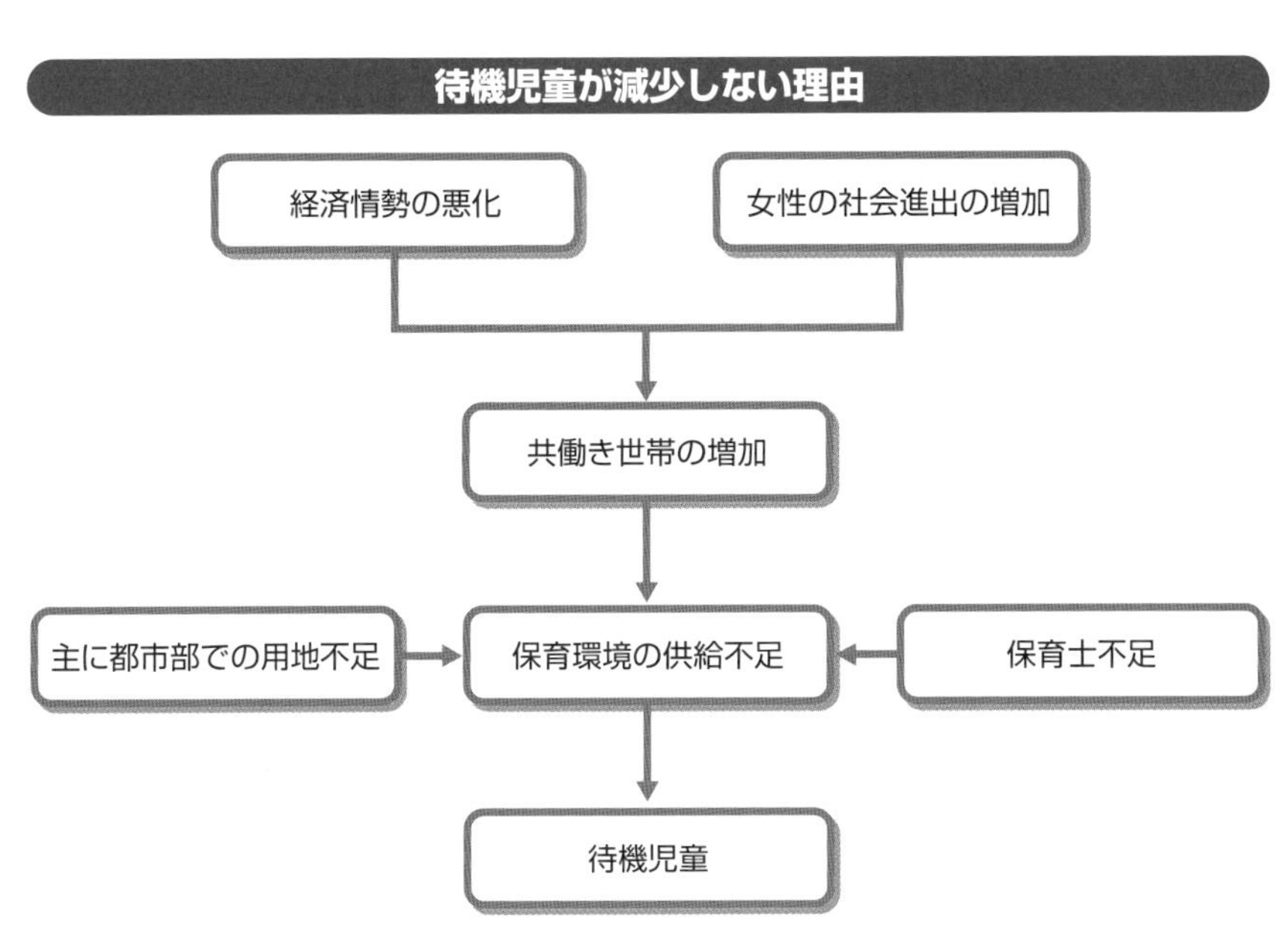

# 10 保留児童は待機児童より多い

**厚生労働省が定義する待機児童数は、あくまで認可保育所に入所申込希望をしても、どこにも入所できなかった数値に過ぎません。私たちが着目しなければならないのは、保留児童なのです。**

## 潜在待機児童の「保留児童」は九万人存在する

待機児童の定義に入らない「**保留児童**」という存在をご存知でしょうか。

国の保育所入所待機児童の定義はあくまで「調査日時点において、保育所入所申込がされており、入所要件に該当しているが、入所していない児童」であり、地方単独保育施策（東京都認証保育所など）において保育されている場合や、他に入所可能な認可保育所があるにもかかわらず特定の保育所を希望し、保護者の私的な理由により待機している場合、親が育児休業を取っている場合、求職中の場合には待機児童数に含めないからです。

## 特定の保育所等のみを希望している者

この待機児童を除いた保留児童の数は二〇一九年時点で約八・七万人います。この中でも特に多いのが、「特定の保育園等のみ希望している者」で約五万人います。この方々の多くは、無理なく通える範囲内に入所できる園がないという人たちです。通うのが難しい地域にある保育園なら空いているが、入所希望を出さずに待機しているという場合、待機児童としてカウントされません。実質的には通えないという方々で、どう考えても待機児童に入るべきなのですが、これが国の定義では入っていないわけです。

さらに、「どうせ入れないのだから入所の申請もしない」という、いわば「あきらめ世帯」も存在していますから、国の定義で公表されている待機児童数と実態にはかなり乖離があるということがわかると思います。

あくまで現時点で国は「待機児童」を指標にして保育供給のプランニングをしているわけですから、保育所に子どもを入れられないため仕事ができない人、仕事を探すことすらできない人は常に一定数存在するということです。

## この保留児童を解消するとしたら

あくまで簡易的な推計ではありますが、待機児童と保留児童を合わせた約一〇万人分の保育環境を整備することを考えてみましょう。

現時点での〇〜二歳の待機児童比率が八八％なので、八・八万人分の入所の受け皿が必要となり、平均的な〇〜二歳の定員が三〇名だとすると、二九三三施設分必要ということになります。国の財政、そして二〇二一年度以降の方向性を鑑みても、保留児童の解消は簡単ではないことがわかると思います。

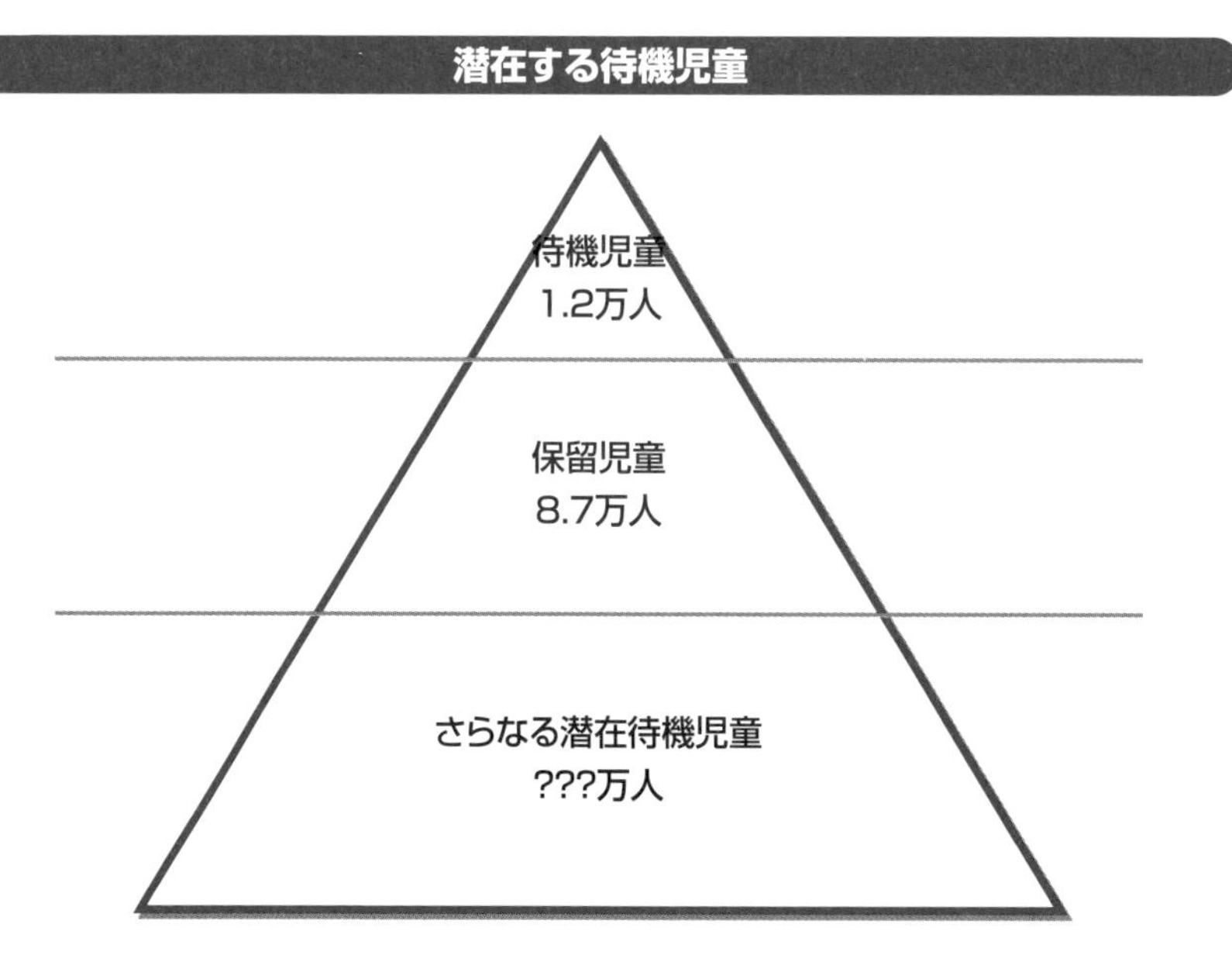

# 11 放課後児童クラブにも待機児童が存在する

**小学生の学童保育においても、待機児童が存在しています。保育所における待機児童の数よりは少ないものの、社会問題であることには変わりありません。**

## 小一の壁

**放課後児童クラブ**＊市場については第3章でも少し触れますが、保育サービス市場の拡大とともに拡大しています。そして、放課後児童クラブにも待機児童が存在しており、その数は厚生労働省の発表によると二〇一九年で一万八二六一人となっています。

保育所を卒園して小学校一年生になっても、保護者としては預ける場所が必要になるのですが、その数が足りていないのです。

厚生労働省の二〇一九年の「放課後児童健全育成事業（放課後児童クラブ）の実施状況」によると、現在放課後児童クラブは全国に二万五八八一施設あり、約一二九万人の小学生が通っています。待機児童問題は乳幼児に限らず、小学生になっても生じており、特に都心部における仕事と子育てを両立したい保護者にとっては大きなハードルになっています。

これは「**小一の壁**」と呼ばれています。

待機児童こそまだまだ存在するものの、保育所は児童福祉施設として国も重点的に環境整備を行ってきました。しかし、保育所を卒園し、小学校一年生に上がると、保育所と異なり環境整備が遅れている放課後児童クラブに入れない、預かり時間と仕事の時間が合わないという状況が起こるのです。

保護者の立場としては、年長児と小学校一年生はそんなに変わらないものです。しかし、放課後児童クラブの環境が整っていないため、子どもを預けることができず、仕事が続けられないということにもつながるのです。

## 新・放課後子ども総合プラン

二〇一五年度からスタートした「放課後子ども総合プラン」によって、二〇一八年度までに三〇万人分の放課後児童クラブの量的拡充を図りましたが、待機児童は減るどころか増加傾向にあります。そのため、厚生労働省は二〇一九年から「**新・放課後子ども総合プラン**」をスタートさせました。同プランでは、二〇二三度末までに新たに約三〇万人分整備するという目標を掲げています。現在はその途中ではありますが、高まる需要に追いついていないのが現状です。

その他にも、すべての小学校区で、放課後子ども教室も含めて一体的に、または連携して放課後児童クラブを実施すること、うち小学校内で一体型として一万か所以上で実施すること、両事業を新たに整備などする場合には、新たに開設する放課後児童クラブの約八〇%を小学校内で実施することなどが掲げられています。

**クラブ数、登録児童数、利用できなかった児童数の推移**

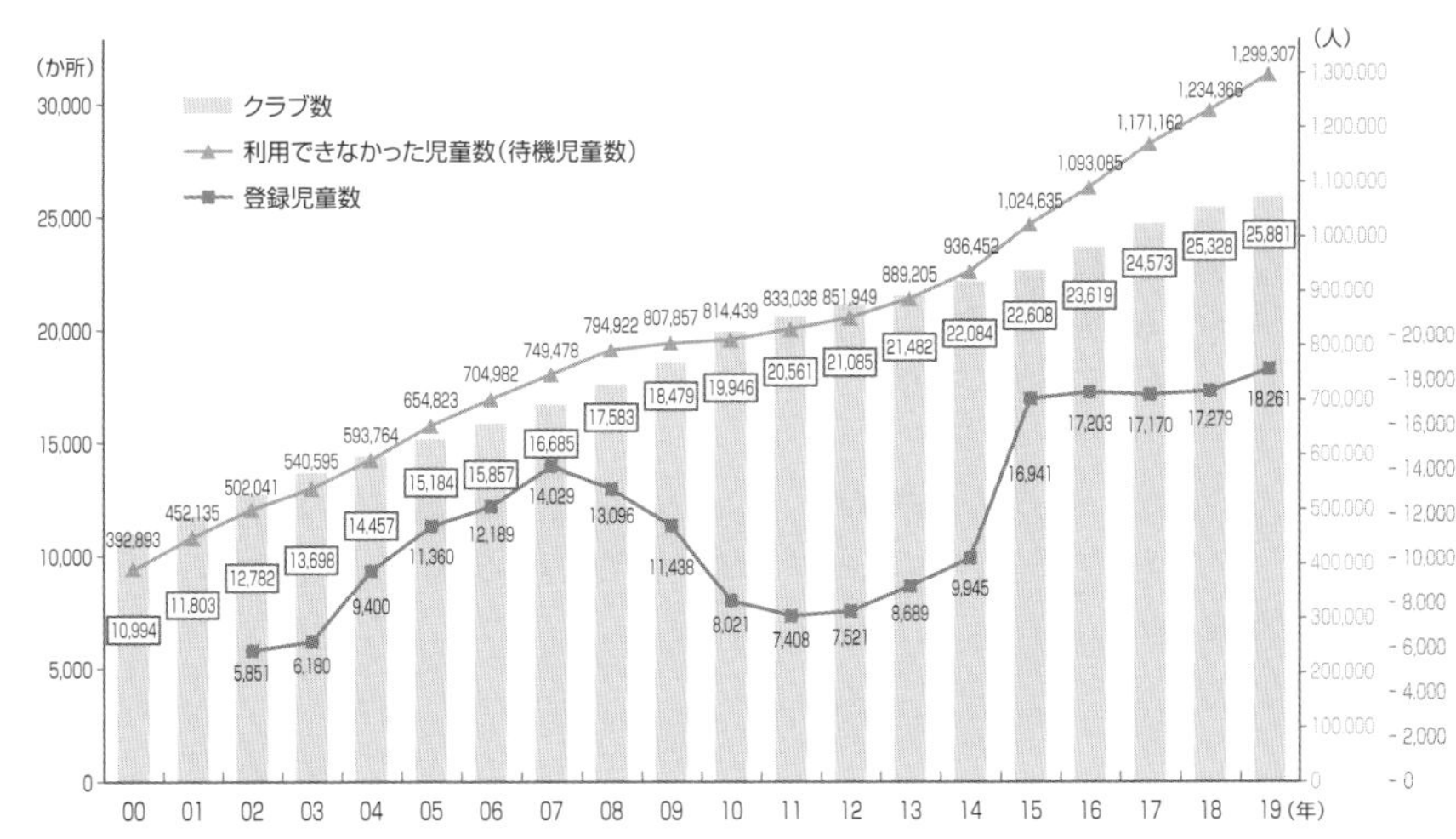


出典：厚生労働省「令和元年(2019年)放課後児童健全育成事業(放課後児童クラブ)の実施状況」(2019年5月1日現在)
https://www.mhlw.go.jp/content/11906000/000580501.pdf

＊**放課後児童クラブ**　労働などの事情により昼間保護者が家庭にいない小学生の児童に対し、放課後や長期休暇中、保護者に代わって行う保育を指す。一般に「学童保育」とも呼ばれる。

# コロナショックで保育園に起こった変化

世界各地で新型コロナウイルスが猛威を振るい、全産業的に大きな打撃を受ける中、保育業界でも大きな変化がありました。

まずは保育園内で、新たな生活様式が生まれました。これまでも手洗いなどの習慣の啓発や、玩具、備品のアルコール消毒などは行われていましたが、給食の際の卓上パーテーションや外部業者が来園した際の検温、アルコール消毒などは、これまでには見られなかった光景です。

緊急事態宣言が発令された地域を中心に、休園や長い自粛期間という措置がとられましたが、その際に自宅にいる園児に対して、ZOOMなどのリモートシステムを使って手遊びをしたり歌を歌ったり、リアルタイムで保育者とコミュニケーションをとるなどの「オンライン保育」が多くの園で実施されました。特に休園した園の職員は、在宅勤務をせざるを得ない状況だったため、リモートミーティングを実施するなど、これまで保育業界にはまったくなかった文化が、ほんの短期間で醸成されました。

さらに、行事については、2020年は全国各地で夏祭りや運動会の延期や中止が相次ぎました。特に運動会は幼稚園や保育園にとって年に一度の大イベントであり、保護者の中にも、できれば開催してほしいという人もいれば、リスクを考えると開催すべきではないという人もいて、各事業者は判断に大いに悩まされました。

このような状況の中、常に感染リスクと隣り合わせで保育をしなければならない保育者のストレスが大きかったことは言うまでもありません。

コロナと戦う医療従事者に対するエールが世界各地で巻き起こっていましたが、保育者も同様に、コロナ禍でも、子どもを預けざるを得ない職業の保護者の子どものために、リスク覚悟で保育に従事していました。私たちはそのことに対して感謝の心を忘れてはなりません。

また、過度なストレスで精神疾患にかかってしまった保護者も少なくなかったことを考えると、ウィズコロナが長期化する中、保育者への支援、環境整備についてはまだまだ改善の余地があるのではないでしょうか。

# 子ども・子育て支援新制度の概要

2015年4月からスタートした子ども・子育て支援新制度。保育の必要性の認定、類型別の認定こども園新基準、地域型保育事業、公定価格、利用者負担など、これまでの保育制度とは異なる新たな仕組みが導入されました。この章では、この新制度における基本的な考え方、制度の概要を伝えます。

How-nual
図解入門
業界研究

# 1 子ども・子育て支援新制度とは

**新制度は、幼児期の学校教育・保育、地域の子ども・子育て支援を総合的に推進することを目的に制定されました。スタート以来、待機児童問題や少子化問題などに大きな貢献を果たしています。**

## 新制度の法的根拠と財源

子ども・子育て支援新制度は、二〇一二年八月に自公民3党合意を踏まえて成立した**子ども・子育て関連3法**（①子ども・子育て支援法、②認定こども園法の一部改正法、③子ども・子育て支援法及び認定こども園法の一部改正法の施行に伴う関係法律の整備等に関する法律）により、幼児教育、保育、地域の子ども・子育て支援を総合的に推進する制度です。

消費税の引き上げにより確保する〇・七兆円程度を含め、追加の恒久財源を確保し、すべての子ども・子育て家庭を対象に、幼児教育、保育、地域の子ども・子育て支援の質・量の拡充を図ることを目的としています。市町村の「**子ども・子育て支援事業計画**」を基に二〇一五年四月から本格施行されています。

## 新制度の主なポイント

新制度のポイントは、大きく七つ挙げられます。

特記すべき項目としてはまず、**施設型給付と地域型保育給付**＊の創設です。施設型給付とは、これまで日本国内の幼児教育及び保育環境の中枢を担ってきた認定こども園、幼稚園、保育所を通じた共通の給付であり、これらが各施設に給付されます。ただし、幼稚園においては、施設型給付以外にも、これまでの文部科学省による私学助成を活用することも可能です。

地域型保育給付について、詳細は後述しますが、小規模保育や家庭的保育といった都市部における待機児童解消や、子どもの数が減少傾向にある地域における

＊**地域型保育給付**　これまで認可基準（定員20人以上など）に満たず、国の十分な財政支援がなかった小規模保育や家庭的保育、居宅訪問型保育、事業所内保育などを支援するもので、民間企業が担い手として待機児童解消に期待されている。

保育機能の確保に対応する施設への給付となります。

また、政府の推進体制としては、二〇一五年までは厚生労働省、文部科学省それぞれの制度下で実施されていましたが、その後は、内閣府の子ども・子育て本部に一本化され、今まで以上に推進力が高まることが予想されます。

**市町村が実施主体であることも大きな特徴**と言えます。前述した通り、市町村の「子ども・子育て支援事業計画」に基づいて、その地域の実情に応じた保育供給の確保の方策を策定し、事業が実行されます。

このように、新制度は従来とは大幅に仕組みが変わるとともに、保護者が子育てについての第一義的責任を有するという基本的認識の下に、幼児期の学校教育・保育、地域の子ども・子育て支援を総合的に推進するにあたって、非常にわかりやすく、かつ効率的な仕組みへと変化しました。毎年度改善が加えられながら、よりよい制度になりつつあることからも、子ども・子育て分野が発展的で、よりよい環境に変わることに大きな期待が寄せられています。



### 子ども・子育て新制度 7つのポイント

①認定こども園、幼稚園、保育所を通じた共通の給付（「施設型給付」）及び小規模保育等への給付（「地域型保育給付」）の創設

②認定こども園制度の改善（幼保連携型認定こども園の改善等）

③地域の実情に応じた子ども・子育て支援（利用者支援、地域子育て支援拠点、放課後児童クラブなどの「地域子ども・子育て支援事業」）の充実

④市町村が実施主体

⑤社会全体による費用負担

⑥政府の推進体制

⑦子ども・子育て会議*の設置

出典：平成26年10月　内閣府子ども・子育て支援新制度施行準備室「子ども・子育て支援新制度について」

＊**子ども・子育て会議**　国の基本方針（地方自治体の計画策定の指針など）その他の重要な方針、新制度の見直しなどのあり方、給付内容・水準（公定価格など）、費用の使途実績、事業の効果等の点検・評価などについて調査審議をする子ども・子育て分野における有識者で構成された会議。

2

# 新子育て安心プラン

**待機児童の解消を目指す「子育て安心プラン」が二〇二〇年度末に終了することを受け、二〇二一年度〜二〇二四年度の四年間で約一四万人の保育の受け皿を整備する「新子育て安心プラン」が公表されました。**

## 目標未達に終わる子育て安心プラン

二〇一三年から国が本腰を入れて財源投入し、待機児童ゼロを目標に進めてきたのが「**待機児童解消加速化プラン**」で、二〇一五年からは**子ども子育て支援新制度**のスタート、そして二〇一八年度からスタートした「**子育て安心プラン**」によって、さらに加速がつきました。子育て安心プランの特徴は、二〇二〇年度末までの三年間で二二万人の受け皿を整備することで待機児童をゼロにして、二〇二二年度末までその状態を維持するために、二〇二一年度、二〇二二年度の二年間でさらに一〇万人分増やすというプランです。厚生労働省の集計結果によると、二〇二〇年度末までに二九・七万人分の受け皿が整備される見込みですので、予定を上回るペースで整備が進んでいましたが、待機児童数は減少傾向にあるものの、二〇二一年一月現在、二〇二〇年度末でゼロ達成することは厳しいと言えるでしょう。

## 「新子育て安心プラン」

二〇二〇年一二月に「**新子育て安心プラン**」が厚生労働省から発表されました。これは第二期市町村子ども・子育て支援事業計画の積み上げを踏まえ、二〇二〇年度から二〇二四年度末までの四年間で約一四万人分の保育の受け皿を整備し、できるだけ早く待機児童の解消を目指すとともに、女性（二五〜四四歳）の就業率の上昇に対応する計画です。

二〇二〇年度までの子育て安心プランが五年間で三

二万人の受け皿を整備する計画だったことに比べると新子育て安心プランは四年間で約一四万人分なので、これまでよりも供給スピードは大幅に減速することになります。これは待機児童が解消の方向に向かっていること、今後出生数が減少する可能性が高いことを見据え、緊急性や重要性の高い地域に絞り込み、地域の実情に応じて機動的に対応していくことの表れでもあります。

一つひとつの支援のポイントを見ると目新しさはなく、財政も考慮して、ハード面よりもソフト面を充実させていることがうかがえます。しかし、保育補助者の勤務時間三〇時間以下という補助要件を撤廃したり、短時間勤務において、待機児童が存在する市町村においては各クラスで常勤保育士一名必須との規制をなくし、それに代えて二名の短時間保育士で可とするなど、**保育士配置の基準緩和策**が出てきているのはこれまでになかったことです。保育士などの基準緩和は保育の質と密接な関係にあるので、慎重な議論が必要ですが、保育士不足や現場の負担軽減において上手な活用が求められます。

## 新子育て安心プラン

●2021（令和3）年度から2024（令和6）年度末までの4年間で約14万人分の保育の受け皿を整備する

<ポイント>

- 第2期市町村子ども・子育て支援事業計画の積み上げを踏まえ、保育の受け皿を整備。
- できるだけ早く待機児童の解消を目指すとともに、女性（25～44歳）の就業率の上昇に対応。
  （参考）2019（平成31/令和元）年:77.7%、現行の子育て安心プランは80%に対応、2025（令和7）年の政府目標:82%（第2期まち・ひと・しごと創生総合戦略）
- 地域の特性に応じた支援を実施。
- 仕事・職場の魅力向上を通じた保育士確保を推進。
- 幼稚園・ベビーシッターを含めた地域のあらゆる子育て資源を活用。

| | 2013（平成25）年度～ | 2018（平成30）年度～ | 2021（令和3）年度～2024（令和6）年度末 |
|---|---|---|---|
| <プラン> | 待機児童解消加速化プラン（目標:5年間で約50万人） | 子育て安心プラン（目標:3年間で約22万人+2年間で10万人） | 新子育て安心プラン（目標:4年間で約14万人） |
| <整備状況> | 53.5万人 | 20.1万人 | （2019（令和元）年度末時点） |

出典:厚生労働省「新子育て安心プラン」（2020年12月21日）

# 3 保育の必要性の認定（支給認定）とは

**子ども・子育て支援新制度では、実施主体である市町村が、保護者の申請を受け、客観的な基準に基づいて保育の必要性を認定した上で、給付を行う仕組みとなります。**

## 認定区分

子ども・子育て支援法では、教育・保育を利用する子どもについて1号認定・2号認定・3号認定の三つの**認定区分**が設けられ、これに従って施設型給付などが事業者に支払われます。

**1号認定**とは、満三歳以上の小学校就学前の子どもであって、2号認定以外の者を指します。

**2号認定**は、満三歳以上の小学校就学前の子どもであって、保護者の労働または疾病その他の内閣府令で定める事由により、家庭において必要な保育を受けることが困難である者です。

**3号認定**とは、満三歳未満の小学校就学前の子どもであって、保護者の労働または疾病その他の内閣府令で定める事由により、家庭において必要な保育を受けることが困難である者を指します。

## 保育の必要性の「事由」とされるもの

保育の必要性認定については、次の一〇の項目から市町村が判断します。特に制度では、⑥の求職活動など、保護者の就労環境に応じた項目が盛り込まれているのが特徴です。

**①就労、②妊娠・出産、③保護者の疾病・障害、④同居または長期入院などしている親族の介護・看護、⑤災害復旧、⑥求職活動、⑦就学（職業訓練校などでの職業訓練を含む）、⑧虐待やDVのおそれ、⑨育児休業取得時に、すでに保育を利用している子どもがいて継続利用が必要であること、⑩その他、上記に類する状**

態として市町村が認める場合

## 保育必要量

保育必要量については、主にフルタイムの就労を想定した「**保育標準時間**」と、主にパートタイムの就労を想定した「**保育短時間**」の二種類に分類されます。

必要性の認定を受けた上で、この二つの区分の下、各家庭の就労実態などに応じて、利用可能な最大限の枠として、保育必要量が設定されます。

具体的には、月〜土曜日の開所とした場合、保育標準時間については八時間を原則とし、利用可能な時間帯を一一時間、それ以外は延長保育で利用ができます。

一方、保育短時間については、一か月当たり四八〜六四時間程度の就労を下限、一二〇時間程度までを上限とした際に利用可能な時間帯を八時間とし、それ以外を延長保育で利用するというイメージです。

後述しますが、保育の必要量に応じて利用者負担も、事業者に対する単価（給付）も変わります。このように、保護者の就労に応じて必要量を設定し、負担や給付が変わるのは新制度の大きな特徴でもあります。

### 保育の必要性認定

子ども・子育て支援法では、教育・保育を利用する子どもについて3つの認定区分が設けられ、これに従って施設型給付などが行われる（施設・事業者が代理受領）。

| 認定区分 | 給付の内容 | 利用定員を設定し、給付を受けることとなる施設・事業 |
|---|---|---|
| 満3歳以上の小学校就学前の子どもであって、2号認定子ども以外のもの（1号認定子ども）（第19条第1項第1号） | 教育標準時間（※） | 幼稚園<br>認定こども園 |
| 満3歳以上の小学校就学前の子どもであって、保護者の労働または疾病その他の内閣府令で定める事由により家庭において必要な保育を受けることが困難であるもの（2号認定子ども）（第19条第1項第2号） | 保育短時間<br>保育標準時間 | 保育所<br>認定こども園 |
| 満3歳未満の小学校就学前の子どもであって、保護者の労働または疾病その他の内閣府令で定める事由により家庭において必要な保育を受けることが困難であるもの（3号認定子ども）（第19条第1項第3号） | 保育短時間<br>保育標準時間 | 保育所<br>認定こども園<br>小規模保育など |

※教育標準時間外の利用については、一時預かり事業（幼稚園型）などの対象となる。

出典：平成26年10月　内閣府子ども・子育て支援新制度施行準備室「子ども・子育て支援新制度について」

# 4 利用手続き

**子ども・子育て支援新制度では、利用者に対する個人給付（現物給付）、直接契約、法定代理受領、応諾義務などの手続きがあります。利用手続きに関する仕組みを見ていきましょう。**

## 直接契約

当制度が始まる以前では、幼稚園は利用者との直接契約、保育所は自治体の委託事業という観点から、市町村と利用者の契約となり、市町村が保育所に運営費を支払う形となっていました。

当制度においても、幼稚園はこれまで通り直接契約ですが、保育の必要性の認定を受けた利用者が、認定こども園、地域型保育給付事業、公立保育所を利用する場合、居住市町村から**法定代理受領**する仕組み（保育料などは施設が利用者から徴収）となります。市町村の利用調整のもと、保護者に対する個人給付を基礎としていることから、確実に学校教育・保育に要する費用に充てるためです。

## 応諾義務

当制度においては、私立保育所を除き、直接契約となりますが、施設の利用の申し込みがあったときは、「正当な理由」がある場合を除き、入園を断ることができない「**応諾義務**」が適応されます。ここで言う「正当な理由」とは大きく次の三つに分類されます。

**①定員に空きがない場合**
**②定員を上回る利用の申込みがあった場合（要選考）**
**③その他特別な事情がある場合**

③の「その他特別な事業がある場合」とは、主に特別支援が必要な場合や、教育・保育の提供エリア、つ

まり対象商圏からかけ離れた場所から通う場合、滞納が発生する可能性がある場合などが想定されています。

特に特別支援が必要な場合において、障害児など特別な支援が必要な子どもについても、障害児施策などとの連携を図りながら、特定教育・保育施設、特定地域型保育事業において受け入れを進めていくことが基本となります。しかし、障害の程度や施設側の受け入れ能力などを考慮すると、すべてのケースで応諾を義務化するのは現実的ではないため、障害児の受け入れ人数を設定したり、公立を優先するなどの策を講じることが想定されています。

さらに、教育・保育の提供エリアについては、特に幼稚園、幼稚園部分について、各施設の通園方法に応じた通園の長時間化の防止や安全確保、複数施設を運営する場合や近隣に他の施設がある場合の適正配置への配慮などから、利用者の居住地に着目して通園標準区域（学区）を設定することがありますが、当該区域外で利用可能な他の施設がある場合にまで、あえて区域外の利用の申し込みにすべて応じることまで求める必要はないと考えられています。

新制度の利用手続き

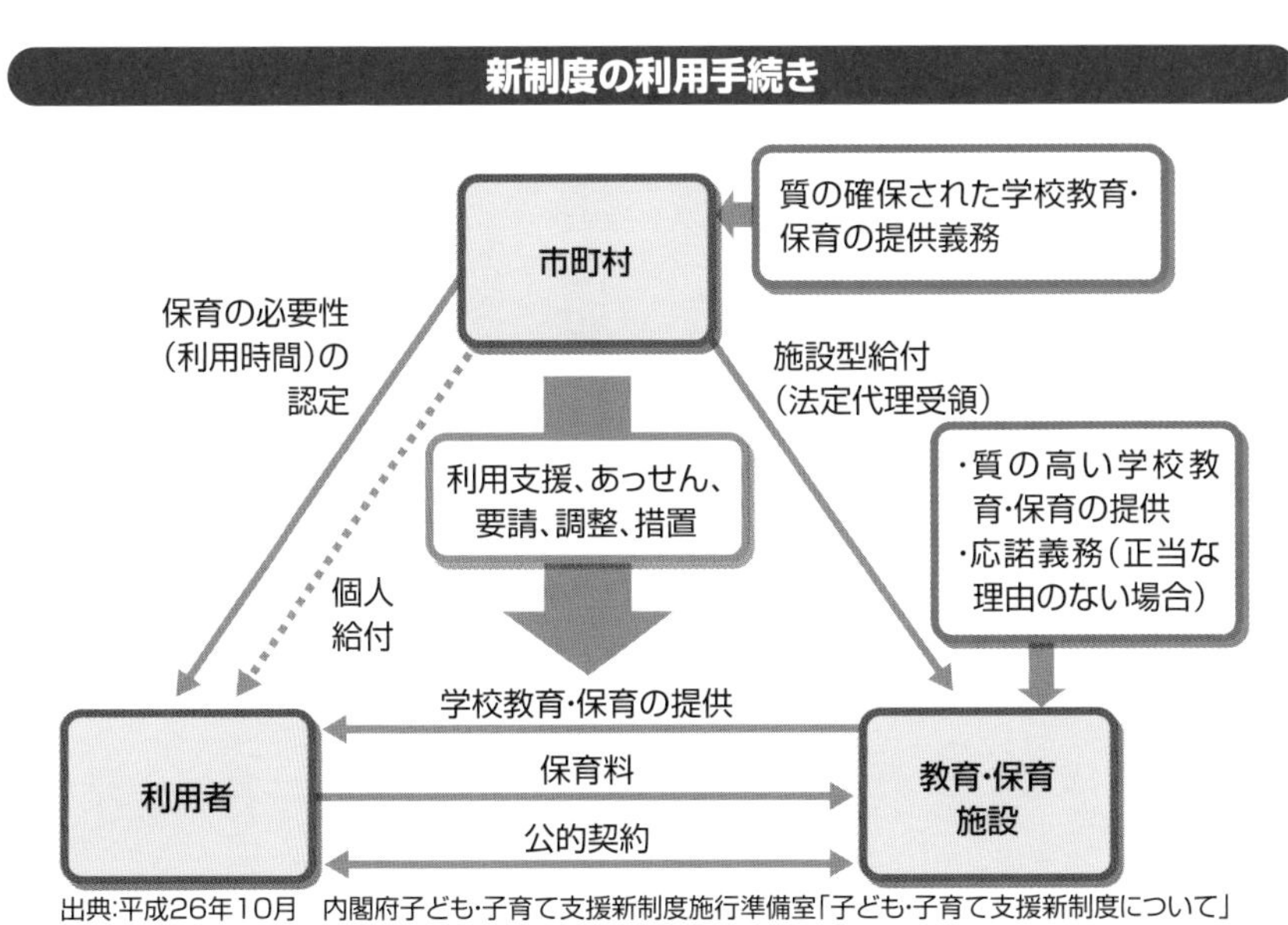

出典:平成26年10月　内閣府子ども・子育て支援新制度施行準備室「子ども・子育て支援新制度について」

5

# 公定価格

**子ども・子育て支援新制度における事業者への給付金には公定価格が設定されています。この公定価格の構造も地域、定員、認定、年齢などの区分によって変化するため、経営においても重要な指標となります。**

## 公定価格の考え方

当制度では、認定こども園、幼稚園、保育所を通じた共通の給付である「**施設型給付**」及び小規模保育や事業所内保育などに対する「**地域型保育給付**」を創設し、市町村の確認を受けた施設・事業の利用にあたって、財政支援を保障していくことを基本としています（私立保育所については現行と同様に委託費としての支払い）。

また、施設型給付費、地域型保育給付費の基本構造は、子ども・子育て支援法二七条、二九条などにより、「内閣総理大臣が定める基準により算定した費用の額」（公定価格）から「政令で定める額を限度として市町村が定める額」（利用者負担額）を控除した額とされており、地域区分や利用定員区分、認定区分などによって、公定価格が決まります。

## 基本額と加算額

公定価格の内訳は、主に「**基本額**」と「**加算額**」によって構成されています。

基本額（一人当たり単価）は、まず前述したとおり、地域区分（七区分）、利用定員区分（一七区分など）、認定区分、年齢区分、保育必要量区分（2号・3号）によって変わります。

また、主に質の改善を前提として、1号認定であれば満三歳児保育の職員の配置を増やす、チーム保育で各学年やクラスを受け持つなどの人件費に関すること、子育て支援の実施、小学校との接続の強化、第三者評

**【私立認可保育所の今後】** 私立認可保育所についても、直接契約でないからと言って、その対策を行わなくてもよいということではない。むしろ逆で、他の施設が様々な形で地域にアピールする中、アピールせずに園児が入所してくるほど将来は甘い世界ではなくなるだろう。

価の受審など、事業の実施体制強化、除雪や降灰などの特別な地域の実情などがあるなどの管理費に関することによって、加算が発生します。

なお、当制度もスタートして六年が経ちますが、毎年度修正がかけられ、現時点では毎年度、全体的に単価は増加傾向にあります。

また、二〇二〇年度では、次のように実態に伴った改定が行われています。

●土曜日の閉所日数に応じた減算調整の仕組みを導入する

●国家公務員などの地域手当の設定がある地域について、当該地域の地域区分よりも支給割合の高い地域に囲まれている場合に、当該地域を囲んでいる地域のうち支給割合が最も近い地域区分まで引き上げる

●所長設置加算・管理者設置加算を基本分単価に組み入れ、所長・管理者が配置されていない場合は減算する　など

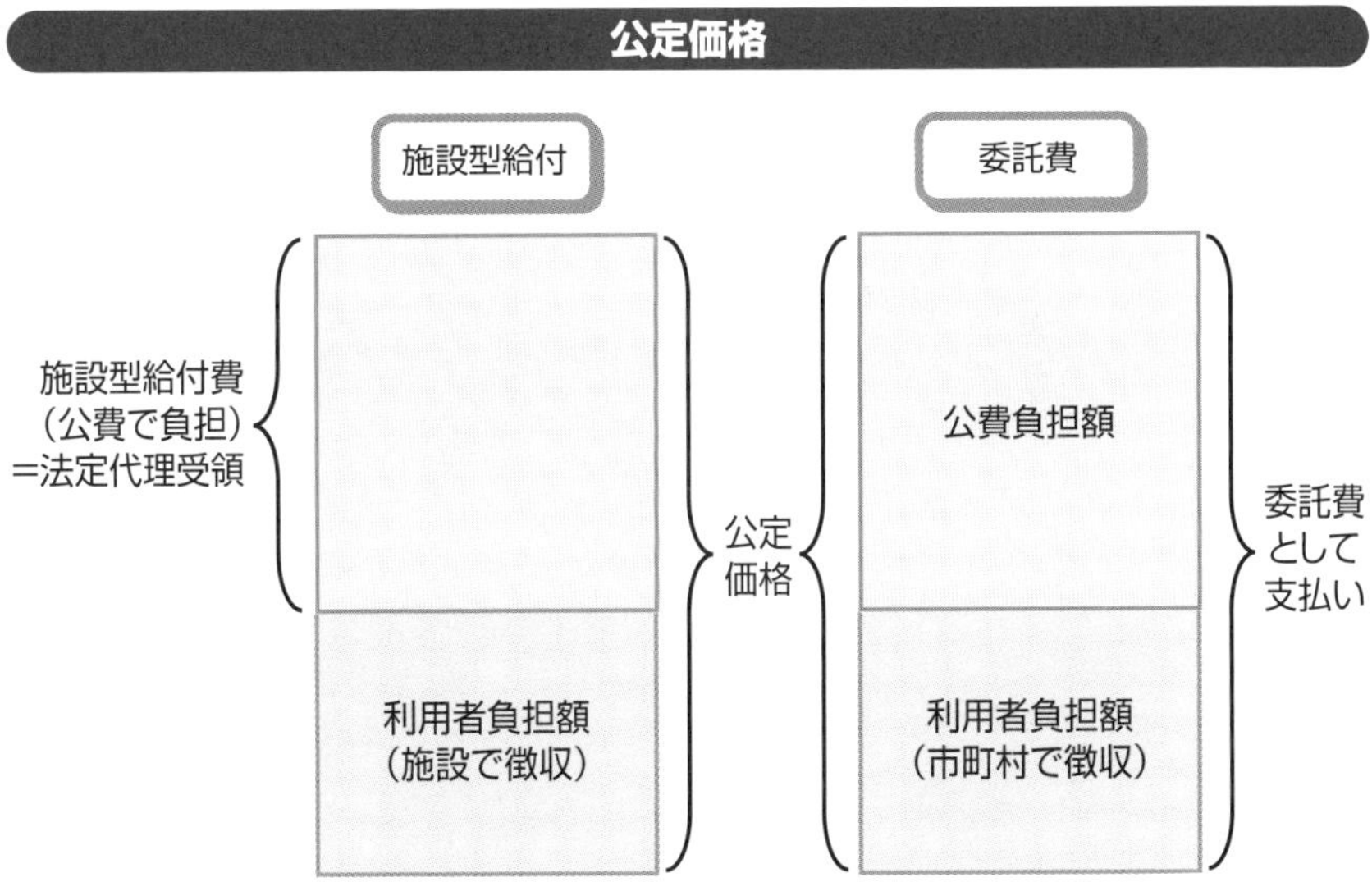

**公定価格**

| 施設型給付 | 委託費 |
|---|---|
| 施設型給付費（公費で負担）=法定代理受領 | 公費負担額 |
| 利用者負担額（施設で徴収） | 利用者負担額（市町村で徴収） |

公定価格

委託費として支払い

出典：平成26年10月　内閣府子ども・子育て支援新制度施行準備室「子ども・子育て支援新制度について」

# 6 保育教諭と子育て支援員

**子ども・子育て支援新制度における幼保連携型認定こども園では、幼稚園教諭免許状と保育士資格を併有する「保育教諭」が、地域型保育事業や子ども子育て支援事業では「子育て支援員」が新たな資格として生まれました。**

## 保育教諭とは

国家資格は、**保育士**と**幼稚園教諭**の二種類しかありません。この二種類の資格の違いはいくつかありますが、主に根拠法令や履修科目が異なります。

根拠法令は、**幼稚園教諭は「教育職員免許法」**、**保育士は「児童福祉法」**です。幼稚園教諭免許には一種免許と二種免許があり、一種免許は大学卒程度の学歴が求められます。

履修科目も、幼稚園教諭は教科に関する項目、教職に関する科目、教科または教職に関する科目、その他科目に分類される一方で、保育士は教養科目、専門科目（児童福祉、社会福祉、小児保健、小児栄養、乳児保育、養護内容）に分類されます。

**幼保連携型認定こども園**で教育・保育に従事するのは、原則的に幼稚園教諭免許と保育士資格の両方を持つ「**保育教諭**」であるとされています。

しかし制度成立当時、幼稚園教諭、保育士のうち二〇～三〇％は片方の免許・資格しか持っていませんでした。それにより幼保連携型認定こども園が推進されないという事態にならないよう、新制度施行後の五年間は、幼稚園教諭、保育士の資格を持つ人が「保育教諭」になるための特例制度が経過措置として設けられましたが、二〇一九年、さらに五年間特例措置が延期されました。

特例は、幼稚園教諭免許または保育士資格のいずれかを持っていて、幼稚園や保育所などで三年かつ四三二〇時間以上の勤務経験がある人が対象です。幼稚園教諭が保育士資格を取得するには、通常三四単位の修得が必要ですが、八単位の修得または保育士試験で該当科目に合格すればよいことになっています。逆に保育士が幼稚園教諭免許を取得する場合も、八単位の修得で、学士の場合は一種、短期大学士・専門学校卒などの場合は二種の幼稚園教諭免許状が与えられます。

## 子育て支援員とは

当制度では、「**子育て支援員制度**」という認定資格制度があります。子育てが一段落した専業主婦などの育児経験を活かし、子育て支援員研修を受け、地域型保育事業の保育従事者や保育補助として、また一時預かりやファミリー・サポート・センター、放課後児童クラブ、その他児童養護施設などでも補助的な職員として働くことで、女性の社会進出を活発化させることを目的にしています。

また、朝夕など児童が少数となる時間帯における保育士配置に係る特例や、地域型保育事業のB型のように、子育て支援員を保育士の配置基準として認めることで、深刻化する保育士不足の一助にもなっています。

**保育教諭としての免許・資格取得のための特例制度の概要**

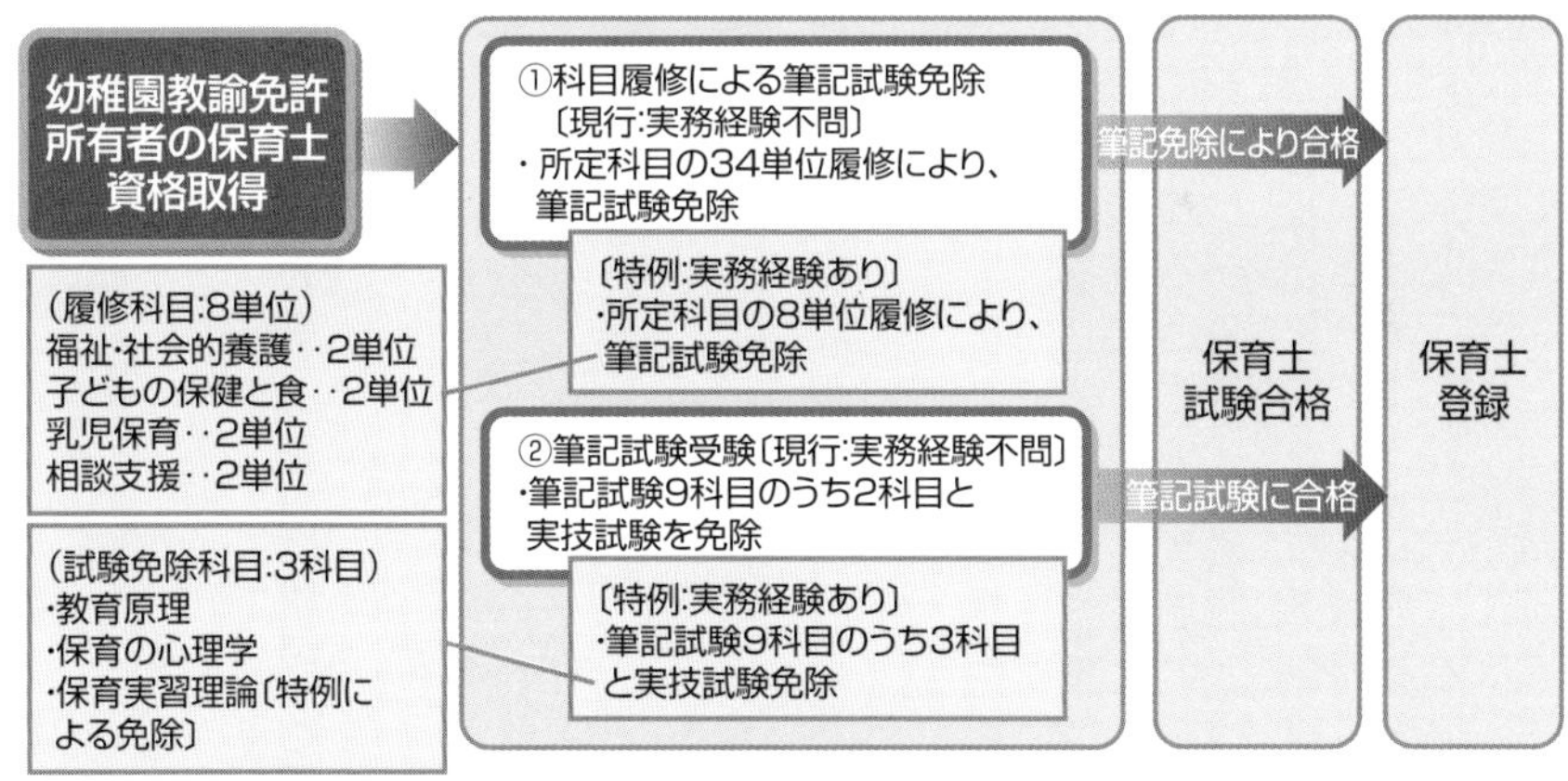


特例適用には、以下の施設における3年かつ4,320時間の勤務経験が必要
〔6時間×20日×3年(36か月)=4,320時間〕

<幼稚園、認定こども園、保育所、特別支援学校幼稚部、へき地保育所、認可外保育施設(認可外保育施設指導監督基準を満たし、一定規模の集団により、継続的に保育を行う施設)、幼稚園併設型認可外保育施設>

# 7 施設型給付と地域型保育給付

**子ども・子育て支援新制度には、施設類型を問わず、共通の給付制度として、「施設型給付」と「地域型保育給付」の二つがあります。**

## 施設型給付

**施設型給付**とは、認定こども園、幼稚園、保育所を通じた共通の給付です。ただし一部制度外の幼稚園については従来通りの私学助成金となり、施設型給付には該当しません。また、児童福祉法第二四条において、保育所における保育は市町村が実施するとされていることから、私立保育所における保育の費用については、施設型給付ではなく、市町村が施設に対して、保育に要する費用を委託費として支払うことになります。

施設型給付は保護者に対する個人給付を基礎として、確実に学校教育・保育に要する費用に充てるため、居住市町村から法定代理受領する仕組みになっています。法定代理受領とは、端的に言えば、個人給付の代わりに、施設側が給付金として受け取るというものです。

## 地域型保育給付

**地域型保育給付**とは、小規模保育、事業所内保育、家庭的保育、居宅訪問型保育を通じた共通の給付です。

地域型保育給付も施設型給付同様に、保護者に対する個人給付を基礎として、法定代理受領が基本となります。ちなみに、地域型保育事業は、施設型給付事業のように国の認可ではなく、市町村による認可事業として、児童福祉法に位置づけた上で、地域型保育給付の対象とし、多様な施設や事業の中から利用者が選択できる仕組みになっています。

## 2-7　施設型給付と地域型保育給付

### 施設型給付の概要

**施設型給付**　認定こども園(4類型)、幼稚園、保育所を対象とした財政支援

**認定こども園**　0〜5歳

幼保連携型※　幼稚園型　保育所型　地方裁量型

※幼保連携型については、認可・指導監督を一本化し、学校及び児童福祉施設として法的に位置づけるなど、制度改善を実施。

**幼稚園**　3〜5歳

※新制度施行前に施設型給付の対象となる教育・保育施設として確認を受けない旨の申出を市町村に行った私立幼稚園に対しては、私学助成及び就園奨励費補助を継続します。

**保育所**　0〜5歳

※私立保育所については、児童福祉法第24条により市町村が保育の実施義務を担うことに基づく措置として、委託費を支弁します。

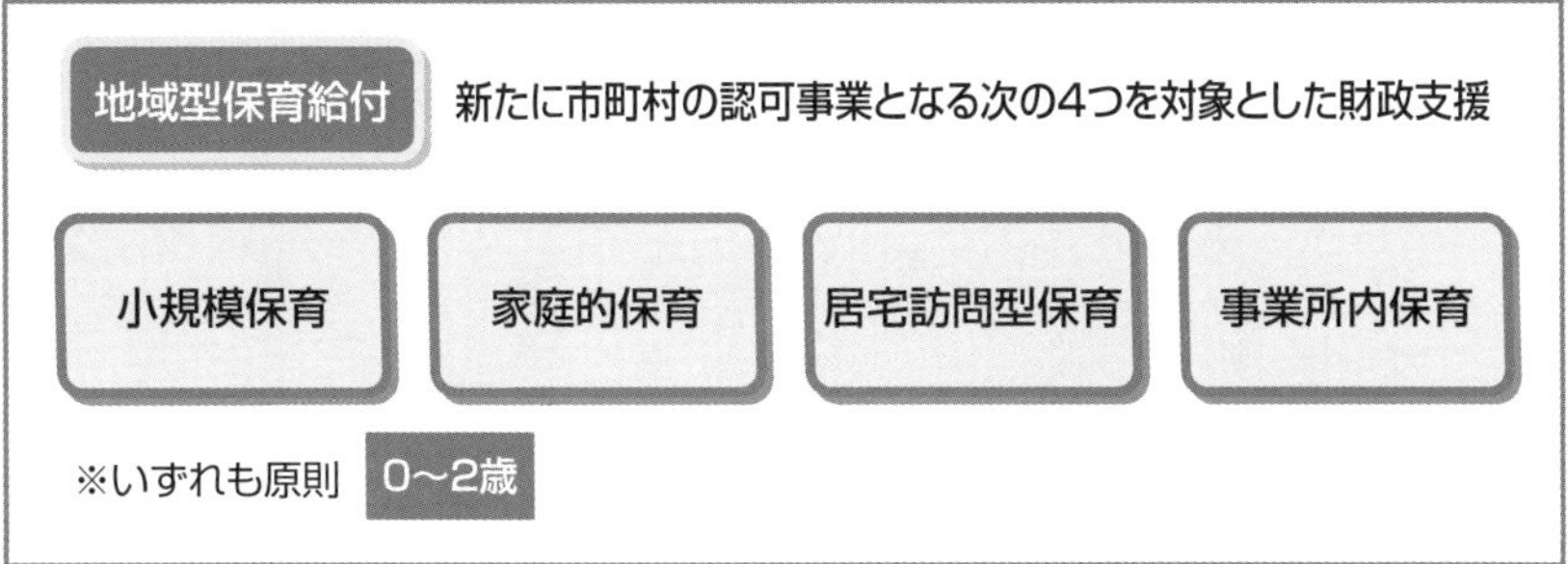

地域型保育給付
新たに市町村の認可事業となる次の4つを対象とした財政支援
小規模保育
家庭的保育
居宅訪問型保育
事業所内保育
※いずれも原則
0〜2歳


出典:内閣府・文部科学省・厚生労働省「子ども・子育て支援新制度ハンドブック(施設・事業者向け)(平成27年7月改訂版)」

# 8 地域子ども・子育て支援事業

**地域子ども・子育て支援事業とは、市町村が地域の実情に応じ、市町村子ども・子育て支援事業計画に従って実施する事業です**

## 地域子ども・子育て支援事業の位置づけ

子育て支援法に基づいて、二〇二〇年から第二期がスタートしていますが、特に第一期の計画に対する達成については、多くの市町村で実態との乖離も大きかったことから、第二期はより確実な達成が求められます。

その事業計画は、施設型給付事業や地域型保育事業を中心に待機児童解消を目的とした計画がなされている一方で、多様化する子育てニーズに対応する環境整備として、**地域子ども・子育て支援事業**が各市町村で計画されています。

## 地域子ども・子育て支援事業の種類

具体的に地域子ども・子育て支援事業の種類としては、左図に示した通りですが、全部で一三種類あります。どの事業も中核となる施設型給付、地域型保育事業をカバーする形でこれまでも貢献してきた事業であると言えます。

特に二〇二〇年度においては、前述した通り、「新・放課後子ども総合プラン」に基づいた受け入れ児童数の拡大、放課後児童クラブの受け皿整備や、特に利用児童数が少なく運営が厳しい施設の補助基準額の拡充など、年々実態に伴った事業の拡充や新設がなされています。

## 地域子ども・子育て支援事業の概要

| 事業名 | 概要 |
|---|---|
| 【新規事業】<br>利用者支援事業 | 子どもまたはその保護者の身近な場所で、教育・保育施設や地域の子育て支援事業などの情報提供及び必要に応じて相談・助言などを行うとともに、関係機関との連絡調整などを実施する事業です。 |
| 地域子育て支援拠点事業 | 乳幼児及びその保護者が相互の交流を行う場所を開設し、子育てについての相談、情報の提供、助言その他の援助を行う事業です。 |
| 妊婦健康診査 | 妊婦の健康の保持及び増進を図るため、妊婦に対する健康診査として、①健康状態の把握、②検査計測、③保健指導を実施するとともに、妊娠期間中の適時に必要に応じた医学的検査を実施する事業です。 |
| 乳児家庭全戸訪問事業 | 生後4か月までの乳児のいるすべての家庭を訪問し、子育て支援に関する情報提供や養育環境などの把握を行う事業です。 |
| 養育支援訪問事業 | 養育支援が特に必要な家庭に対して、その居宅を訪問し、養育に関する指導・助言などを行うことにより、当該家庭の適切な養育の実施を確保する事業です。 |
| 子どもを守る地域ネットワーク機能強化事業（その他要保護児童等の支援に資する事業） | 要保護児童対策協議会（子どもを守る地域ネットワーク）の機能強化を図るため、調整機関職員やネットワーク構成員（関係機関）の専門性強化と、ネットワーク機関間の連携強化を図る取組を実施する事業です。 |
| 子育て短期支援事業 | 保護者の疾病などの理由により家庭において養育を受けることが一時的に困難となった児童について、児童養護施設などに入所させ、必要な保護を行う事業です。 |
| ファミリー・サポート・センター事業<br>（子育て援助活動支援事業） | 乳幼児や小学生などの児童を有する子育て中の保護者を会員として、児童の預かりなどの援助を受けることを希望する者と、当該援助を行うことを希望する者との相互援助活動に関する連絡、調整を行う事業です。 |
| 一時預かり事業 | 家庭において保育を受けることが一時的に困難となった乳幼児について、主として昼間において、認定こども園、幼稚園、保育所、地域子育て支援拠点その他の場所で一時的に預かり、必要な保護を行う事業です。※幼稚園が行う預かり保育は、一時預かり事業（幼稚園型）に再編。 |
| 延長保育事業 | 保育認定を受けた子どもについて、通常の利用日及び利用時間以外の日及び時間において、認定こども園、保育所などで保育を実施する事業です。 |
| 病児保育事業 | 病児について、病院・保育所などに付設された専用スペースなどにおいて、看護師などが一時的に保育などを実施する事業です。 |
| 放課後児童クラブ（放課後児童健全育成事業） | 保護者が労働などにより昼間家庭にいない小学校に就学している児童に対し、授業の終了後に小学校の余裕教室、児童館などを利用して適切な遊び及び生活の場を与えて、その健全な育成を図る事業です。 |
| 【新規事業】<br>実費徴収に係る補足給付を行う事業 | 保護者の世帯所得の状況などを勘案して、特定教育・保育施設などに対して保護者が支払うべき日用品、文房具その他の教育・保育に必要な物品の購入に要する費用または行事への参加に要する費用などを助成する事業です。 |
| 【新規事業】<br>多様な事業者の参入促進・能力活用事業 | 多様な事業者の新規参入を支援するほか、特別な支援が必要な子どもを受け入れる認定こども園の設置者に対して、必要な費用の一部を補助する事業です。 |

出典：内閣府・文部科学省・厚生労働省「子ども・子育て支援新制度ハンドブック（施設・事業者向け）（平成27年7月改訂版）」

# 幼児教育の無償化①

**二〇一九年十月からスタートした幼児教育・保育の無償化。その基本的な考え方や制度について見ていきましょう。**

## 無償化の目的と概要

国は、幼児教育の無償化の目的として、急速な少子化の進行と幼児教育の重要性を鑑みて、総合的な少子化対策を推進する一環として実施すると述べています。

**対象は、幼稚園、保育所、認定こども園、地域型保育事業、企業主導型保育事業、認可外保育施設、障害児通園施設を利用する三歳から五歳までのすべての子どもと、住民税非課税世帯の〇歳から二歳までの子どもの利用料**です。ただし、施設型給付の対象でない幼稚園においては月額保育料の上限は二・五七万円、また子どもの年齢は、幼稚園については満三歳（三歳になった日）から、保育所については三歳児クラス（三歳になった後の最初の四月以降）から無償化になります。

## 施設類型によって負担額が変わる

一律に「無償化」と言っても、厳密に言えば、各施設の類型によって設定は異なります。子ども・子育て支援新制度の枠組みに入る施設型給付の対象施設においては、保育認定の種類に限らず三歳から五歳までの子どもについて全額無償となりますが、前述した通り、施設型給付の対象でない幼稚園においては月額保育料の上限が二・五七万円、認可外保育施設においては、上限が三歳から五歳は三・七万円、住民税非課税世帯の〇歳から二歳までの子どもは四・二万円で、現実的には多くの施設で保護者の負担が発生し、格差が生じています。

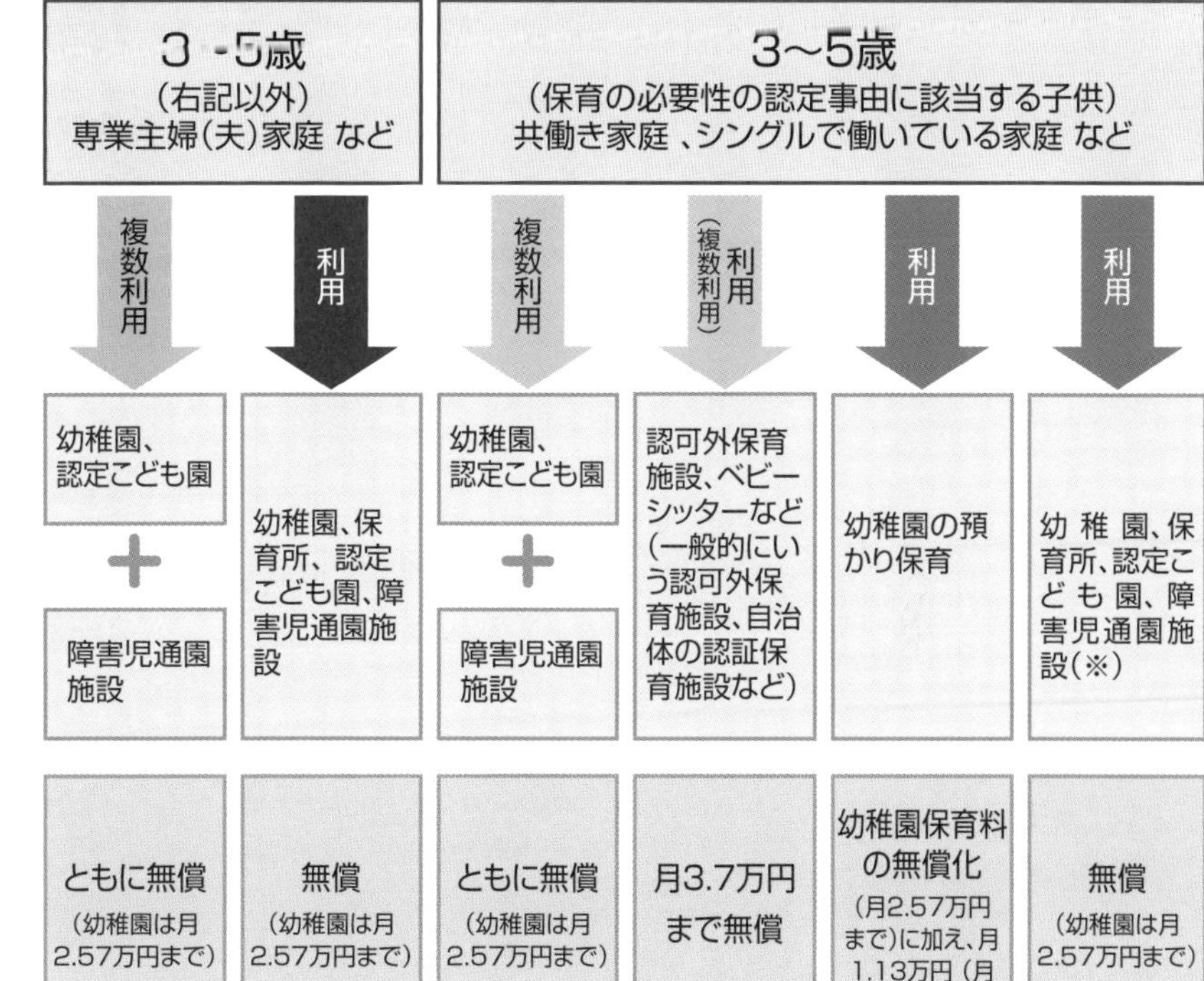


住民税非課税世帯については、0歳～2歳児についても上記と同様の考え方により無償化の対象となる。この場合、月4.2万円まで無償

(※)地域型保育も対象。また、企業主導型保育事業(標準的な利用料)も対象。
注1:幼稚園の預かり保育や認可外保育施設を利用している場合、無償化の対象となるためには、保育の必要性の認定事由に該当することが必要となる。
注2:上記のうち認可外保育施設及びベビーーシッターについては、認可外保育施設の届出をし、指導監督の基準を満たすものに限る
(ただし、5年間の経過措置として、指導監督の基準を満たしていない場合でも無償化の対象とする猶予期間を設ける)。

出典:内閣府「幼児教育の無償化に関する住民・事業者向け説明資料2」

# 10 幼児教育の無償化②

**幼児教育・保育の無償化に伴い、事務手続きや利用者の新たな認定がスタートしています。その基本的な仕組みを見ていきましょう。**

## 自治体と事業者の事務手続き

無償化がスタートして、新たに自治体と事業者の手続きが始まりました。子ども・子育て支援新制度内の施設や、施設の利用者においては、これまでも自治体が確認や認定、給付を行っていたため、そのフローに基づいて手続きを実施すればよいのですが、子ども・子育て支援新制度外の幼稚園や認可外保育施設およびこれら施設の利用者においては、新たに自治体が窓口となり、利用者の無償化に関する確認、認定、給付を行うことになります。その際、対象施設などが現行の各事業などを行う際に求めている基準と同様の内容を満たしているか確認することや、給付において、市町村の実情に応じ、現物給付と償還払いを選択できるよう配慮するなど、新たな手続きが必要になりました。

## 施設等利用給付

無償化の制度を利用するために、利用者は「**子育てのための施設等利用給付**」に基づいた認定を受ける必要があります。具体的には、**新1号**、**新2号**、**新3号**という認定区分が生まれ、子どものための教育・保育給付同様に、保育の必要性や年齢に応じて認定を受けることになります。

特に子ども・子育て支援新制度外の幼稚園で預かり保育を利用する場合、「子どものための教育・保育給付」はなくても、「子育てのための施設等利用給付」では新2号認定を受ける必要があるため、保護者の混乱もまだまだ多い現状があります。

## 幼児教育・保育の無償化の実施に伴う主な事務（イメージ）

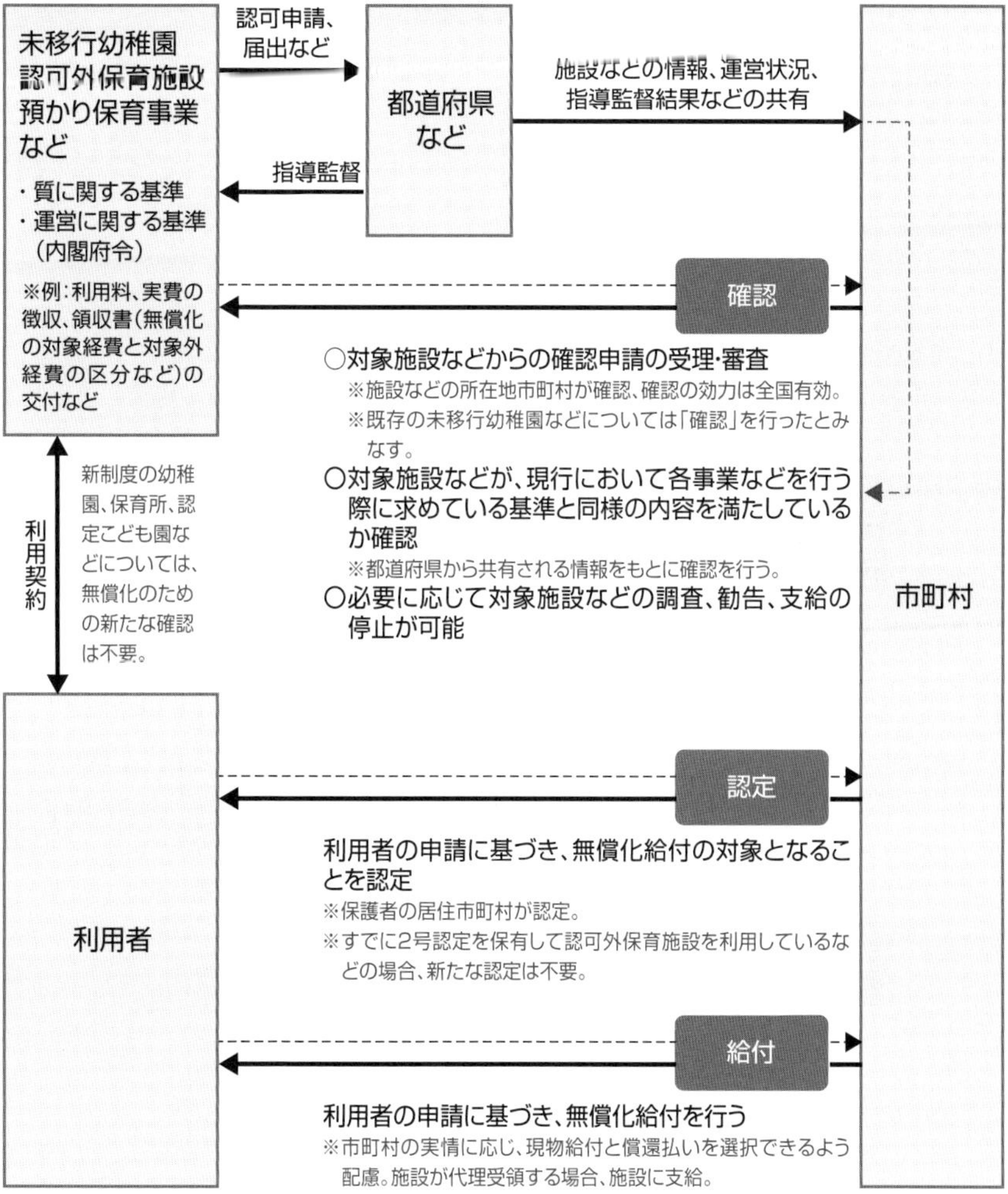

未移行幼稚園
認可外保育施設
預かり保育事業
など

・質に関する基準
・運営に関する基準（内閣府令）

※例：利用料、実費の徴収、領収書（無償化の対象経費と対象外経費の区分など）の交付など

認可申請、届出など

都道府県など

指導監督

施設などの情報、運営状況、指導監督結果などの共有

市町村

確認

○対象施設などからの確認申請の受理・審査
※施設などの所在地市町村が確認、確認の効力は全国有効。
※既存の未移行幼稚園などについては「確認」を行ったとみなす。
○対象施設などが、現行において各事業などを行う際に求めている基準と同様の内容を満たしているか確認
※都道府県から共有される情報をもとに確認を行う。
○必要に応じて対象施設などの調査、勧告、支給の停止が可能

利用契約

新制度の幼稚園、保育所、認定こども園などについては、無償化のための新たな確認は不要。

利用者

認定

利用者の申請に基づき、無償化給付の対象となることを認定
※保護者の居住市町村が認定。
※すでに2号認定を保有して認可外保育施設を利用しているなどの場合、新たな認定は不要。

給付

利用者の申請に基づき、無償化給付を行う
※市町村の実情に応じ、現物給付と償還払いを選択できるよう配慮。施設が代理受領する場合、施設に支給。

出典：内閣府「幼児教育・保育の無償化の実施に伴う主な事務について」

# 無償化によって保育ニーズは増えたのか？

幼児教育・保育の無償化がスタートして1年以上が経ちました。スタート前から懸念されていたのは、保育ニーズの増加と、それに伴う待機児童、保留児童の増加です。

この論点について、筆者なりに解釈してお伝えします。

●【0～2歳】

- 無償化対象は住民税非課税世帯だが、この層は元々保育料が低く、場合によってはすでに無償化されている。さらには、この層は共働き比率が極めて高いため、待機児童の増加にはつながりにくい。
- 令和元年度版少子化対策白書の「保育園と幼稚園の年齢別利用者数及び割合（平成30年度）」を見ると、今まで就園していなかった0～2歳の子どもが全国に約186万人おり、3歳以降無償化になることで、その親が就業時期を早め、早期保育入園を検討する可能性がある。

●【3～5歳】

- 上記同様に、令和元年度版の少子化対策白書を見ると、3～5歳人口約300万人のうち、幼稚園、保育所などに通わない子どもは約3%程度で、97%はいずれかの施設に通っている。新たにこの3%の人々が動くとすれば、9万人程度が増える計算。
- 幼稚園に通っている保護者が、保育料はもとより、預かり保育が全額無償、もしくは一部負担になることで、就業を考える。場合によっては、2号認定に変更し、保育園や認定こども園へ転園する。

上記より、幼児教育・保育の無償化によって、すべての要因が保育ニーズ増に直結することはないにせよ、総合的に見れば、保育ニーズは増加するであろうというのが筆者の見方です。

ただし、2019年の出生数86万人ショック、さらには2020年以降のコロナショックにより、出生数がさらに加速度的に減少する可能性や求職数が増加する可能性もあり、全体的な保育ニーズの動向は読みにくい状況です。

幼児教育・保育の無償化により、待機児童が増加するという懸念が強く持たれていた2019年までとは異なり、2020年以降は、待機児童増加の懸念はぬぐえないものの、少子化対策としてますます成果が期待されるところです。

# 保育サービスの業界構造と事業形態

保育サービス業界の業界構造の特徴として、多岐にわたる事業形態があります。また、保育サービス業界の現状は、成長市場ではあるものの、補助金や給付金、基準についてまだまだ課題があります。業界構造と事業形態から、現状の課題と今後必要となる対策を整理し、子ども・子育て支援新制度の内容と照らし合わせてみましょう。

# 保育サービス業界の市場規模

1

**保育サービス業界の市場規模は年々増加しています。つまり成長産業ということです。また、新制度以降、市場構造も変化してきています。まずは業界の市場規模を見ていきましょう。**

## 市場規模に算入するサービス類型

保育サービス業界全体の市場規模を計算する際、どこまでのサービス類型を保育サービスと見なすかによって、大きく数字が変化します。ですからまずは市場規模算出にあたって、**保育サービス業界全体の定義**を挙げておきます。

厚生労働省が毎年報告する「保育所等関連状況取りまとめ」では、認可保育所、幼稚園型および幼保連携型認定こども園の2号・3号認定、地域型保育事業を保育所等として統計をとっていますが、それに加えて、本書では、企業主導型保育事業、認可外保育施設、ベビーシッター、放課後児童クラブまで入れています。

また、幼稚園はこの領域外としていますが、類似市場としては把握しておく必要があるので、数字を載せておきます。

## 市場規模算出の考え方

まず、基本的な考え方としては、**施設数×施設当たり収入（平均利用者数×単価）**とします。たとえば、認可保育所の場合、二〇二〇年時点での施設数は二万三六二二施設、平均利用者数は八六名、単価は最新の公定価格から一般的な加算項目、平均的な数字（年齢別人数、地域区分、処遇改善の加算率）を算出します。そうすると、施設あたり収入は一億一二万円となりますので、これを掛け合わせると、認可外保育所の市場規模は二一・三六兆円となります。

しかし、企業主導型保育、認可外保育所、ベビー

**【成長する市場と停滞する市場】**保育ニーズ（2号･3号認定）を主に受け入れる認可保育所、認定こども園、地域型保育事業は現状維持から微減、企業主導型保育や認可外保育所は競争が激化すれば上記数字よりもさらに減少、放課後児童クラブは今後さらに成長が見込まれる、幼稚園は保育ニーズや低年齢児の受入機能が弱いため、大幅な減少が予想される。

シッター、放課後児童クラブはまったく別の考え方で算出します。特に企業主導型保育と放課後児童クラブについては、毎年の内閣府、厚生労働省の運営費予算ベースから算出する、認可外保育所は、平均の一人当たり保育料を六〇万円に設定して利用者数を掛け合わせる、ベビーシッターは全国保育サービス協会が毎年公表している「ベビーシッターＮＯＷ」というレポートから、該当する事業の市場規模を算出するという方法を採用しています。

## 保育サービス業界全体の市場規模

このような考え方で各サービス類型の市場規模を算出すると、合計は二〇二〇年時点で三・二七兆円、幼稚園まで含めると四・一七兆円となります。同様の考え方で二〇一五年の市場規模を見ると、二・七〇兆円ですから、五年間で約五七〇〇億円も市場が拡大しています。人口減少社会において、市場が成長している業界は決して多くない中で、この数年で堅実に成長している貴重な業界が保育サービス業界であるということがこの数字を見てもわかると思います。

保育サービス業界の市場規模

| | | | | 百万円 |
|---|---|---|---|---|
| | 2015年 | 2020年 | 2025年 | 2030年 |
| | | | 出生低位 | 出生低位 |
| 認可保育所 | 2,262,037 | 2,365,210 | 2,332,097 | 2,298,209 |
| 幼稚園型認定こども園 | 20,905 | 50,007 | 49,307 | 48,591 |
| 幼保連携型認定こども園 | 172,400 | 225,072 | 221,921 | 218,696 |
| 地域型保育事業 | 92,089 | 251,333 | 247,814 | 244,345 |
| 企業主導型保育事業 | 0 | 207,300 | 204,398 | 201,536 |
| 認可外保育所 | 106,726 | 84,304 | 83,123 | 81,960 |
| ベビーシッター | 4,887 | 6,090 | 6,005 | 5,921 |
| 放課後児童クラブ | 43,170 | 81,200 | 90,081 | 93,933 |
| 小計 | 2,702,214 | 3,270,516 | 3,234,746 | 3,193,190 |
| 幼稚園 | 1,051,804 | 905,886 | 748,792 | 618,940 |
| 合計 | 3,754,019 | 4,176,402 | 3,983,538 | 3,812,131 |

# 2 保育サービス業界の成長性

**保育サービス業界は、成長性の高い業界として注目されています。具体的にどの程度成長しているのかを把握します。**

## これまでの市場の成長推移

子ども・子育て支援新制度が始まる前は、地域型保育事業もなく、認定こども園も所管がバラバラで統一的な統計がなかったため、認可保育所が主な市場成長性の指標となっていました。ちなみに、二〇〇二年時点での市場規模が約一・一兆円、二〇一四年が約二兆円でした。一二年間で約〇・九兆円成長してきたということになります。成長率に変換すると、約一八一%になります。

この数値はまさに成長期産業であり、この十年程度でも大きく成長してきたのが保育サービス業界ではありますが、子ども・子育て支援新制度がスタートした二〇一五年度ではさらに大きく伸びて七〇〇〇億円も市場が成長しました。実に一年間の市場成長率で一三五%増ということです。さらに、前節でお伝えした通り、二〇二〇年時点で三・二七兆円まで成長したので、二〇年近くもの間成長をし続けた市場がこの保育サービス業界であるということが言えます。

## 今後の成長性はどうなるのか？

この業界の成長性の重要となる指標と変数は「**対象人口**」と「**保育利用率**」です。まず対象人口においては、人口問題研究所のデータがベースになります。二〇二〇年時点で〇～五歳人口は五六九万人となっていますが、これが出生中位の予測の場合、二〇三〇年時点では五〇三万人まで減少し、出生低位の場合だと四七八万人まで減少すると言われています。

これからの国の少子化対策に期待をしたいところで

すが、ここ数年の出生数の動向を見ていると、悲観的にならざるを得ないため、出生低位の数字に近くなると思ったほうがよいかもしれません。

一方で保育利用率においては、二〇一〇年から二〇二〇年まで約一四%も増加しました。ちなみに二〇二〇年一月に総務省から出された「労働力調査」によると、女性の生産年齢人口における就業率は一〇年前と比べると、約一一%増加しているので、女性就業率と保育利用率はかなり強い相関関係があると言えます。

また、同じく労働力調査では、子どものいる女性の三〇~三四歳の就業率は六五・六%となっていること、民間のシンクタンクでも潜在的に就業を希望する数が多いことからも、今後一〇年も保育利用率は上昇する可能性が高いと思われます。

よって、仮に二〇二〇年~二〇三〇年の保育利用率の増加幅を約七%、出生低位ベースとすると市場規模はどのように変化するでしょうか？　二〇二五年時点での市場規模は三・二三兆円、二〇三〇年時点では三・一九兆円ということで、結果的には市場は縮小するという結果になります。

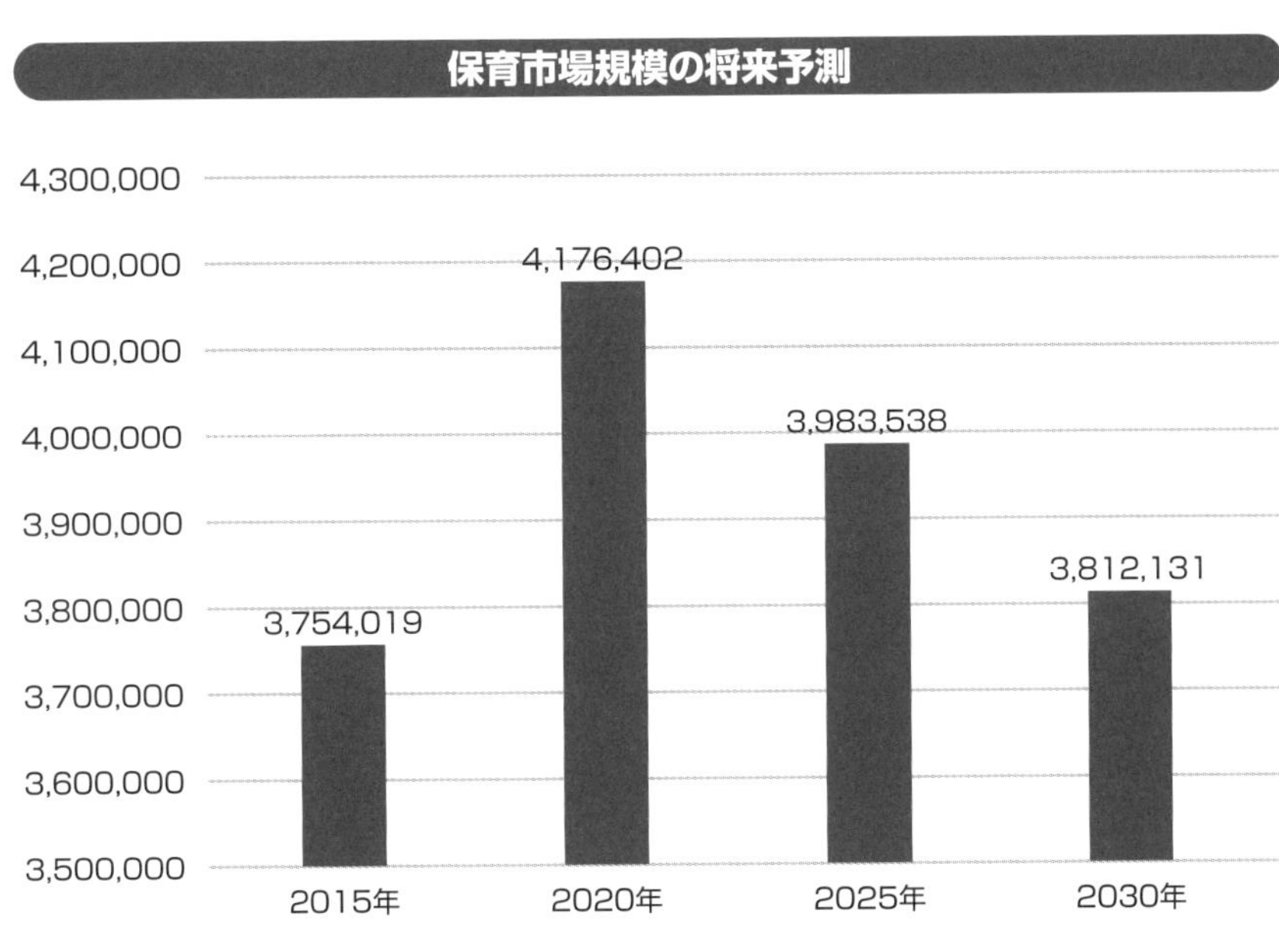

# 3 類型別の市場規模と運営主体別の構成比

**サービス類型、運営主体別という市場の構成をもう少し細かく見ていくことで、業界の特徴を捉えていきましょう。**

## サービス類型別の市場規模

二〇二〇年時点でのサービス類型別の市場構成比をみると、認可保育所七二・三％、地域型保育事業七・七％、幼保連携型認定こども園（2・3号部分のみ）六・九％、企業主導型保育事業六・三％、認可外保育所二・六％、放課後児童クラブ二・五％、幼稚園型認定こども園（2・3号部分のみ）一・五％、ベビーシッター〇・二％となっています。特に、**地域型保育事業、企業主導型保育事業の構成比が高まり、認可外保育所の構成比が低くなった**のがわかると思います。

また、幼稚園の市場が大きく減少したことも一つの特徴です。これは、保育ニーズの拡大とともに、幼稚園が認定こども園に移行したことが大きな理由となっています。

## 運営主体別の構成比

少々古いですが、二〇一七年の社会福祉施設等調査結果によると、二〇一六年時点での認可保育所における運営主体別構成比（東京23区は除く）は、高い順から、社会福祉法人五三・五％、市町村三三・七％、営利法人（会社）五・一％となっており、社会福祉法人と市町村だけで九〇％以上を占めています。しかし二〇二一年までの四年間において、二〇〇〇施設以上の社会福祉法人立の認可保育所が認定こども園に移行していること、市町村の民営化が年々増加していることと、株式会社立の保育所が増加していることなどを踏まえると、構成比は大きく変化していることでしょう。

## 3-3　類型別の市場規模と運営主体別の構成比

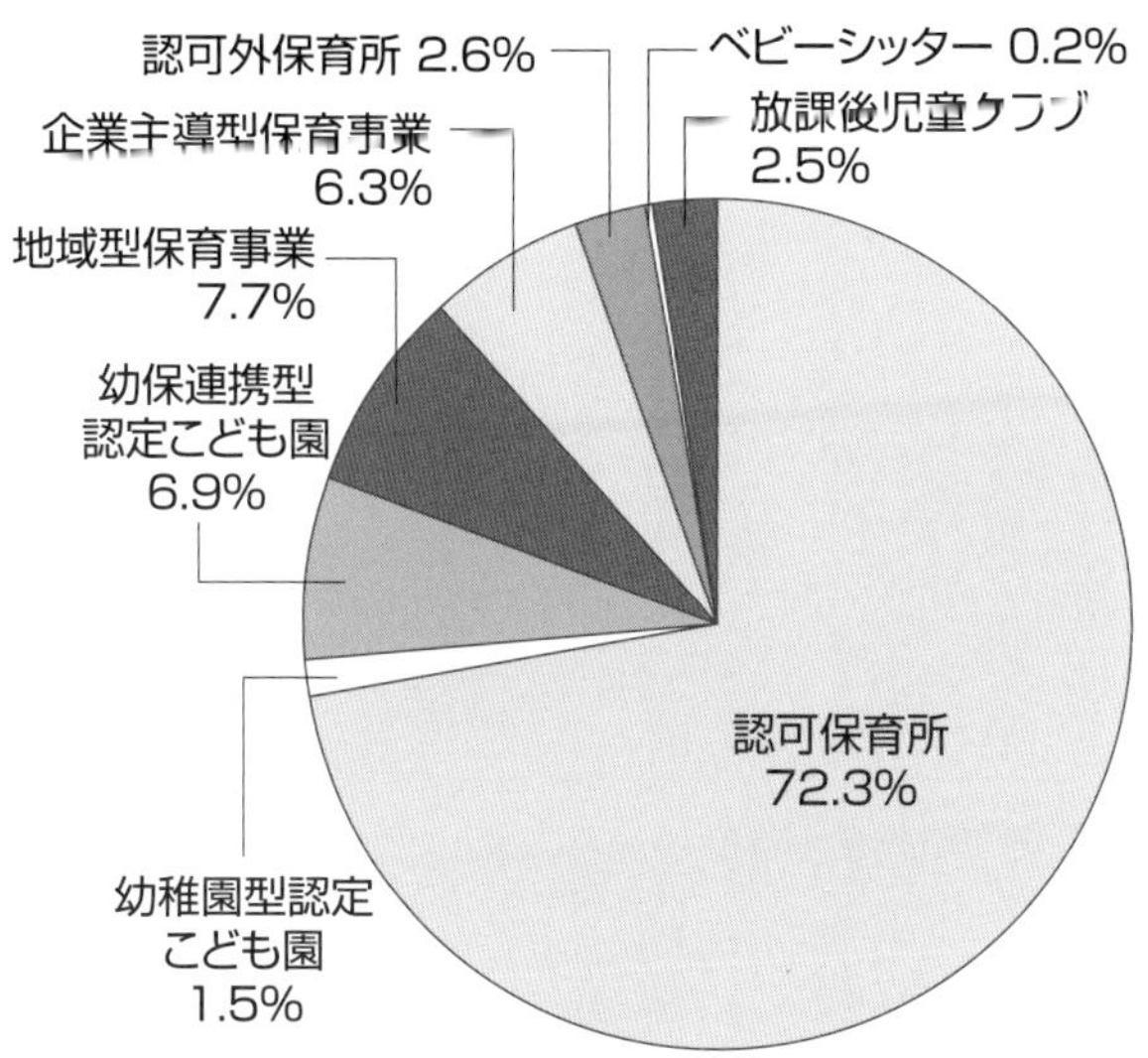


厚生労働省などの資料から著者が独自に試算

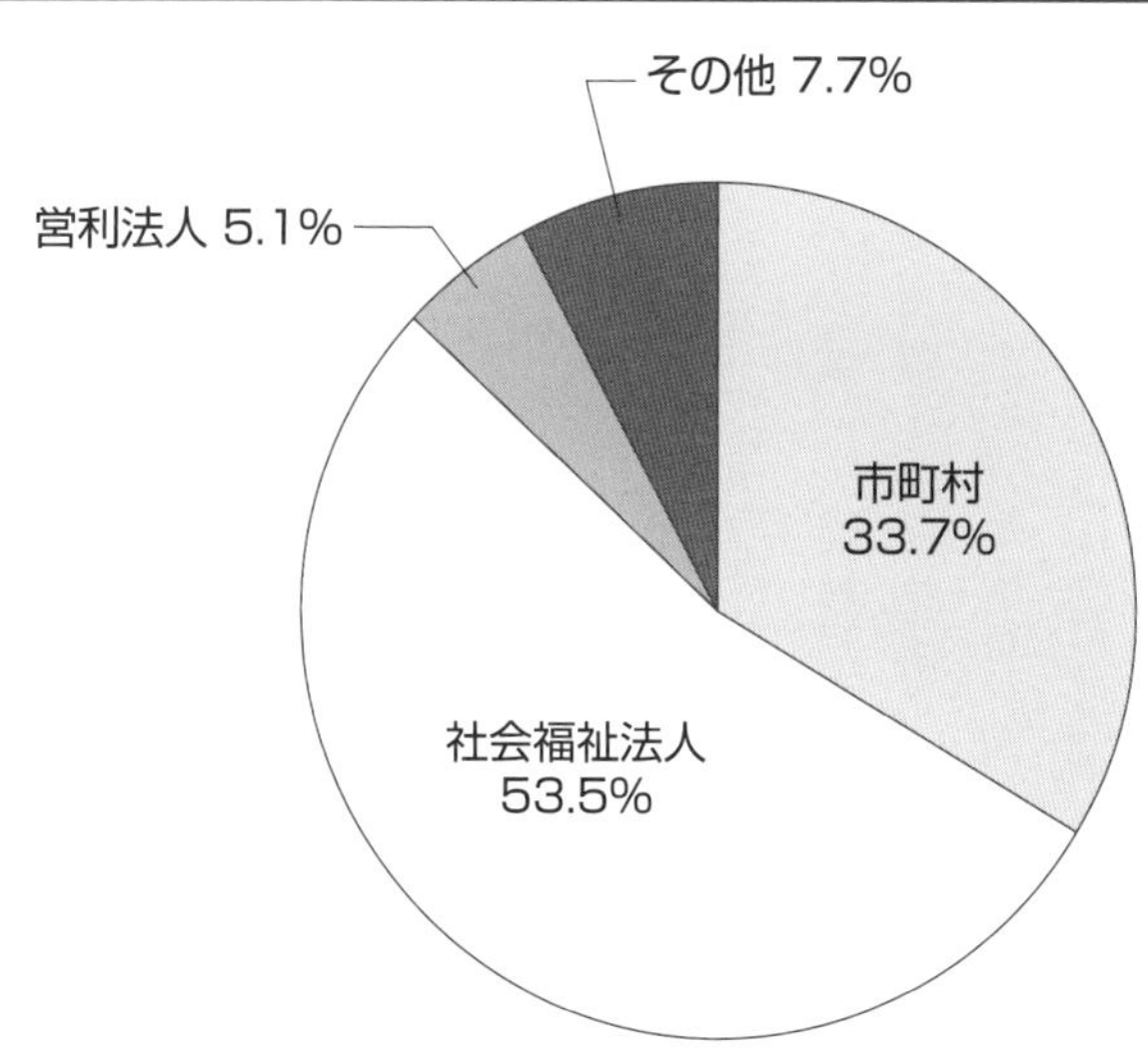


出典：厚生労働省「平成28年社会福祉施設等調査」

# 4 認可保育所の特徴

**認可保育所は日本の保育環境の基盤となる施設です。児童福祉施設であり、子ども・子育て支援新制度上は、施設型給付として運営費が支給されていますが、自治体の委託という位置づけになります。**

## 認可保育所の基準と特徴

認可保育所は**第二種社会福祉事業**＊で児童福祉施設です。よって、児童福祉法に基づいて国から保育所設置認可が出されます。そのため人員配置や設備の基準などは厳しく、一定の基準をクリアしなければ施設の運営はできません。

また、利用希望者が保育所等へ利用申し込みをして、利用契約をする際は、自治体の委託という扱いから、あくまで利用者と自治体との契約になり、保育料は市町村へ支払うことになります。

## 認可保育所の収益構造

認可保育所は社会福祉法人だけでなく、株式会社も存在するため、会計が異なりますが、自治体からは社会福祉法人会計に準じた決算書や収支計算を拠点区分ごとに求められます。

特徴的なのは、「**弾力運用**」という使途制限の緩和措置があることです。なぜこのような措置があるかと言えば、そもそも保育園の運営費というのは委託費であり、運営費として受け取る人件費、事業費、事務費についていては、その保育園の使途となり、ほかに流用ができません。この弾力運用には第一段階から第三段階まであり、それぞれに応じて使途制限が緩和され、拠点間、本部への資金移動などが可能となります。

収益構造としては、最低でも収入の九〇％以上は運営費などによる補助金収入であることです。また、労働集約型の産業ですので、人件費が収入に対して約七〇％を占め、収支差額が一〇％未満というのが一般的ですが、東京都のように賃借料加算やサービス推進費補助などが加わると、経営の安定性は増します。定員が限定されるため、収益性は他の業界と比較してもさほど高くはないですが、全体的に安定性が高いのが特徴です。

## 株式会社の認可保育所が増加

二〇〇〇年の規制緩和により、株式会社を中心とした民間市場による認可保育所の参入が解禁され、市場が拡大しました。

ただし、新設による施設整備費に対する補助が出ないなどの課題もあります。よって、株式会社立の認可保育所の特徴は、首都圏を中心に賃貸物件活用型と言われるテナント改修型や、保育所用の建物を建設会社が建設し、それを賃借料で返済するモデルが一般的で、定員が六〇人前後のコンパクトな保育所が多いのが特徴です。

**児童福祉施設最低基準（一部抜粋）**

- ●乳児又は満二歳に満たない幼児を入所させる保育所には、乳児室又はほふく室、医務室、調理室及び便所を設けること。
- ●乳児室の面積は、乳児又は前号の幼児一人につき一・六五平方メートル以上であること。
- ●ほふく室の面積は、乳児又は第一号の幼児一人につき三・三平方メートル以上であること。
- ●乳児室又はほふく室には、保育に必要な用具を備えること。
- ●満二歳以上の幼児を入所させる保育所には、保育室又は遊戯室、屋外遊戯場（保育所の付近にある屋外遊戯場に代わるべき場所を含む。次号及び第九十四条第二項において同じ。）、調理室及び便所を設けること。
- ●保育室又は遊戯室の面積は、前号の幼児一人につき一・九八平方メートル以上、屋外遊戯場の面積は、前号の幼児一人につき三・三平方メートル以上であること。
- ●保育室又は遊戯室には、保育に必要な用具を備えること。
- ●乳児室、ほふく室、保育室又は遊戯室（以下「保育室等」という。）を二階に設ける建物は、次のイ、ロ及びへの要件に、保育室等を三階以上に設ける建物は、次のロからチまでの要件に該当するものであること。

＊**第二種社会福祉事業**　老人デイサービス事業、手話通訳事業、視聴覚障害者情報提供施設、身体障害者・知的障害者の居宅介護、介護支援センターなどがあり、保育所もこの第二種社会福祉事業に該当する。

5

# 認定こども園の特徴

**子ども・子育て支援新制度開始以降、認定こども園の存在感は年々増しています。認定こども園の基準や経営上の特徴を見ていきましょう。**

## 認定こども園の四つの類型

認定こども園には、「**幼保連携型**」、「**幼稚園型**」、「**保育所型**」、「**地方裁量型**」の四つの施設類型がありますが、そのうち地方裁量型以外の概要は次の通りです。

**幼保連携型**は認定こども園法に定められ、認可幼稚園と認可保育所の基準を満たし、学校及び児童福祉施設としての法的位置づけを持つ単一の施設となります。

**幼稚園型**は、保育に欠ける子どものための保育時間を確保するなど、認可幼稚園が保育所的な機能を備えて、認定こども園としての機能を果たす施設です。

**保育所型**は、保育に欠ける子ども以外の子どもも受け入れるなど、認可保育所が幼稚園的な機能を備えることで認定こども園としての機能を果たす施設です。

## 認定こども園の収益構造

認定こども園は保育所と比べても収益性が高いのが特徴です。財務省が報告した「施設類型別の収支差率」を見ると、保育所が六・七%なのに対して、認定こども園が一〇・九%と四・二%も高くなっています。

また、少し古いレポートですが、二〇一六年に福祉医療機構が出した「認定こども園と保育所の収益性の比較について」では、1号定員ありで同じ一三五名定員で比較した際には、収入が三二七八万円も認定こども園が高くなると書かれています。

何故同じ定員、利用者数でも認定こども園の収入が高くなるのか？　大きな理由は二つあります。

一つが1号認定の設定です。認定こども園は原則1

号認定の設定をします。それにより、1号認定の定員区分における基本分単価が上がるのが理由です。もう一つの理由は加算項目にあります。これも1号認定の設定に起因するのですが、それによって保育所にはない加算項目が増えます。具体的には副園長・教頭設置加算、学級編成調整加配加算、講師配置加算、チーム保育加配加算などになります。

## 設置者別の施設類型の特徴

二〇一九年に発表された「認定こども園に関する状況について」を見ると、幼保連携型認定こども園五一三七園のうち、社会福祉法人が二八九二園、学校法人が一五〇五園でそれぞれ五六・二％、二九・二％を占めます。ちなみに社会福祉法人で認定こども園を運営する数は、三三五六園ですので、全体の八六・一％は幼保連携型認定こども園となり、保育所型認定こども園は一三・七％に留まります。一方、学校法人で認定こども園を運営する数は二五三二園ですので、全体の五九・四％が幼保連携型認定こども園となり、幼稚園型認定こども園は三九・九％です。

### 認定こども園の設置者別園数

| 設置主体 | | 幼保連携型 | 幼稚園型 | 保育所型 | 地方裁量型 | 合計 |
|---|---|---|---|---|---|---|
| 公立 | | 737<br>(647) | 72<br>(69) | 327<br>(288) | 2<br>(2) | 1,138<br>(1,006) |
| 私立 | 社会福祉法人 | 2,892<br>(2,400) | 0<br>(0) | 462<br>(347) | 2<br>(1) | 3,356<br>(2,748) |
| | 学校法人 | 1,505<br>(1,360) | 1,012<br>(878) | 15<br>(13) | 0<br>(0) | 2,532<br>(2,251) |
| | 宗教法人 | 2<br>(1) | 10<br>(9) | 19<br>(15) | 3<br>(3) | 34<br>(28) |
| | 営利法人 | 0<br>(0) | 0<br>(0) | 43<br>(34) | 38<br>(37) | 81<br>(71) |
| | その他法人 | 0<br>(0) | 0<br>(0) | 26<br>(18) | 21<br>(18) | 47<br>(36) |
| | 個人 | 1<br>(1) | 10<br>(10) | 5<br>(5) | 4<br>(4) | 20<br>(20) |
| | (私立計) | 4,400<br>(3,762) | 1,032<br>(897) | 570<br>(432) | 68<br>(63) | 6,070<br>(5,154) |
| 合計 | | 5,137<br>(4,409) | 1,104<br>(966) | 897<br>(720) | 70<br>(65) | 7,208<br>(6,160) |

※括弧内は平成30年4月1日時点の数
※その他法人はNPO法人、公益法人、協同組合など
出典：内閣府「認定こども園に関する状況について（平成31年4月1日現在）」

6

# 地域型保育事業の特徴

**子ども・子育て支援新制度スタート以降、小規模保育を中心に待機児童解消に大きく貢献した地域型保育事業。児童福祉法に位置づけた上で、地域型保育給付の対象とし、多様な施設や事業の中から利用者が選択できる仕組みとしています。**

## 地域型保育事業の事業類型

地域型保育事業は、**小規模保育**、**事業所内保育**、**家庭的保育**、**居宅訪問型保育**の四つの事業類型があります。

**小規模保育**は主に都市部を中心に、二〇一九年四月時点では全国で約八・二万人分の受け皿が整備されており、地域型保育事業の中でも中心的な機能として位置づけられています。

次に**事業所内保育**については、設置主体の企業の従業員の福利厚生が最大の目的でしたが、それに加えて、待機児童解消にも貢献しています。**家庭的保育**、**居宅訪問型保育**は受け皿としては非常に少なく、同じく二〇一九年四月時点で家庭的保育が三八七五人、居宅訪問型保育が二三四人に留まっています。

## 地域型保育事業の基準と特徴

小規模保育の認可定員は、〇〜二歳で原則六名以上一九名以下です。保育従事者の人員配置基準は児童福祉法に基づき、A型は全員保育士資格者、B型は保育士資格者二分の一以上となっており、それに加えて一名の加配が必要となります。

さらに**連携施設の設定**が小規模保育の大きな特徴であり、認定こども園、幼稚園、保育所と三歳以降の受け皿や、屋外遊技場の活用などの連携が求められます。

事業所内保育は、従業員枠とは別に「**地域枠**」を設定する必要があります。地域枠は、国の基準を目安に、市町村が地域の実情に応じて設定することになります。

また、公定価格上での違いも明確に設定されています。基準については、定員が一九名以下ならば小規模保育の基準と同様、定員二〇名以上ならば保育所と同様の基準となります。

## 地域型保育事業の収支構造

令和元年度の「幼稚園・保育所・認定こども園等の経営実態調査」を見ると、小規模保育A型の平均的な年間収入は約四六〇〇万円、支出が約四一〇〇万円、収支差額が約五〇〇万円となっています。小規模保育は〇～二歳の3号認定の子どもを対象とすることからも、定員一九名でも常勤換算で保育士を七～八名雇用する必要があるのですが、公定価格上の単価も比較的高いため、定員に対する充足率が八〇～九〇％であれば、平均的な収支差額が一〇％前後、財務省の施設類型別の収支差額の資料では一四・九％という数字も出ています。安定的な経営ができる事業ですが、今後は待機児童の減少トレンドの中で、充足率がどこまで維持できるかが経営の大きな課題になります。

### 地域型保育事業の認可基準

| 事業類型 | | 職員数 | 職員資格 | 保育室など | 給食 |
|---|---|---|---|---|---|
| 小規模保育事業 | A型 | 保育所の配置基準＋1名 | 保育士＊1 | 0～1歳児：1人当たり3.3㎡<br>2歳児：1人当たり1.98㎡ | 自園調理（連携施設などからの搬入可）<br>調理設備<br>調理員＊3 |
| | B型 | 保育所の配置基準＋1名 | 1/2以上が保育士＊1<br>※保育士以外には研修を実施 | | |
| | C型 | 0～2歳児 3：1<br>（補助者を除く場合5：2） | 家庭的保育者＊2 | 0～2歳児：1人当たり3.3㎡ | |
| 家庭的保育事業 | | 0～2歳児 3：1<br>（家庭的保育補助者を置く場合 5：2） | 家庭的保育者＊2<br>（＋家庭的保育補助者） | 0～2歳児：1人当たり3.3㎡ | |
| 事業所内保育事業 | | 定員20名以上：保育所の基準と同様<br>定員19名以下：小規模保育事業A型、B型の基準と同様 | | | |
| 居宅訪問型保育事業 | | 0～2歳児 1：1 | 必要な研修を修了し、保育士、保育士と同等以上の知識及び経験を有すると市町村長が認める者 | — | — |

＊1：保健師または看護師などの特例あり（1人まで）
＊2：市町村長が行う研修を修了した保育士、保育士と同等以上の知識及び経験を有すると市町村長が認める者
＊3：3名以下の場合、家庭的保育補助者を置き、調理を担当すること可
出典：内閣府・文部科学省・厚生労働省「子ども・子育て支援新制度ハンドブック（施設・事業者向け）（平成27年7月改訂版）」

7

# 企業主導型保育事業の特徴

**事業主拠出金を財源として、従業員の多様な働き方に応じた保育を提供する企業などを支援するとともに、待機児童対策に貢献することを目的として、二〇一六年度に創設され、それ以降、業界において強い存在感を示しています。**

## 事業の目的と特徴

**企業主導型保育事業**は、子ども・子育て支援法を改正し、二〇一六年六月に閣議決定された「**ニッポン一億総活躍プラン**」により、内閣府を主体として、これまでの事業主拠出金を引き上げる財源により実施された企業内保育の事業で、二〇一九年度末時点での助成決定数は三八一七件、約八・六万人分の受け皿になっており、二〇二〇年度末では四五〇〇件、一〇万人の受け皿を超える見込みです。

目的は、多様な就労形態に対応する保育サービスの拡大を行い、保育所待機児童の解消を図り、仕事と子育てとの両立に資するという点にあります。

特徴としては、複数の企業が共同で設置したり、運営費が認可施設並みの助成が受けられる点にあります。

要するに、認可を必要とせず、かつ企業の推進力や資本力を活用し、企業内保育を前提に、女性活躍の推進や従業員の採用や定着にも活用しながら、手厚い補助金のもとに、安定運営を実現させることで、待機児童の解消に役立てるということです。

## 助成金の構造

内閣府が公表している助成要綱にも記載されていますが、施設型給付や地域型給付事業同様に、地域区分、定員区分、年齢区分、開所時間区分、保育士比率区分の五つの区分における基準額を基礎として助成額を算出します。

二〇二〇年時点の公定価格で算出すると、たとえば東京23区で定員一九名の園を運営する場合、保育士比率一〇〇%、一日一一時間開所、週七日未満開所の場合、毎月の基本分単価で〇歳児二六・九万円、一・二歳児約一八・三万円、加えて、処遇改善加算Ⅰ・Ⅱ、延長保育加算、夜間保育加算、非正規労働者受入推進加算、賃借料加算などの加算単価があります。たとえば、賃借料加算を取り上げると、定員一九名の場合、年額四〇二万円が助成金として支給されます。

このようにして算出される収入と、実支出（経費）額の少ないほうが、実際の助成金として給付されます。

このように、現在は手厚い支援がなされている企業主導型保育ですが、充足率の低さが経営上の大きな課題になっていることに加え、不正受給、助成金詐欺問題、審査や監査対応の質など様々な問題を抱えています。二〇一九年に内閣府の検討委員会等を経て改善が図られてきましたが、今後安定的な事業として将来にわたり存在意義を発揮できるのかどうかが問われています。

## 企業主導型保育のイメージ

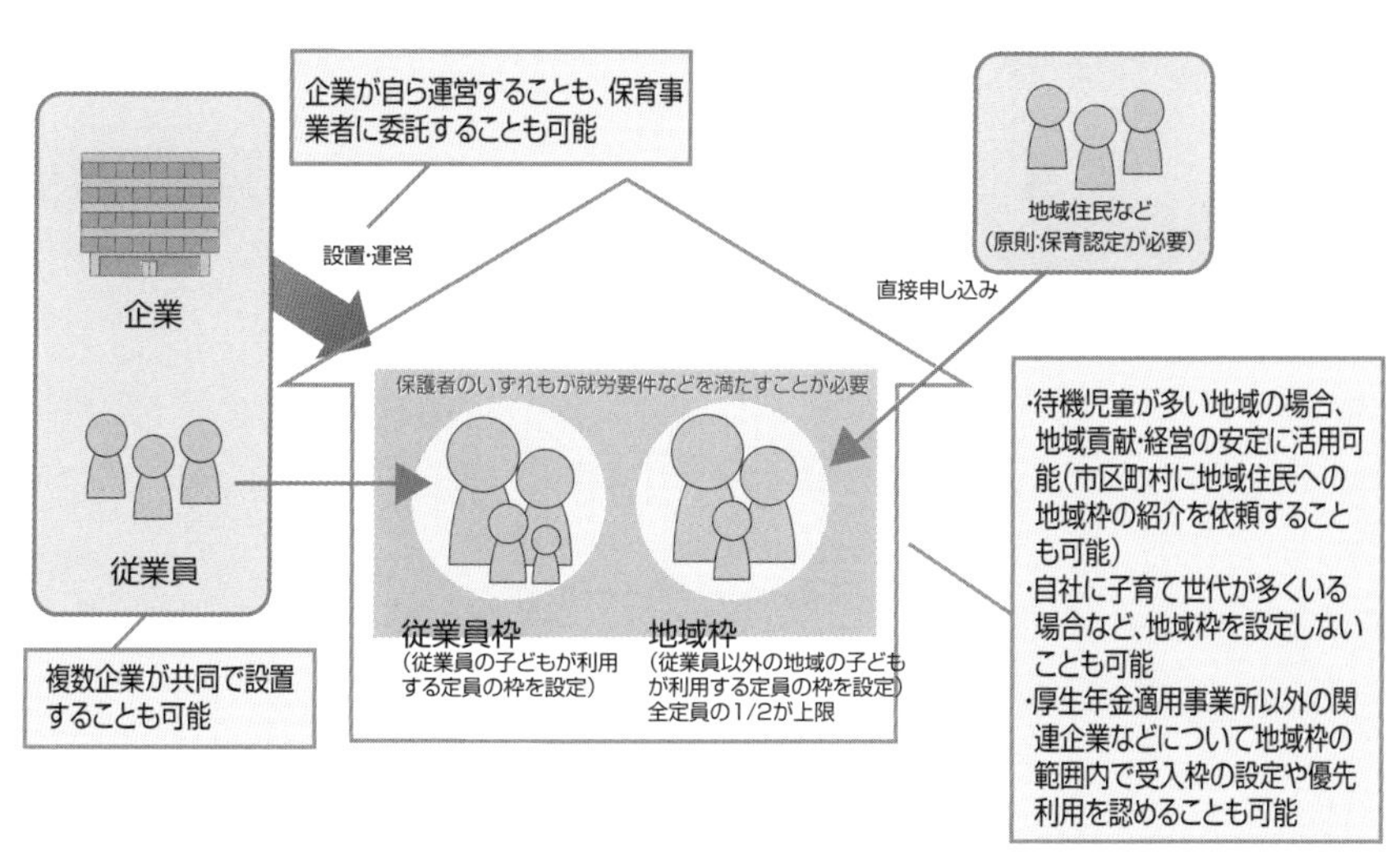
企業が自ら運営することも、保育事業者に委託することも可能
設置・運営
企業
従業員
複数企業が共同で設置することも可能
地域住民など
(原則:保育認定が必要)
直接申し込み
保護者のいずれもが就労要件などを満たすことが必要
従業員枠
(従業員の子どもが利用する定員の枠を設定)
地域枠
(従業員以外の地域の子どもが利用する定員の枠を設定)
全定員の1/2が上限
・待機児童が多い地域の場合、地域貢献・経営の安定に活用可能(市区町村に地域住民への地域枠の紹介を依頼することも可能)
・自社に子育て世代が多くいる場合など、地域枠を設定しないことも可能
・厚生年金適用事業所以外の関連企業などについて地域枠の範囲内で受入枠の設定や優先利用を認めることも可能

8

# 認可外保育所の特徴

**認可外保育所は、業界におけるポジションもやや逆風の中、施設数も減少トレンドですが、一定の基準を守りながら自由度の高いユニークな事業モデル、事業コンセプトを持つ園が多いのが特徴です。**

## 認可外保育所の基準と特徴

認可外保育所は認可保育所と異なり、児童福祉施設には該当しません。しかし、**都道府県知事に対して設置届けを提出する義務**があり、都道府県や市町村の監査を受けて**認可外保育施設指導監督基準に則った運営を行っています。**

認可外保育施設指導監督基準は、認可保育所と同等の人員配置基準を守りながら、施設や設備の基準が緩和されている内容で、小規模な保育所やベビーホテルの形態に合った基準になっています。

二〇〇一年までは認可外保育所は設置届けの提出義務がありませんでした。その当時までは「認可外保育所＝環境が悪い」というイメージが強かったのですが、現在は義務化され一定の質の担保がなされています。

具体的には、「保育に従事する者の数は、主たる開所時間である一一時間については、概ね児童福祉施設最低基準第三三条第二項に定める数以上であること。ただし、二人を下回ってはならないこと。また、一一時間を越える時間帯については現に保育されている児童が一人である場合を除き、常時二名以上配置すること」などの人員配置に関する基準や、「保育室の面積は、概ね乳幼児一人当たり一・六五㎡以上であること」、「消火用具、非常口その他非常災害に必要な設備が設けられていること」などの施設面積及び施設設備基準に関する内容が記載されています。

認可外保育所の特徴は、認可保育所と比較して自由度が高く、様々な事業モデルや事業コンセプトを持った施設が存在していることです。二四時間型の託児所、教育に特化した教育型の保育園、習い事機能を兼ね備えた保育園など多岐にわたります。

## 認可外保育所の収益構造

認可外保育所の収支構造は認可保育所と比べて非常にシンプルです。売上項目としては保育料収入が九〇%を占めており、それ以外は一時保育や備品、教材販売、給食収入などになります。

一方で販管費に関しては、認可保育所同様に人件費が大部分を占め、六〇〜一〇〇%程度を占めている園が多いのが特徴です。つまり、人件費しか賄えない、人件費すらも賄えないという園も少なくないのです。

企業主導型保育事業や東京都認証保育所、横浜保育室などの地方単独保育事業においては保育料に加えて補助金が加算され、基準や規制こそ厳しくなりますが、収益性が高まります。



### 認可外保育施設指導監督基準（一部抜粋）

- 保育に従事する者の数は、主たる開所時間である11時間（施設の開所時間が11時間を下回る場合にあっては、当該時間）については、概ね児童福祉施設最低基準（以下「最低基準」という。）第33条第2項に定める数以上であること。ただし、2人を下回ってはならないこと。また、11時間を超える時間帯については、現に保育されている児童が1人である場合を除き、常時2人以上配置すること。
- 保育に従事する者の概ね3分の1（保育に従事する者が2人の施設及び（1）における1人が配置されている時間帯にあっては、1人）以上は、保育士又は看護師の資格を有する者であること。
- 常時、保育に従事する者が、複数、配置されるものであること。
- 乳幼児の保育を行う部屋（以下「保育室」という。）のほか、調理室及び便所があること。
- 保育室の面積は、概ね乳幼児1人当たり1.65㎡以上であること。
- 乳児（概ね満一歳未満の児童をいう。）の保育を行う場所は、幼児の保育を行う場所と区画されており、かつ安全性が確保されていること。
- 便所には手洗設備が設けられているとともに、保育室及び調理室と区画されており、かつ子どもが安全に使用できるものであること。
- 便所の数はおおむね幼児20人につき1以上であること。
- 消火用具、非常口その他非常災害に必要な設備が設けられていること。
- 非常災害に対する具体的計画を立て、これに対する定期的な訓練を実施すること。

# 9 放課後事業の特徴

**小学生の放課後の保育ニーズはますます高まり、拠点は増加する一方です。安定的な事業を運営するための予算が低いのもこの事業の特徴です。**

## 放課後事業の種類と放課後子ども総合プラン

「**学童保育**」と呼ばれるのは、一般的に**放課後児童健全育成事業**における**放課後児童クラブ**のことです。

放課後児童クラブの受け皿不足や、より質の高い保育環境を提供するために、二〇一四年には「**放課後子ども総合プラン**」が出されましたが、待機児童の解消には至らず、さらには重点施策でもあった放課後子ども教室との一体型施設が思うように進まなかったなど、課題も多くあったことから、二〇一八年には「**新・放課後子ども総合プラン**」を打ち出しました。

この目標には、受け皿の整備や一体型の推進、小学校の活用などが盛り込まれていますが、二〇二二年現在、一体型の推進や小学校の活用においてはまだまだ課題が残っています。

## 放課後児童クラブの基準と特徴

まず、設備基準や職員配置などの運営基準については、国が省令で基準を定め、市町村で条例を制定する形になります。対象は、留守家庭の小学生ですので、原則小学校六年生でも利用はできます。

また、職員については、放課後児童支援員を支援の単位ごとに二人以上配置することが原則で、うち一人を除き、補助員の代替も可能です。

施設基準は、専用区画の面積は、児童一人につきおおむね一・六五㎡以上で児童の集団の規模は一支援単位ごとに四〇人以下とされています。しかし、二〇一九年の厚労省のデータでは、登録児童数四五人以下が全体の一七・三%と大規模な施設も多く、児童が放課後を過ごす環境にも課題が残ります。

## 放課後児童クラブの収益構造

放課後児童クラブは、放課後児童健全育成事業の運営費が補助基準額をもとに支給されます。加えて、放課後子ども環境整備事業として、障害児受け入れ補助や賃借料補助、送迎支援の補助、処遇改善などが上乗せされます。さらに、利用者の利用料収入及びおやつなどの実費を合算した額が収入になり、一方で人員配置基準に基づいた人件費（管理者、事務員、支援員など）やおやつの材料代などが支出になります。おおむね登録数四〇～五〇名程度の施設であれば、年間収入は八〇〇～一〇〇〇万円程度になるのが一般的で、保育園と比べると規模が非常に小さいことがわかります。

この事業は公設民営（指定管理・業務委託）も多いため、地域による考え方に差が出やすいのも特徴で、それによって地域で収益性が大きく変わるケースも見受けられます。

### 放課後児童クラブの主な基準

**支援の目的（参酌すべき基準）（第5条）**

支援は、留守家庭児童につき、家庭、地域等との連携の下、発達段階に応じた主体的な遊びや生活が可能となるよう、児童の自主性、社会性及び創造性の向上、基本的な生活習慣の確立等を図り、もって当該児童の健全な育成を図ることを目的として行わなければならない

**職員（従うべき基準）（第10条）**

放課後児童支援員（※1）を、支援の単位ごとに2人以上配置（うち1人を除き、補助員の代替可）

※1 保育士、社会福祉士等（「児童の遊びを指導する者」の資格を基本）であって、都道府県知事が行う研修を修了した者（※2）

※2 平成32年3月31日までの間は、都道府県知事が行う研修を修了した者に、修了することを予定している者を含む

**設備（参酌すべき基準）（第9条）**

専用区画（遊び・生活の場としての機能、静養するための機能を備えた部屋又はスペース）等を設置

専用区画の面積は、児童1人につきおおむね1.65m²以上

**児童の集団の規模（参酌すべき基準）（第10条）**

一の支援の単位を構成する児童の数（集団の規模）は、おおむね40人以下

出典：厚生労働省「放課後児童クラブ関連資料」

# 公定価格のカラクリ

第3章で述べた通り、保育業界の多くの事業は施設型給付や地域型給付などの制度のもとに公定価格で単価が決定されています。

たとえば、2019(令和元)年度の公定価格で東京23区(20／100地域)、定員区分60名、保育標準時間における保育所、認定こども園の単価を比べてみましょう。

- ・保育所(2号認定3歳児):58,140円
- ・保育所(3号認定0歳児):197,430円
- ・認定こども園(2号認定3歳児):69,340円
- ・認定こども園(3号認定0歳児):208,630円

ということで、実は保育所よりも認定こども園のほうが単価は高くなっています。つまり、単純に保育所と認定こども園の収益性を比べると、認定こども園のほうが高くなります。さらに1号認定の設定をすることで、加算も含めればさらにその差は開きます。

これは、子ども・子育て支援新制度の主旨や目的とも連動しますので、改めて認定こども園における国の意思をもとにした政策誘導としての側面も感じます。

また、別の例で、同じく2019年度の公定価格で東京23区(20／100地域)、定員区分150名、教育標準時間における幼稚園、認定こども園の単価を比べてみましょう。

- ・幼稚園(1号認定3歳児):39,030円
- ・認定こども園(1号認定3歳児):33,500円

幼稚園のほうが単価は高くなっており、同じ条件ならば、幼稚園のほうが収益性は上がるということです。そうすると先ほどの国の意思をもとにした政策誘導の話に加えて、保育ニーズへの対応や待機児童解消を目的とした制度とは矛盾するようです。

しかし、ここには文科省の私学助成幼稚園からの施設型給付幼稚園への移行に対する誘導という側面が見え隠れします。

すでに子ども・子育て支援新制度がスタートして6年が経ち、数々の改定を伴いながら、徐々に安定してきたのは事実ですが、この公定価格においては、説明をした基本分単価だけでなく、加算項目においても、様々な考え方やカラクリがありますので、ご自身の事業が、他の施設類型と比べてどんな特徴を持つのかをしっかり判断することが、事業の収益性や安定性を考えると重要になるのです。

第4章

# 保育サービス経営の基本

この章では、保育サービス業界の事業者における経営の基本的な考え方及び経営のコツについて述べていきます。子どもを預かるだけでなく、保護者支援の観点からも保育事業者に求められる領域は広がりを見せる中、既存の事業者も新規の事業者も共通して大切になる経営の原理原則となる基本をお伝えします。

# 保育サービスにおける三つの価値 1

**保育サービス事業を考える上で、根幹となる三つの事業価値があります。この三つの事業価値の先に、真の社会的意義が最大化されると考えます。**

## 教育性の向上

保育サービスの大きな目的の一つに「子どもの健やかな成長」があります。成長とは学びであり、発見の連続によって育まれます。よって、成長とはまさに教育に他なりません。

教育性という観点の中でも「**教育の五領域**」と言われる**健康**（心身の健康に関する領域）、**人間関係**（人とのかかわりに関する領域）、**環境**（身近な環境とのかかわりに関する領域）、**言葉**（言葉の獲得に関する領域）、**表現**（感性と表現に関する領域）において園内で定義と目標を明確にして、それに基づいた方針を立て、教育を実行することが大切です。

## 安全性の向上

また、健やかな状態でいることも、とても大切なことです。保育サービスとは常に子どもの安全性を考え、健康管理、衛生管理、防災・防犯対策、事故防止などに努めることが役割です。そして、近年ではこの安全性に対して保護者の目も非常にナーバスになってきました。特に東日本大震災以降は事業者としても防災対策に力を入れるようになり、コロナショック以降は感染対策に力を入れるようになり、保護者としてもその対応策を把握するなど理解や認識が高まってきています。

保育園によっては単に安全性を追求するだけではなく、小さな怪我くらいならば、あえて体験させることで二度と同じことが起こらないように学習させることが重要であるという考え方を大切にしている園もありますが、常に園の方針に応じた安全性の追求、向上に努めなければなりません。

## 利便性の向上

利便性と言うと語弊があるかもしれませんが、要するに「働く保護者にとって仕事と子育ての両立が実現できる環境づくりに努める」ということです。近年の多様化するワークスタイルやライフスタイルに保育サービス事業者が追いついていかなければなりません。

たとえば、今でも認可保育所の預かり時間が延長も含めて一八時半までという地域があります。この時間帯ですと、一八時に定時で仕事を終え、迎えに行って間に合うかどうか微妙な時間になります。少しでも残業があると迎えに行けないということになるのです。

保育サービス事業者は子どもをど真ん中に据えなければならないことは述べましたが、保護者の両立支援のための利便性向上も大切な要素なのです。

保育サービスにおける３つの価値

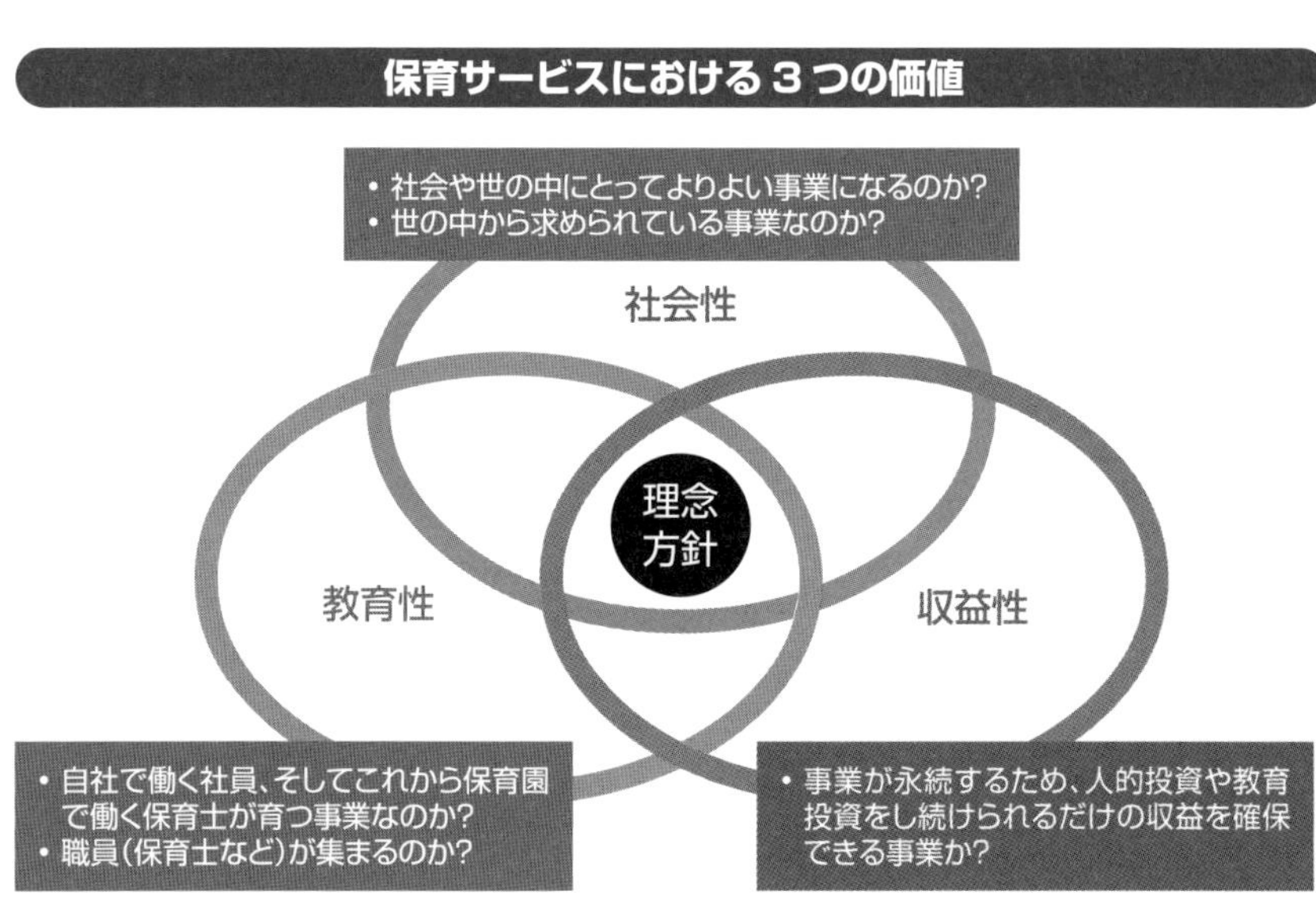
・社会や世の中にとってよりよい事業になるのか?
・世の中から求められている事業なのか?
社会性
理念
方針
教育性
収益性
・自社で働く社員、そしてこれから保育園で働く保育士が育つ事業なのか?
・職員(保育士など)が集まるのか?
・事業が永続するため、人的投資や教育投資をし続けられるだけの収益を確保できる事業か?

# 2 保育所保育指針と子どもの健全な成長

**保育の基本になるのは保育所保育指針です。経営においてもまずはこの指針を中核に据えなければなりません。一〇年ごとに改定される当指針は、二〇一八年四月に新指針となり、現在に至るまで運用されています。**

## 保育所保育指針の概要

**保育所保育指針**とは、「保育所保育の基本となる考え方や保育のねらい及び内容など保育の実施に関わる事項と、これに関連する運営に関する事項について定めたもの」と記載されています。つまり、あらゆる保育施設などにとって、ベースの考え方になるということです。

また、保育所の役割は、「保育所は、児童福祉法第三九条の規定に基づき、保育を必要とする子どもの保育を行い、その健全な心身の発達を図ることを目的とする児童福祉施設であり、入所する子どもの最善の利益を考慮し、その福祉を積極的に増進することに最もふさわしい生活の場でなければならない。」と記載されていますが、改めてこのことを中核に据えて保育をする場所であるということを忘れてはなりません。

なお、保育所保育指針は保育所の指針となりますが、幼稚園は**教育要領**、幼保連携型認定こども園は**教育・保育要領**がそれぞれの指針となります。

## 保育所保育指針改定のポイント

二〇一八年四月から施行された保育所保育指針では、次の社会背景のもとに改定がなされています。

・「量」と「質」の両面から子どもの育ちと子育てを社会全体で支える「子ども・子育て支援新制度」の施行

・〇～二歳児を中心とした保育所利用児童数の増加
・子育て世帯における子育ての負担や孤立感の高まり、児童虐待相談件数の増加

そして、これらを踏まえ、大きく五つの方向性が示されています。

・乳児・三歳未満児保育の記載の充実
・幼児教育の積極的な位置づけ
・健康及び安全の記載の見直し
・「子育て支援」の章を新設
・職員の資質・専門性の向上

特に、「幼児教育の積極的な位置づけ」については、「幼児期の終わりまでに育ってほしい一〇の姿」が掲げられ、具体的な姿をイメージしつつ、豊かな教育活動が展開されています。

## 保育所保育指針の改定に関する議論のとりまとめの概要

### 背景

現行の指針は平成20年に告示。その後の以下のような社会情勢の変化を踏まえ、改定について検討。
・「量」と「質」の両面から子どもの育ちと子育てを社会全体で支える「子ども･子育て支援新制度」の施行（平成27年4月）
・0～2歳児を中心とした保育所利用児童数の増加（1･2歳児保育所等利用率27.6％（H20）→38.1％（H27））
・子育て世帯における子育ての負担や孤立感の高まり、児童虐待相談件数の増加（42,664件（H20）→103,260件（H27））など

### 保育所保育指針の改定の方向性

○乳児･3歳未満児保育の記載の充実
この時期の保育の重要性、0～2歳児の利用率の上昇などを踏まえ、3歳以上児とは別に項目を設けるなど記載内容を充実。（特に、0歳児の保育については、乳児を主体に「身近な人と気持ちが通じ合う」「身近なものと関わり感性が育つ」「健やかに伸び伸びと育つ」という視点から整理･充実。）

○幼児教育の積極的な位置づけ
保育所保育も幼児教育の重要な一翼を担っていることなどを踏まえ、卒園時までに育ってほしい姿を意識した保育内容や保育の計画･評価の在り方などについて記載内容を充実。主体的な遊びを中心とした教育内容に関して、幼稚園、認定こども園との整合性を引き続き確保。

○健康及び安全の記載の見直し
子どもの育ちをめぐる環境の変化を踏まえ、食育の推進、安全な保育環境の確保などに関して、記載内容を見直し。

○「子育て支援」の章を新設
保護者と連携して「子どもの育ち」を支えるという視点を持って、子どもの育ちを保護者とともに喜び合うことを重視するとともに、保育所が行う地域における子育て支援の役割が重要になっていることから、「保護者に対する支援」の章を「子育て支援」に改め、記載内容を充実。

○職員の資質･専門性の向上
職員の資質･専門性の向上について、キャリアパスの明確化を見据えた研修機会の充実なども含め、記載内容を充実。

出典：厚生労働省雇用均等･児童家庭局保育課「保育所保育指針の改定について」（平成29年6月）

# 3 増え続ける事故と子どもの安全

**保育園などにおける重大事故は年々増加しています。子どもの健康や成長を支援する環境が脅かされる中で、私たちはどのようにその環境を守るべきなのでしょうか？**

## 保育園などの事故の実態

二〇二〇年に発表された内閣府の「令和元年教育・保育施設等における事故報告集計」によると、二〇一九年一二月三一日までの一年間で、教育・保育施設などで発生した、死亡事故や治療に要する期間が三〇日以上の負傷や疾病を伴う重篤な事故などの合計は、一七四四件でした。六二七件だった二〇一五年と比較すると約二・八倍に、事故率（＝事故件数／施設数）は約二・五倍に膨れ上がっています。

特に認可保育所の事故率が三・七％、幼保連携型認定こども園が五・四％と非常に高い数字になっており、年齢別に見ると四～五歳の事故件数が多く、場所別で見ると、園庭での外遊びなどが多いことがわかりますが、〇～一歳の低年齢児や室内でも事故も決して少なくないことから、あらゆる子ども、場所で事故リスクが増えていると考えられます。

## 事故の種類と増える理由

内閣府は重大事故が発生しやすい場面として、**睡眠中、プール活動・水遊び、誤嚥（食事中、玩具、小物など）、食物アレルギー**を示しています。特にこれまでも非常に多いのが睡眠中のＳＩＤＳやうつぶせによる窒息などで、これらについては国も保育環境改善等事業の安全対策事業として、保育所などにおいて、睡眠中の事故防止対策に必要な機器の備品の購入などを行う際の補助事業などもスタートさせています。

事故が増えている理由はいくつか考えられます。保育士不足が深刻化する中で、保育者の適正な配置が保たれない、保育者の保育に余裕がなくなる、新規園が増える中でオペレーションが確立されていないことが理由になっています。

## 安全対策

内閣府は、特に重大事故が発生しやすい場面ごとの注意事項などを記載した「**教育・保育施設等における事故防止及び事故発生時の対応のためのガイドライン**」を公表しています。これらをベースに、各事業者は法人や施設独自のガイドラインやマニュアルを策定し、その啓蒙や定着のために社内外問わず研修やトレーニング・訓練を実施する必要があります。

また保育サービス業界はヒヤリハットの定着が十分とは言い難いレベルにあります。形式上ヒヤリハット報告をしている、ヒヤリハットが出てこない職員が多いなどで悩んでいる管理者も未だ多くいるのが現状です。一朝一夕で解決できる問題ではないにせよ、この問題と日々向き合い、意識を高めて、早急に事故ゼロの業界を目指さなければなりません。

**全国の保育施設における重大事故報告数の推移**

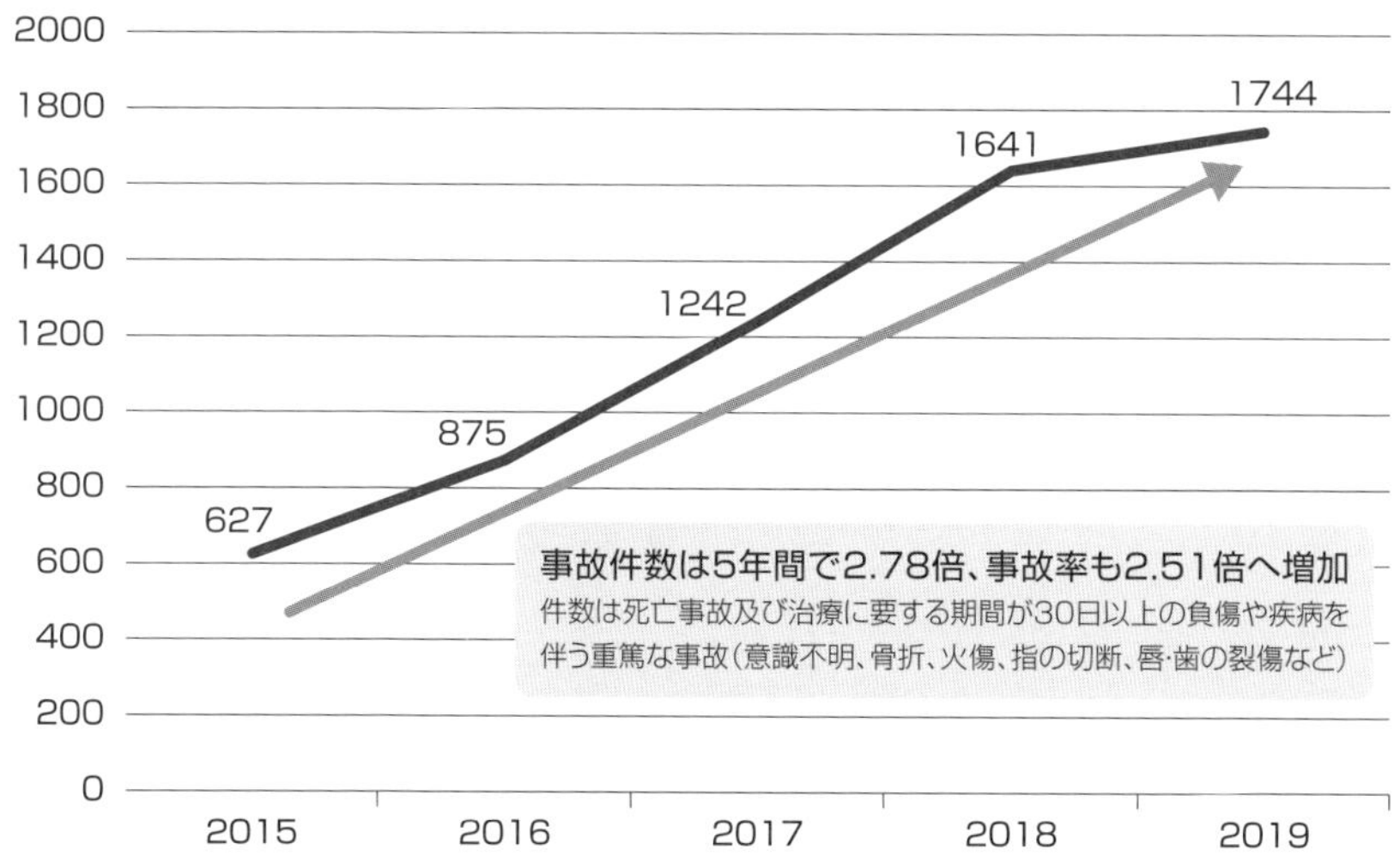

| 年 | 2015 | 2016 | 2017 | 2018 | 2019 |
|---|---|---|---|---|---|
| 重大事故報告数 | 627 | 875 | 1242 | 1641 | 1744 |

事故件数は5年間で2.78倍、事故率も2.51倍へ増加
件数は死亡事故及び治療に要する期間が30日以上の負傷や疾病を伴う重篤な事故（意識不明、骨折、火傷、指の切断、唇・歯の裂傷など）

出典:内閣府「令和元年教育・保育施設等における事故報告集計」

# 4 保護者ニーズと課題

**保育サービスの顧客対象となる保護者。この保護者がどんな理由で保育園を選び、保育園に何を求めるのかを理解しなければなりません。**

## 保護者が保育園を選ぶ理由①　利便性

保護者が選ぶ理由は大きく二つあります。

一つは「利便性」です。その最も代表的な意見が「**家から近いこと**」や「**通いやすいこと**」です。自宅と職場を行き来する中で子どもを保育園に預けるわけですから、自宅から遠い、通勤圏から大きく逸脱しているような保育園は最初から選択肢には入りません。

また、「**保育時間が長いこと**」「**延長保育時間が長いこと**」という理由も「利便性」の中では多い意見です。延長時間が短ければ仕事をできる時間も限られますし、通勤時間が長い場合は、できるだけ長く預かってほしいというニーズが生まれます。特に郊外から都市部に通う保護者においては切実なニーズです。

## 保護者が保育園を選ぶ理由②　信頼・安心

もう一つの理由は「信頼・安心」に関する内容です。具体的には、「**先生の雰囲気**」「**清潔さ**」「**安全対策**」「**園の方針**」などの項目です。

保護者は大切なかけがえのない我が子を自分以外の人に預けるとともに、初めての社会生活をさせるわけです。園の方針が明確にあってその方針に少しでも共感できる、保育者や先生たちが元気に挨拶をしてくれて、イキイキ働いている、子どもたちへの対応もとても好意的に感じるという園に預けたいのは当然です。

また、園内が不衛生だったり、安全対策に疑問を持つような環境だったりすれば、不安でここに預けたいとは思えません。

## 保護者が保育園に期待していること

実際に保育サービスを利用する保護者が期待していることの多くは「園生活における慣れ・楽しみや喜び・成長」に集約されます。

保護者にとって、子どもが園生活に慣れない、子どもが園に行くのを嫌がっている、子どもが何もできるようにならないといったことはとても辛いものです。

保護者の中には、自分の仕事の都合で子どもを保育園に預けている、本当は自分で育てたいが、働かなければ生活できないから仕方なく預けているなど、様々な不安を持った方々がいます。そんな保護者にとっては、子どもが楽しそうに園で過ごし、できることが増えるだけでも心が満たされるのではないでしょうか。

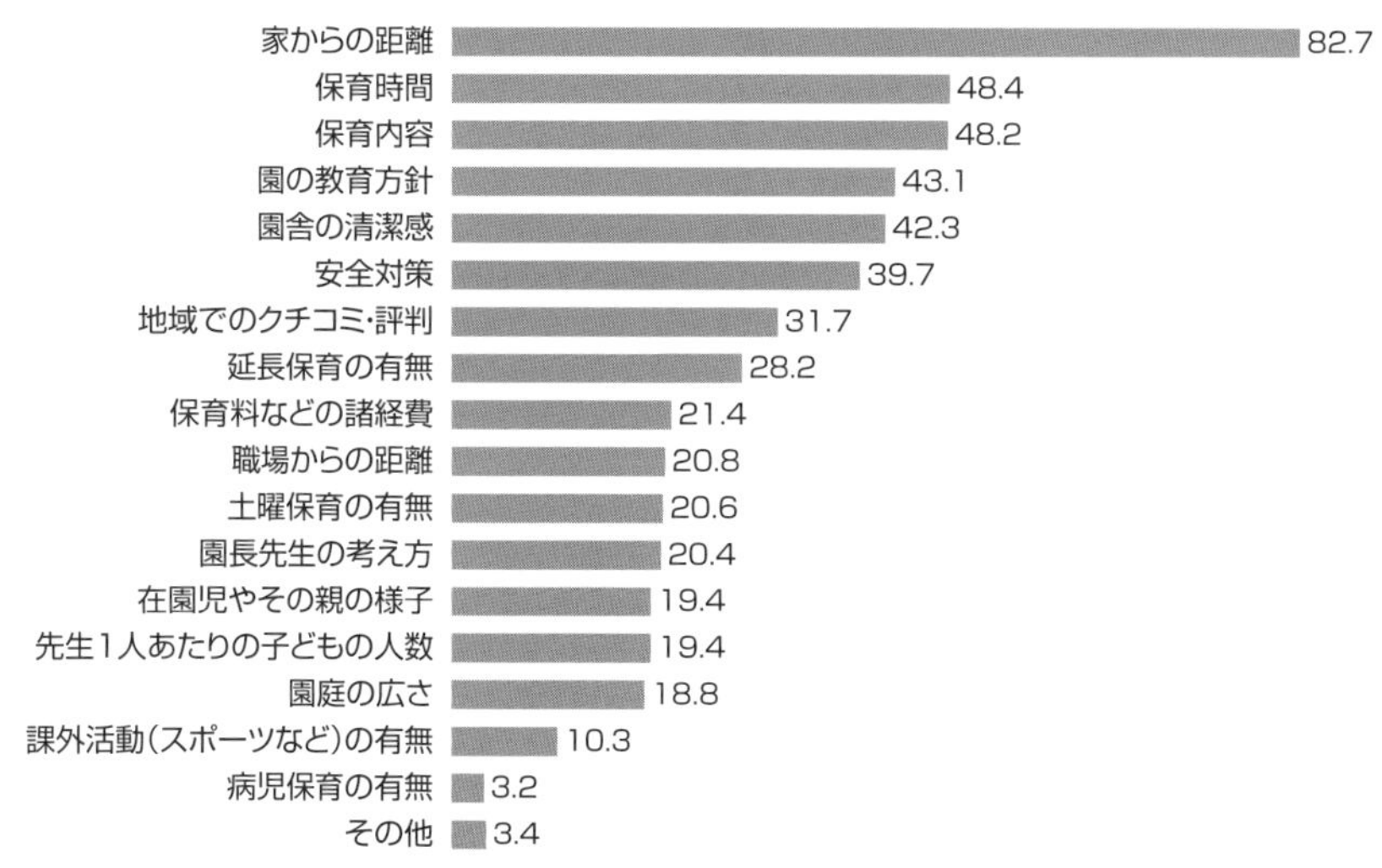

**保育園選びで重視することは？（複数回答）**

| 項目 | % |
|---|---|
| 家からの距離 | 82.7 |
| 保育時間 | 48.4 |
| 保育内容 | 48.2 |
| 園の教育方針 | 43.1 |
| 園舎の清潔感 | 42.3 |
| 安全対策 | 39.7 |
| 地域でのクチコミ・評判 | 31.7 |
| 延長保育の有無 | 28.2 |
| 保育料などの諸経費 | 21.4 |
| 職場からの距離 | 20.8 |
| 土曜保育の有無 | 20.6 |
| 園長先生の考え方 | 20.4 |
| 在園児やその親の様子 | 19.4 |
| 先生1人あたりの子どもの人数 | 19.4 |
| 園庭の広さ | 18.8 |
| 課外活動（スポーツなど）の有無 | 10.3 |
| 病児保育の有無 | 3.2 |
| その他 | 3.4 |

出典:リビングくらしHOW研究所「幼稚園・保育園選びで重視すること」幼稚園児&保育園児ママ（2018年/全国）webアンケート
https://www.kurashihow.co.jp/wp-content/uploads/2019/06/enmama_ennikitaisurukotojyushisurukoto-2018.pdf

# 5 超労働集約型事業であることの意味

**人的資源や労働力への依存度が高い事業を「労働集約型事業」と言います。保育サービス業はその象徴的な存在であるがゆえに、考えておかねばならないことがあります。**

## ヒト・ヒト・ヒト

一般的に経営資源と言えば「ヒト・モノ・カネ・（情報）」ですが、保育園などの保育サービス業は、「ヒト・ヒト・ヒト」と言っても過言ではありません。

地域や開設立地にもよりますが、保育サービス業界の場合は収入に対する人件費の割合（人件費率）が七〇%を超えることも少なくなく、人的資源や労働力に依存する典型的な労働集約型産業と言えます。ちなみに、接客業の代表業種である飲食業界でも三〇%前後と言われているため、保育サービス業は極めて人的資源への依存度が高い業界であるということも付け加えておきます。

言い換えれば、「**ヒトで経営が決まる**」のです。

## ヒト＝保育品質

このように、ヒトで経営が決まる事業であるがゆえに、一つ考えなければならないことがあります。それが、「**ヒト＝品質**」ということです。

随分前ですが、二〇〇九年の社会保障審議会少子化対策特別部会では、保育の質を支える要素として、物理的環境（施設設備の機能、面積など）、保育者の配置など、保育内容（養護と教育）、保育者の質・専門性の四つの要素が重要であると発表していますが、特に最後の**保育者の質・専門性**が重要です。どんなに低価格でも品質の低いものに人は集まりません。ヒトとモノは異なりますが、価値と価格でサービスが決まるのであれば、価値の代表格は品質そのものなのです。

## 品質を決定づけるのは「仕入れ」

そして、品質は「仕入れ」で決まります。仕入れとは、企業会計上、損益計算書の「原価」に計上されます。原価というのは、売上に対して、その価値を高めるための費用です。

つまり、基本的には原価を高めれば高めるほど、モノやサービスの価値は上がり、品質は高まります。たとえば小売業や物販業の場合の品質は、市場や生産者からどんな野菜や果物を仕入れるかによって品揃えの品質は大きく変わります。飲食店でも、どの産地のどんな素材を仕入れるかで味や評価は大きく変わります。

つまり、どの業界でも「何を仕入れるか如何で品質が決定し、ひいては経営が決まる」のです。

では労働集約型産業における仕入れとは何でしょう？語弊を恐れずに言えば、まさに「ヒト」なのです。

そして、ヒトで経営が決まる保育サービス業界は、採用活動こそ「仕入れ」であり、力を入れる必要があり、品質向上こそ、人材育成や職場環境づくりであることを忘れてはなりません。

**保育の質は「ヒト」で決まる**

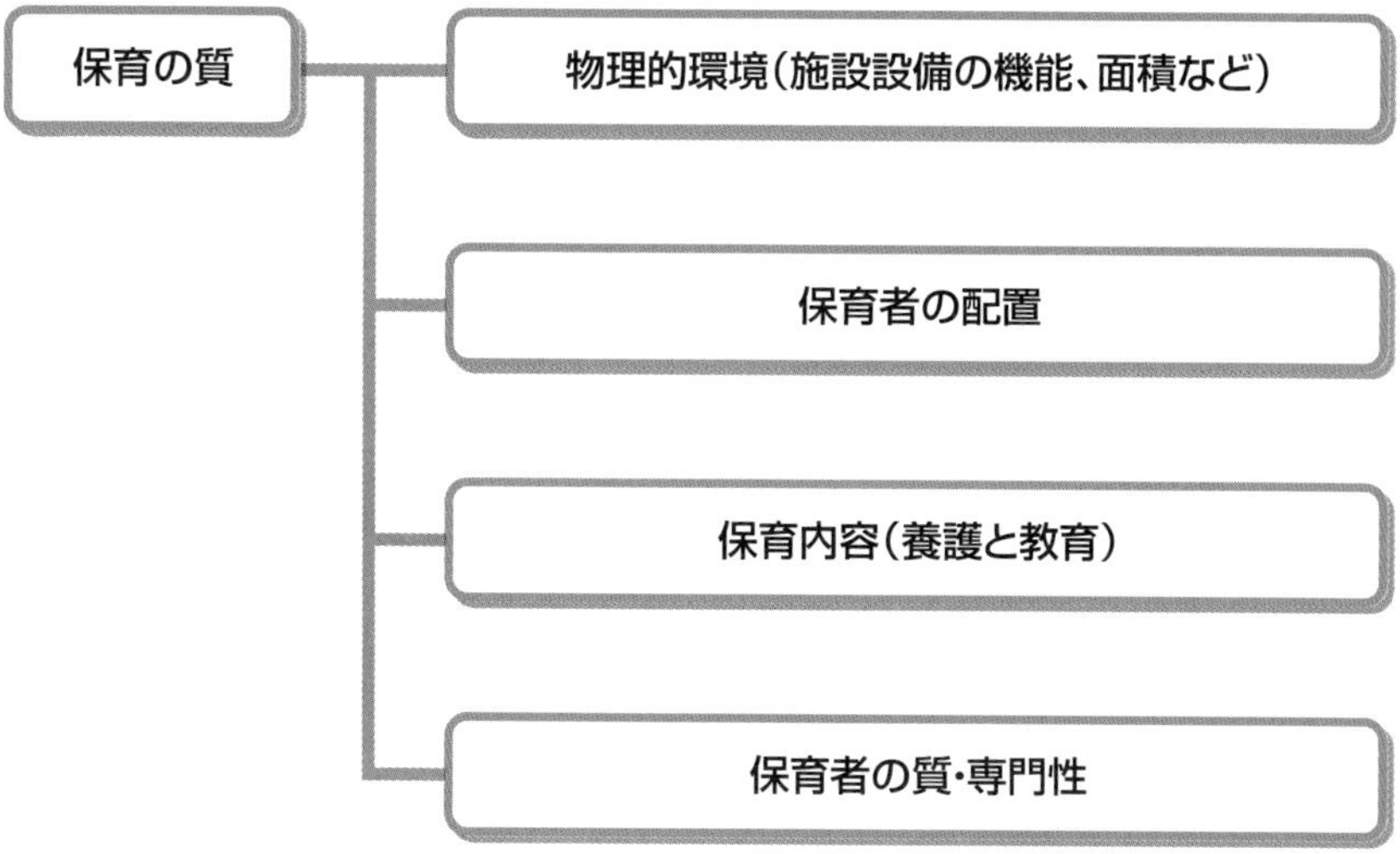

- 保育の質
  - 物理的環境（施設設備の機能、面積など）
  - 保育者の配置
  - 保育内容（養護と教育）
  - 保育者の質・専門性

# 6 法人別・規模別・需給別の経営課題

**保育サービス業界と一言で言っても、経営の考え方や課題は立場により異なるものです。法人別・規模別・需給別に経営の基本と特徴的な課題を整理していきます。**

## 三つの分類で経営課題を考える

保育サービス業界は法人別・規模別・需給別に全部で三〇分類できます。**法人別**においては、学校法人（私学助成・新制度）、社会福祉法人（保育所・認定こども園）、株式会社・その他に分けます。

次に**規模別**では、大規模・地域一番クラス、中堅、中小・零細に分けます。たとえば、幼稚園であれば園児数二五〇人以上を大規模、一五〇〜二五〇人未満を中堅規模、一五〇人未満を中小規模とし、保育所であれば、一五〇人以上が大規模、九〇〜一五〇人未満が中規模、九〇人未満が中小規模になるでしょう。

また、これは園単位での考え方ですが、本来は法人規模で考えるべきなので、拠点数で言えば、一概には言えませんが、一〇拠点以上が大規模、三〜一〇拠点未満が中堅規模、三施設未満が中小規模となります。

これもどの施設類型での展開なのかによっても変わりますので、あくまで目安として捉えてください。

最後に**需給別**です。需要と供給を比べた際に、需要のほうが高い地域、たとえば待機児童が増えている、人口が増えている、今後も当面人口が増える予定の地域と、待機児童がすでにいない、人口が減少している、今後も人口が増える見込みがないといった需要のほうが低い地域に分類します。

## それぞれの経営課題の特徴

法人別で考えると、学校法人は幼稚園もしくは認定こども園のみを運営しているケースが多いですから、引き続き規模や需給に関係なく、地域から園児を集めることで経営を成立させるノウハウと意識を高めなければなりません。特に需要が減っているエリアで中小規模の園においては、認定こども園を中心とした総合化を図ることが急務になります。

また、社会福祉法人は学校法人の幼稚園と比べると、拠点展開している法人においては、利用者を集める観点よりも、人材不足や育成、マネジメントの観点が色濃くなりますし、需要が減っている地域で一法人一施設運営している場合は、幼稚園同様に中長期的には地域から選ばれる園づくりや認定こども園化による総合化、さらには都市部への進出を考える必要があります。

さらに、株式会社においては、総じて拠点展開している事業者が多いので、人材不足を解消するための人材採用、人材育成・定着、本部体制の構築などのマネジメントテーマが主になっており、中長期的には需要の減少を睨みつつ、事業展開のあり方、経営計画や事業計画の方針が重要になります。



### 「需要＞供給」の場合の経営課題

| | 需要＞供給<br>（待機児童増、人口増加、政令指定都市など） | | |
|---|---|---|---|
| | 大規模・大企業<br>地域一番 | 中堅規模 | 中小・零細規模 |
| 学校法人（幼稚園） | ・満3歳児募集強化<br>・預かり体制の強化<br>・子育て総合拠点化<br>・新制度移行の検討<br>・ブランディング | | ・新制度移行 |
| 学校法人（こども園） | ・拠点化・分園<br>・ブランディング<br>・満3歳募集強化 | ・未満児の募集強化<br>・満3歳児募集強化<br>・1号・2号定員変更 | |
| 社会福祉法人（保育所） | ・拠点化・分園<br>・ブランディング<br>・子育て総合拠点化 | ・拠点化・分園<br>・一番化<br>・園児募集強化 | |
| 社会福祉法人（こども園） | | | |
| 株式・その他 | ・多角化・新規事業<br>・M&A<br>・持続的拠点展開<br>・（海外展開） | ・地域一番化<br>・近隣への拠点展開<br>・多角化・新規事業 | ・認可開設・移行<br>・稼働率アップ |

# 7 組織規模に応じた経営方針と重点テーマ

**保育サービス業は人的リソースが最も大きく、その人材のマネジメント如何で経営が左右されます。特に組織の規模に応じて経営の方針と重点テーマは異なります。**

## ヒト重視の持続的成長が基本となる経営方針

前述した通り、収入に占める人件費が七〇％を超える保育園も少なくありません。他のサービス業を見ても、ここまで人件費比率が高い業界は珍しいです。

よって、基本となる経営方針は「ヒト重視の経営」です。様々な職種の人たちが働く中で、事業の根源的な役割でもある「子どもたちの健やかな成長」を支援するためにも、この「人財」を疎かにする、軽んじる経営をしていては本質的な意義を見失います。

しかし、一方ではどんな法人格においても、法人である限りは常に「持続的な成長」が求められます。これは法人の成長が職員の成長に繋がり、ひいてはそれが利用者への価値提供へと繋がるからです。

組織の成長というのは、たとえば、拠点が増え、そこで働く人材が増え、その人材が育ち、価値としての質が向上し、提供する利用者も増え、適切な収益基盤をもとに、地域や社会に貢献する範囲を拡大させ、存在意義を高めていくということです。

当然ながら、利益や収益性を最優先にした「カネ重視の経営」や「自分本位の経営」はこの業界にはまったく合わないということを理解しましょう。

## 組織規模に応じた経営の重点テーマ

経営の重点テーマは組織規模によって異なります。まず、従業員三〇人未満の中小法人であれば、最も重要になるのは「**リーダーシップ**」や「**経営者の人柄**」

です。このステージでは、全体的にまだまだ理事長や園長の管理下で物事が進みやすいという特徴を持っています。トップの資質がそのまま組織の資質となる規模ですので、トップ自身のレベルアップや視野の拡大を常に意識して経営者としてのスキルを高めていかない限り組織の成長はしにくいのです。

次に三〇～一〇〇人未満の中小～中堅法人で最も重要になるのは「**管理職の育成**」です。この規模になると、理事長や経営トップ一人が現場の状況や職員一人ひとりを把握することが現実的に難しくなってきます。特にこの規模の管理職の中でも重要になるのが、各園長・施設長です。管理職として、一定レベルでのマネジメントスキルを習得しなければなりませんので、園長・施設長自身の意識改革、行動改革も強く求められますが、それよりも重要なのが経営トップとの相性や価値観の一致や共感です。

最後に一〇〇人以上の中堅規模以上の法人で最も大切になるのは、「**組織システム**」です。このステージになると、人事評価制度やミッションステイトメントなどができ上がる法人が多いのも事実です。

**組織規模に応じた経営の重点テーマ**

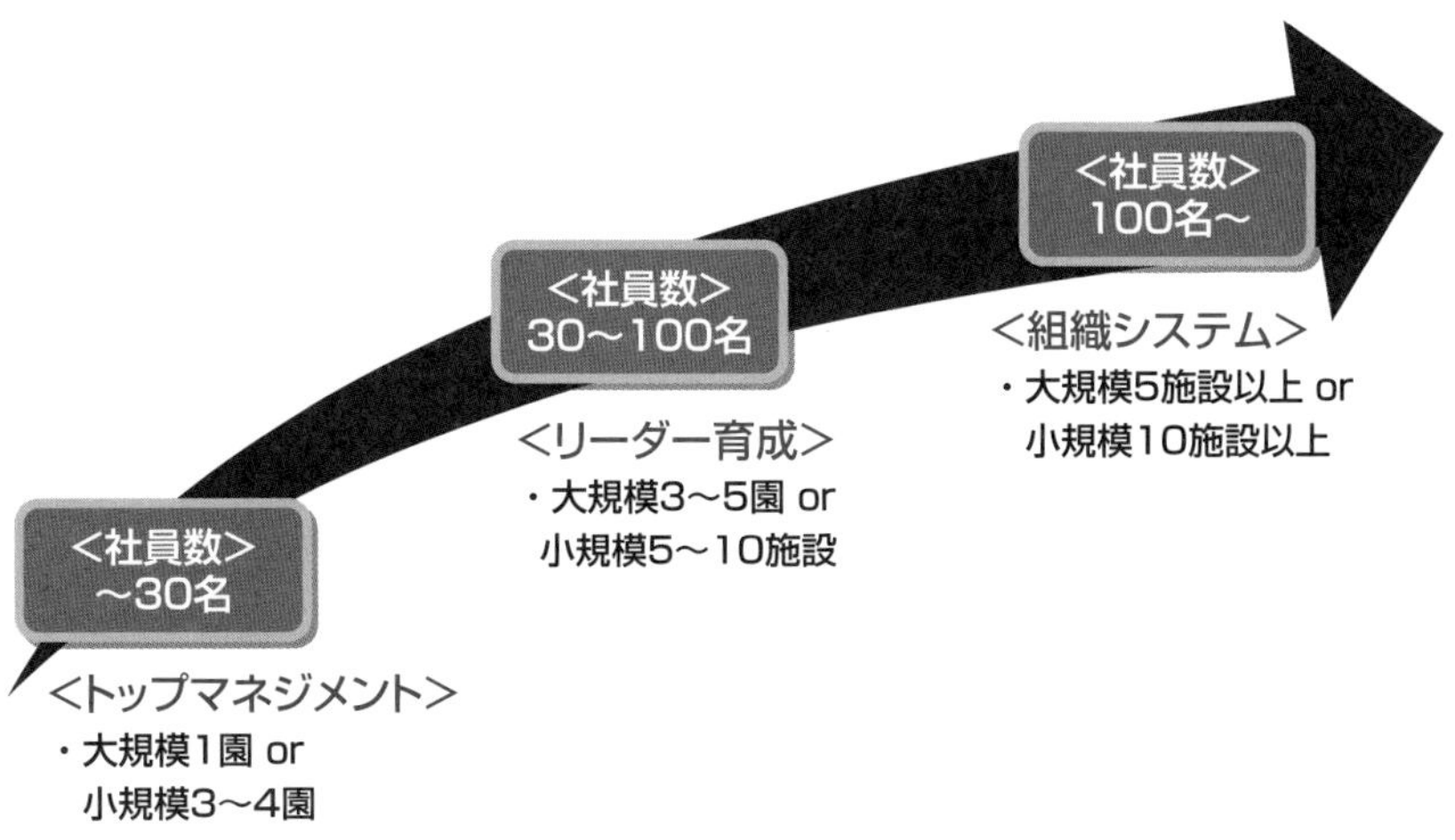

＜社員数＞
～30名
＜トップマネジメント＞
・大規模1園 or
小規模3～4園

＜社員数＞
30～100名
＜リーダー育成＞
・大規模3～5園 or
小規模5～10施設

＜社員数＞
100名～
＜組織システム＞
・大規模5施設以上 or
小規模10施設以上

# 8 保育園の組織構造と特徴

**保育園などの組織はどのような構造になっているのでしょうか？　組織構造から経営課題や方針を考えていきましょう。**

## 保育園の組織図

保育園を主として運営する社会福祉法人や、幼稚園を主として運営する学校法人は、「一法人一施設」という法人形態が多く、役職の階層があまり存在しないという特徴を持っています。

一般的に多い階層が、一般職員→主任（副主任）→（副園長）→園長（理事長兼任）というケースです。

二〇名～三〇名の組織の場合の役職者は、園長一名、副園長はいないケースもあり、主任は多くても二～三名という形で、つまり非常に底辺の長いピラミッド構造をしているということになります。

同じ規模の中小企業なら、一般、主任、係長、課長、部長、役員、取締役と存在しますので、この「**低層型ピラミッド組織**」というのは保育業界特有の組織構造であると言えます。

## 難しいキャリアアップ構造

たとえば、施設長一名、主任一名、保育士一七名（正職員一二名）、その他職種五名という園があるとします。保育士のうち新卒三年目以下の職員が五名いる場合、仮にキャリア志向が強い職員であっても、昇格は非常に難しいことがおわかりいただけるでしょう。

一般企業であれば、業績の拡大とともに、新たなポジションに充てることも可能ですが、特に一法人一施設の場合、新たな役職はほぼ作れません。国の制度の**処遇改善加算Ⅱ**により、研修受講によって処遇改善に伴うキャリアアップの仕組みが二〇一七年度から導入されましたが、まだまだ課題は多いのです。

この課題を解決するためにも、役職の階層化及びその階層に応じた適正な役割分担の明確化や、複数拠点展開によるポジションづくりという経営的観点が求められるのです。

## 保育士の配置基準における課題

児童福祉施設の配置基準として決められている以上、人員を少なくして人件費を減らすという行為はできません。もし一人の保育士が急に体調不良になっても、配置が満たされるように普段から余裕のある配置を求められているのが実態です。

しかし、現在の慢性的な保育士不足は、この事態をさらに難しくさせており、今後はますます重要な経営課題になることでしょう。また、配置基準によって人件費が増えて、経営を苦しくしている側面も実態としてはあります。元々の保育士配置基準も、保育を行うにあたり、決して余裕のある配置基準ではないという声は多くの事業者から出ていますが、これらの実態を踏まえた制度設計が本来は必要なのです。

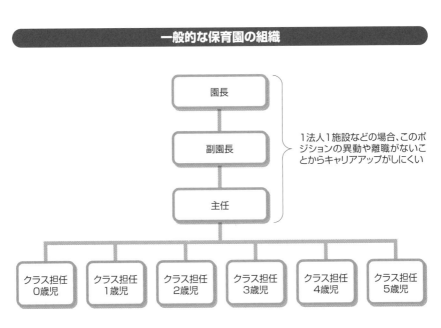

**一般的な保育園の組織**

# 9 行政との関係性と監査

保育サービス業は施設型給付などの公金投入や自治体の委託という性格からも、行政との関係性は非常に重要となります。その基本的な考え方についてお伝えします。

## 市町村・都道府県との関係

市町村は子ども・子育て支援新制度上では「**実施主体**」に位置づけられています。主な役割としては、子ども・子育て支援事業計画の策定、保育の必要性の認定、利用調整・斡旋、地域型保育事業者の認可、給付の対象とすることの確認などがあるため、特に事業者との間では、新規入所申込者の利用調整の際の協議や入所の際の契約書など書面のやりとりが発生します。

一方で都道府県においては、実施主体の市町村を重層的に支えるという立ち位置になり、主には都道府県の子ども・子育て支援事業計画の策定や教育・保育施設の認可・認定を行います。

## 行政監査

給付金などの公金が投入されるため、適切な施設運営がなされているかどうかを監査するのは行政の大きな役割の一つであるとともに、事業者としては常にこの監査を受ける義務があります。

具体的に監査の種類には、①**施設監査**、②**確認に係る指導監査**の二種類があります。

施設監査とは都道府県、政令指定都市、中核市による認可基準が満たされているかどうかをチェックする監査で、確認監査は市町村による運営基準や給付の観点から行われます。その中で、不足などがあれば指導や厳しい場合行政処分になり、業務停止や確認や認可の取り消しになることもあります。

## 施設監査と確認監査

<table>
<tr><th>種別</th><th colspan="2">施設監査（幼保連携型認定こども園）</th><th colspan="3">確認に係る指導監査（特定教育・保育施設）</th></tr>
<tr><td>実施主体</td><td colspan="2">都道府県、指定都市、中核市</td><td colspan="3">市区町村</td></tr>
<tr><td rowspan="3">種類と実施頻度</td><td rowspan="2">一般監査</td><td rowspan="2">定期的かつ計画的に実施（児童福祉施設が1年に1度以上実施することに留意）</td><td rowspan="2">指導</td><td>集団指導</td><td>新規施設…概ね1年以内<br>既存施設…必要と考えられる内容が生じたとき</td></tr>
<tr><td>実地指導</td><td>①すべての施設を対象に定期的かつ計画的に実施<br>②市区町村が実地による指導を要すると認める施設を対象に随時実施</td></tr>
<tr><td>特別監査</td><td>以下のいずれかに該当する場合、随時適切に実施<br>①事業運営及び施設運営に不正又は著しい不当があったことを疑うに足る理由があるとき<br>②基準に違反があると疑うに足る理由があるとき<br>③度重なる一般監査によっても是正の改善が見られないとき<br>④正当な理由がなく、一般監査を拒否したとき</td><td>監査</td><td colspan="2">要確認情報や実地指導において確認した情報を踏まえて、違反疑義などの確認について特に必要があると認める場合に実施</td></tr>
<tr><td>主な監査内容</td><td colspan="2">○教育・保育環境の整備に関する事項<br>①学級編成及び職員配置の状況<br>②認可定員の遵守状況<br>③園舎に備えるべき設備や定期的な修繕改善など<br>④教育・保育を行う期間・時間<br>⑤職員の確保・定着促進及び資質向上の取組（労働条件の改善、研修の計画的実施など）<br>○教育・保育内容に関する事項<br>①教育及び保育の内容に関する全体的な計画の作成<br>②指導計画の作成<br>③小学校教育との円滑な接続<br>④子育て支援の内容及び家庭・地域社会との連携<br>○健康・安全・給食に関する事項<br>①健康の保持増進に関する取組状況<br>②事故防止・安全対策に関する取組状況<br>③給食の適切かつ衛生的な提供に関する取組状況</td><td colspan="3">○利用定員に関する基準<br>○運営に関する基準<br>①内容及び手続きの説明及び同意<br>②応諾義務・選考<br>③小学校との連携、教育・保育の提供、評価、質の向上<br>④利用者負担の徴収<br>⑤事故防止及び事故発生時の対応、再発防止<br>⑥利用定員の遵守<br>⑦地域との連携<br>⑧会計の区分<br>⑨各種記録（職員、設備及び会計、教育・保育の提供計画など）の整備<br>○給付に関する事項<br>①地域区分、定員区分、認定区分・年齢区分<br>②基本分単価<br>③各種加算事項<br>④各種加減・乗除調整事項</td></tr>
<tr><td>結果に基づく措置など</td><td colspan="2">①調査終了後、速やかに園長などに対して、調査結果を丁寧に説明の上、文書を以て必要な指導、助言などを行う。<br>②指導、助言などを行った事項については、期限を付して対応状況の報告を求め、是正改善の有無を確認する。<br>③適切な是正改善が行われない場合、必要に応じて認定こども園法に基づき改善勧告などの措置を講じる</td><td colspan="3">1.指導から監査への変更<br>・著しい運営基準違反が確認され、利用児童の生命または身体の安全に危害を及ぼすおそれがあると判断したとき<br>・施設型給付費などの請求に不正または著しい不当が認められるとき<br>2.監査の結果、文書による通知と報告聴取、行政処分（勧告、命令、確認の取り消し）、不正利得の徴収など</td></tr>
</table>

出典：内閣府「認定こども園に関する状況について（平成31年4月1日現在）」

10

# 保育所の財務の特徴

**保育サービス業では、業態によっては、他の業界にはない特殊な考え方がいくつかあります。その特徴を見てみましょう。**

## 使途範囲と弾力運用

認可保育園には**弾力運用**という使途制限の緩和措置があります。なぜこのような措置があるかと言えば、そもそも保育園の運営費というのは委託費であり、運営費として受け取る人件費、事業費、事務費については、ほかに流用ができないからです。また、他拠点や他事業、施設整備などの借入の返還、積立金の積み立て、本部への繰り入れなどについても、自由に行えない仕組みになっています。

しかし、一定の条件を満たせば、これらの使途にも使えるようになり、これを弾力運用と言います。その条件には段階があるのですが、たとえば延長保育や一時預かり事業などの子ども・子育て支援事業を実施している、財務諸表を施設に備え付けている、第三者評価加算の認定を受けているなどがあります。

## 財務諸表

認可保育所の財務諸表は資金収支計算書、事業活動計算書、貸借対照表の三つがあります。

**資金収支計算書**は一般企業で言うところのキャッシュフロー計算書のようなもので、最終的な現金などの残高を「支払資金残高」と言います。

ちなみに、前期末支払資金残高の取り崩しは理事会などで協議が必要ですが、施設に係る拠点区分の事業活動収入計（予算額）の三%以下である場合は事前の協議を省略することが可能です。また、一定条件を満たし、事前協議を行った上で、法人本部の運営経費に充てることもできます。なお、前期末支払資金残高として取り扱うことができる当期末支払資金残高は、過大な保有を防止する観点から、当該年度の委託費収入の三〇％以下の保有であることが求められます。

次に、**事業活動計算書**ですが、一般企業で言うところの損益計算書（P／L）で、**貸借対照表**は一般企業でも使うものと同じ役割になります。

## 税制措置

子ども・子育て支援新制度のもとでは、**税金が控除される税制**があります。原則的に施設型給付に該当する保育所、認定こども園、幼稚園を運営する学校法人や社会福祉法人は、所得税、法人税、消費税などの国税、固定資産税や事業所税などの地方税ともに無税という優遇を受けます。株式会社立の認可保育所については、地方税は無税となりますが、国税については消費税や贈与税のみ無税となります。また、地域型保育事業においても基本的には施設型給付事業と同様に学校法人、社会福祉法人については国税、地方税ともに無税、株式会社については、状況に応じて無税となっています。

**子ども・子育て支援新制度に係る税制上の主な取り扱いについて**

| | | 幼保連携型認定こども園 | | 幼保連携型以外の認定こども園 | | | 幼稚園 | | 保育所 | | | 地域型保育事業 | | | 企業主導型保育 | 認可外保育 |
|---|---|---|---|---|---|---|---|---|---|---|---|---|---|---|---|---|
| | | 学法、社福 | 個人 | 学法、社福 | 株式会社 | 個人 | 学法 | 個人 | 社福 | 株式会社 | 個人 | 学法、社福 | 株式会社 | 個人 | | |
| 国税 | 所得税 | | | | | | | | | | | | | | | |
| | 寄附金控除 | ○ | － | ○ | － | － | ○ | － | ○ | － | － | ○ | － | － | － | － |
| | 簡易証明制度 | ○ | － | － | － | － | ○ | － | ○ | － | － | ○ | － | － | － | － |
| | 法人税 | | | | | | | | | | | | | | | |
| | 寄附金控除 | ○ | － | ○ | － | － | ○ | － | ○ | － | － | ○ | － | － | － | － |
| | 簡易証明制度 | ○ | － | － | － | － | ○ | － | ○ | － | － | ○ | － | － | － | － |
| | 登録免許税 | ○ | － | ○ | － | － | ○ | － | ○ | － | － | ○ | － | － | － | － |
| | 相続税・贈与税（用途非課税） | ○ | ○ | ○ | － | ○ | ○ | ○ | ○ | － | － | ○ | － | － | － | － |
| | 相続税(人的非課税) | ○ | － | ○ | － | － | ○ | － | ○ | － | － | ○ | － | － | － | － |
| | 贈与税(教育資金一括贈与) | ○ | ○ | ○ | ○ | ○ | ○ | ○ | ○ | ○ | ○ | ○ | ○ | ○ | ○ | ○ |
| | 消費税 | ○ | ○ | ○ | ○ | ○ | ○ | ○ | ○ | ○ | ○ | ○ | ○ | ○ | ○ | ○ |
| | 関税 | | | | | | | | | | | | | | | |
| | 教育用フィルムなど | ○ | ○ | ○ | ○ | ○ | ○ | ○ | － | － | － | － | － | － | － | － |
| | 脱脂粉乳 | ○ | ○ | ○ | ○ | ○ | ○ | ○ | ○ | ○ | ○ | ○ | ○ | ○ | ○ | － |
| 地方税 | 固定資産税 | ○ | ○ | ○ | ○ | ○ | ○ | － | ○ | ○ | ○ | ○ | ○ | ○ | ○ | － |
| | 都市計画税 | ○ | ○ | ○ | ○ | ○ | ○ | － | ○ | ○ | ○ | ○ | ○ | ○ | ○ | － |
| | 事業所税 | ○ | ○ | ○ | ○ | ○ | ○ | ○ | ○ | ○ | ○ | ○ | ○ | ○ | ○ | － |
| | 不動産取得税 | ○ | ○ | ○ | ○ | ○ | ○ | － | ○ | ○ | ○ | ○ | ○ | ○ | － | － |

出典：内閣府　子ども・子育て支援新制度説明会【都道府県等説明会】資料（平成29年3月14日）「子ども・子育て支援新制度に係る税制上の主な取り扱いについて 」

# 保育業界の常識・世間の非常識

保育業界には業界特有の特徴や風習・文化が存在します。そして、それらは保育現場で働く方々に大きく影響を及ぼします。保育業界では常識的な考え方でも、世間ではあまり考えられない非常識的な考え方も多く存在します。たとえば、以下のような点です。

**●女性職員比率が95%以上**

言うまでもなく、保育業界は女性が主の業界です。つまり女性特有のライフステージの変化に、保育士も事業者も適応していく必要があります。

**●役職の階層が少ない**

本章でも述べましたが、保育現場では一般→主任(副主任)→(副園長)→園長というのが一般的な役職の階層になっており、キャリアアップしにくい環境が未だ残っています。

**●中小企業でも新卒採用がメイン**

一般企業で新卒採用を積極的に行っているのは大手企業です。中小企業は通常即戦力を優先するためキャリア採用が中心となるのですが、保育業界は養成校の関係もあり、ほぼすべての事業者、とりわけ学校法人や社会福祉法人では新卒採用に取り組んでいます。

**●保育士が休むと運営できない**

人員配置によっては、保育士が風邪をひいたからと言って、急に休むことはできません。

それも踏まえて、一般的には配置基準よりも多く配置をする、休日を取っている保育士に急遽出勤を依頼して対応するようなケースもありますが、同時に複数の人が休みたいときに休めないということが起こり得ます。

**●共存する複数の法人格**

こちらも本章で述べましたが、社会福祉法人、学校法人、株式会社、NPO、個人事業主など、多様な経営主体で成立しているのが保育業界です。これも珍しい環境です。

**●定員が決まれば保育士の年収が決まる**

定員や稼働率という概念が大前提であり、回転率という概念が存在しないため、収入や売上の天井は、基本的に定員が決まった時点で確定する構造になっています。他の業界から見れば、よくも悪くも非常識な環境が多く存在しているのが保育業界です。保育事業者としては、それを俯瞰的に捉えて経営をしていかなくてはなりません。

# 保育サービス市場新規参入の実態

保育サービス事業への新規参入は、年々増加傾向にあります。ただし、参入には様々な課題も現実的に存在しています。営利だけを目的とした参入も増えているようですが、子どもを預かり、保護者の就労支援をするという極めて社会性の高いこの保育サービス事業だからこそ、新規参入は慎重に考えなければなりません。この章では保育サービス市場参入における実態を見てみましょう。

# 保育サービス事業への新規参入の実態 1

**保育サービス事業への新規参入は急増しているものの、一方で、既存の保育所、特に認可外保育所の廃園も多くあります。その実態を見てみましょう。**

## 認可外保育所の廃園状況

厚生労働省が二〇二〇年七月に発表した「平成三〇年度認可外保育施設の現況取りまとめ」によると、認可外保育所の廃園件数は全国で八九四件となっています。

一方で一年間の新設件数は三四七三件で、これはベビーシッターも含めた企業主導型保育事業の急増が大きな理由ですが、それ以外のベビーホテルや認可外保育施設は、廃園が増加しているために、いずれも減少しています。

廃園の理由は明確に調査データとして公表はされていませんが、これまで実際の事業者から聞いた話を総括すると、最も多いのは「経営が成り立たなかったから」、「採算が合わなかったから」という声です。認可外保育所の売上は保育料などの実費収入だけであるため、園児が集まらなければ当然事業は成立しません。認可保育所に比べると保育料が高額な認可外保育所は、園児を集めるのも一苦労なのです。

## 事前リサーチの重要性

短期での廃園が多い理由の一つとして、事前リサーチ不足が挙げられます。理論を学ぶことも重要ですが、最も重要なのは実際に参入している企業や有力企業に足を運ぶことです。実際に運営している人たちから実態をヒアリングして参入における課題や問題を抽出するのです。そして、自身の描く構想と現実とのギャップを整理し、それを解決するために何が必要なのかを把握しましょう。

そこから参入の検討をすることが大切です。急な廃園で最も被害を受けるのは保護者であり、子どもたちです。その責任が事業者にはあるのです。

## M&Aによる新規参入の増加

以前はベビーホテルや認可外保育施設での開園による新規参入が一般的でした。しかし、企業主導型保育事業がスタートしてからというもの、保育サービス事業への新規参入の標準モデルは完全にそちらに移行しました。一部撤退・廃園はあるものの、経営の安定性が高まったことから、リスクは大幅に減少しました。

もう一方で近年増加しているのが**M&Aによる新規参入**です。保育サービス業の経験のない他業種、特に中堅・大手企業を中心に増えているのが実態です。M&Aが増加している一番の理由は、地域型保育事業も含めた「認可保育所」への参入が可能になるからです。「認可保育所」は新規参入企業にとって極めてハードルが高いですが、認可保育所を保有する保育会社の株式譲渡や事業譲渡によって「認可」を取得するケースが増加しています。

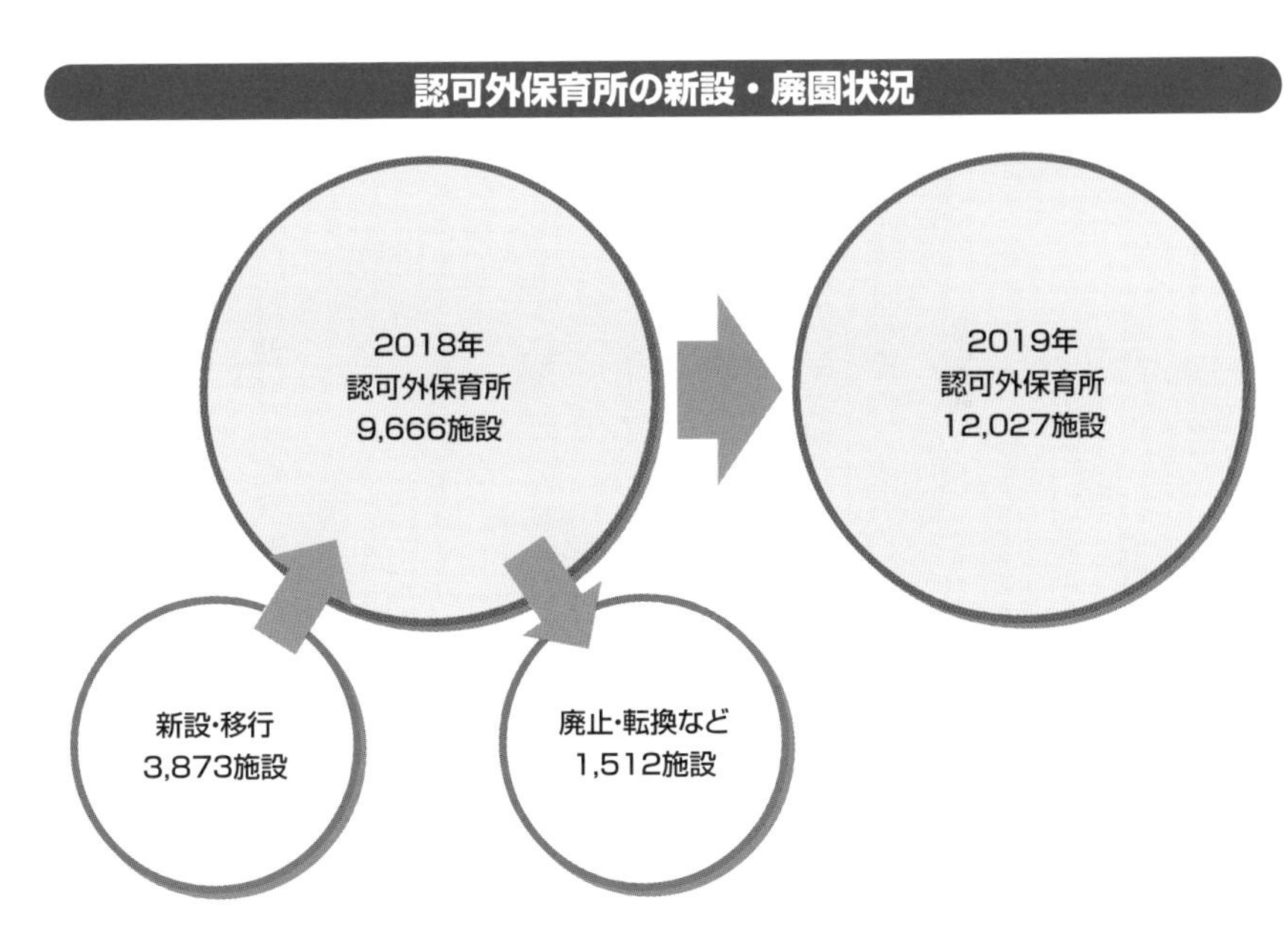

2

# 理念なき参入は止めるべき

**保育サービス事業だからこそ、理念なき参入はしてはなりません。保育サービス業には「理念」や「想い」がなければならないのです。**

## 理念を持つこと

新規参入において最も重要なのが、「**理念**」や「**想い**」です。「何のために保育事業を行うのか」、「保育事業を通じてどんな貢献をしたいのか」を具体的にした上で参入を決意するべきです。単に儲けやビジネスだけを目的として参入するなら、保育事業は適していません。それならば他にも魅力的な事業はあることでしょう。

社会貢献性が高い事業だからこそ、社会にどのように貢献したいのかを明確にすることが必要なのです。その際の視点は常に「子ども」と「保護者」です。子どもたちにどのような貢献をしたいのか、保護者の仕事と子育ての両立をどのようにして実現させたいのか、ここを決めた上で事業の参入を決定してください。

## WILLとMVV

これらを考える上で大切になるのが**WILLとMVV**の定義です。まずWILLについてですが、直訳すると「意思」です。先ほど述べた通り、保育サービスのように顧客が明確な場合は、強い原体験や当事者意識を持っており、その人たちの課題を解決したいという想いを持っている人が多いのが特徴です。

そして、そのWILLをベースにMVV（Mission、Vision、Value）を定義しています。**Mission**とは、自分たちの存在意義やあるべき姿、**Vision**とは、目指すべき姿や世界観、**Value**とは価値観、価値基準、行動基準などを示します。組織や事業として、保育サービス事業をスタートするにあたり、これらを明確にする必要があります。

## 理念が保護者を引き寄せる

保育所には必ず**保育理念**や**保育目標**というものがあります。本当に地域から愛される保育所はこの理念や想いが明確にあり、それに基づいた保育を行っています。そして、保護者はその理念や想いを必ず見ています。要するに保育理念や想いが入所を決定づける一つの大きな要因になっているのです。

もちろん立地や場所で選ぶ保護者が多いのも事実です。しかし、すべての人がそれだけで園を決めるわけではありません。大切なわが子を預ける場所ですから、その園がどんな想いで、どんな理念で保育を行っているのかという視点は、保護者にとってとても重要なのです。

**保育事業には「理念」が必要**

**理念とは**

- 『世の中に存在する意義と目的』
  - ①ミッション（使命）
  - ②ビジョン（志･展望）
  - ③バリュー（価値観）

**なぜ保育事業にとって理念が重要か?**

- 保育事業は決して収益性は高くない
- 社会性の追求が経営の源泉
- 保護者は大切な子どもを預けるため、入園決定の一つの大きな要素になる
- 保護者･スタッフが同じベクトルを向いていないと保育がバラバラになり、運営に支障が出る（退職者なども出やすくなる）

理念なき参入は止めるべき!

# 3 新規事業参入の心構え

保育サービス事業に限らず、新規事業を始めるにあたっての心構えと成功確率を高める考え方について触れておきましょう。

## 新規事業に参入する際の五つの問い

保育サービス業界に限らず新規参入するにあたっては、以下の五つの問いに明確に答えられることがとても大切です。

①伸びている(今後も伸びそうな)事業であるか
②トップ(経営者)主導で、かつ本気で取り組みたい事業であるか
③世の中に貢献できる事業であるか
④収益性の高い事業であるか
⑤本業の経営資源が活かせる事業であるか

## 五つの問いに対する解説

①は成長している、もしくは今後も成長するであろう業界は世の中から求められる事業とも言えます。需要があり、その結果、市場が縮小している業界や事業よりも成功確率も高まります。

②は新規事業開発の現場では頻繁に起こるのですが、トップの掛け声で始まったものの、担当者任せにしている、途中でやる気がなくなって事業が放置されるということです。新規事業というものは非常に難易度が高いため、最大の推進力をもって進める必要があります。その最たる要因がこのトップ主導で、かつ本気で取り組み続けているかどうかなのです。

③と④については、社会性と収益性の話ですので、経営の継続性や目的を考えると言うまでもなく重要なことです。新規事業は決してボランティアではありませんので、社会的意義のある事業であるかどうかはマ

ストですが、それだけではなく、参入に値する収益性を確保できるかどうかを慎重に判断してください。

## 本業の経営資源を活かせる事業かどうか

最後の⑤も非常に重要な視点です。経営資源とはヒト、モノ、カネ、情報（ノウハウ・データ）です。

保育サービス事業で言えば、ヒトは、既存社員で事業に興味のある社員、保育士の資格者や就労希望者がいるかどうか、社会福祉事業の場合にはこのような強みが活きることがあります。モノは、例えば医療や教育事業です。医療機関では病児保育を強みにすることで、保護者の安心感を高めているケースがよく見られますし、教育機関では学習塾や英会話スクールなどが教育コンテンツを保育園向けに導入しているケースがあります。さらには、企業主導型保育事業となれば、自社の従業員が保護者として利用するケースが多いため、顧客という観点で顧客データを保有しているケースも非常に多く、それが開設当初から経営を安定化させる結果に繋がっています。

**新規事業に参入する際の5つの問い**

1. 伸びている(今後も伸びそうな)事業であるか
2. トップ(経営者)主導で、かつ本気で取り組みたい事業であるか
3. 世の中に貢献できる事業であるか
4. 収益性の高い事業であるか
5. 本業の経営資源が活かせる事業であるか

# 4 保育サービス事業参入の事業計画

**新規事業に参入する際には、事業計画の作成が必要不可欠です。保育サービス事業参入における事業計画の作り方のポイントをお伝えします。**

## 事業計画の構成

新規事業における事業計画というのは、その名の通り、新たに実施する事業の羅針盤のようなものです。筆者は多くの事業計画を見たり、作成したりしてきましたが、以下の通りに構成すると、計画としてとてもわかりやすく的確なものになります。

**①顧客課題、②解決策、③ユニークさ（優位性・代替性）、④ビジネスモデル（お金を生み出す仕組み）、⑤市場性、⑥数値計画とKPI、⑦マーケティング計画、⑧マネジメント計画、⑨事業実施体制、⑩MVV**

特に保育サービス事業においては、①～⑤はさほど大きくは変わらないため、⑥において資本をベースとした事業展開とそれに紐づいた⑦、⑧の計画を、いかにスケールに応じて精度高くスピーディに作成するかが求められます。

## M&Aでの参入

特に5-1でも述べたように、昨今はM&Aが増加しているため、M&Aによる事業参入を前提とするのか、ゼロベースで拠点開発を実施していくのかによって事業計画の数値計画は大きく異なります。

ただ、M&A案件は今後増加することが予想されますが、認可保育所や認定こども園などの案件はさほど増加せず、認可外保育所、企業主導型保育事業、地域型保育事業のほうが増加する可能性が高いです。

また、ゼロベースでの拠点開発の場合、いきなり認可保育所の開設・運営は参入障壁が高いため、企業主導型保育や地域型保育事業からスタートして、実績を積み上げた上で認可保育所の展開へと移行させていくのが一般的です。

## 保育事業における事業計画の留意点

また、直営なのか公設民営による運営委託や指定管理なのかというオペレーティングスタイルの違いによって、それに応じた投資額やキャッシュフローも大きく変化します。その上で、初期段階でどんな施設類型、エリアを中心に展開をしていくのか、さらにはそれに紐づいた採用人事計画、マネジメント計画にするのかなどを考えます。

加えて、特に〇～五歳の中規模・大規模施設の開設を事業計画に盛り込む際は、初年度から定員稼働率一〇〇%にはなりません。理由は特に三～五歳の園児はすでに他の園に通園しており、よほどのことがない限り転園はしないためです。よって、初年度は定員の五〇～六〇%程度、二年目は七〇～八〇%、三年目で九〇～一〇〇%で考えましょう。

# 5 保育園開設のための四つの検討事項

**保育園の開設にあたってはエリア・立地、規模、保育士採用、施設形態が特に重要な四つの検討事項になります。そのポイントをお伝えします。**

## 戦略的差別化要素、「エリア・立地」と「規模」

エリア・立地と規模の二つの要素は、一度確定させたら原則動かすことができない「**戦略的差別化要素**」と言われる要素です。

**エリア・立地**の選定については、全国の待機児童数や保留児童数が重要な指標の一つとなります。原則、待機児童や保留児童が存在している地域はすでに保育ニーズが顕在化していると言えます。

また、多くの保護者が、保育所を選ぶ際に「家から近いこと」を条件としているように、立地条件は重要です。保育所の設置前には、設置予定地の周辺にどの程度の対象人口が存在するかを調査し、また競合となり得る園の充足率などを把握した上で設置を検討することが大切です。一般的には、都市部では駅前などの利便性の高い地域、地方では郊外の開発エリアが保育所の人気エリアとなります。

**規模**については、用地や物件次第ではありますが、近年認可保育所は九〇人未満の中小規模が主流で、さらに都市部では園庭のない賃貸物件活用型がスタンダードです。この規模が運営やオペレーション、さらには収益性を考えると最も効率的だとされています。

また、子ども・子育て支援新制度施行以降、五年程度は一九名以下の小規模保育が増加傾向にあったため、企業主導型保育の増加も含めて小規模保育がスタンダードになりましたが、三歳以降の受け皿問題など、〇～二歳の3号認定に認定区分を限定することの難しさもあります。

## 難易度が高まる「保育士採用」と選択肢が広がる「施設形態」

これらに加えて、**保育士採用**の観点からも保育園開設を検討しなければなりません。具体的には保育士が集まりやすいエリアとそうでないエリアが存在するということです。

たとえば、政令指定都市のような都市部でターミナル駅に存在している園と、ターミナル駅から徒歩二〇分というエリアでは、通勤を考えると通いやすさは歴然としています。単に保育ニーズがあるからと言って、駅から遠いエリアを選択すると、後に苦労することになります。

また、前節でも触れましたが、保育園の**施設形態**も選択肢が広がったことで、企業主導型保育事業や地域型保育事業が主になりました。これらの中で、自分たちが開設しようとしている地域の場合、どんな事業ならば可能性があるのかを的確にとらえる必要があります。開設を検討する際は、これら四つの視点から候補を絞り込んで決定していきましょう。

### 保育園開設のための４つの検討事項

| | |
|---|---|
| エリア・立地 | ■ 待機児童もしくは保留児童はどの程度存在しているか？ |
| | ■ 今後中長期にわたり人口は増加するエリアか？ |
| | ■ 保護者が通いやすい場所・安心できる場所に立地しているか？ |
| | ■ 保育士が集まりやすい場所に立地しているか？ |
| 規模 | ■ 就学前まで通える園にできないか？ |
| | ■ 設備投資上やリスクを踏まえて、小規模にするのが本当によいのか？ |
| | ■ 市場性を踏まえた適正な規模になっているか？ |
| 保育士採用 | ■ 自治体独自の保育士支援策を講じているエリアか？ |
| | ■ 他社と比較した際に、求人条件などで優位に立てる内容はあるか？ |
| | ■ 保育士の有効求人倍率は高いか？低いか？ |
| 施設形態 | ■ 新規参入で認可事業（地域型保育事業含めて）の参入余地はあるか？ |
| | ■ 認可保育所が運営できる可能性はあるか？ |

# 6 認可外保育所での参入が難しい理由

保育サービス事業は決して収益性の高い事業ではありません。託児所やベビーホテルなどの認可外保育所はたくさんありますが、多くの施設は経営的に厳しいのが実情です。

## 保育サービス業は安心と信頼が大切

新規参入した保育所というのは地域に根付いておらず、実績もないため、なかなか信頼を得られません。企業主導型保育事業のように、地域で信頼されている企業が企業内保育として行うならばまだしも、まったくの新規で個人が事業を始めるケースなどは、信頼を得るまでに多くの時間を要します。信頼を得るに伴って園児の数が増えるため、オープン後すぐに園児が集まり、採算がとれるというのは極めて稀です。少しずつ実績を作り、地域に浸透させ、安心と信頼を築いていく他ないのです。

都心で待機児童が多ければ成功するという気持ちでいる方が多いのでしょうが、二〇二一年現在でもそうですが、今後、企業主導型保育のような認可外保育所の場合、ますます経営は厳しくなります。

## ほとんどが〇～二歳の託児

このような認可外保育所は〇～二歳、せいぜい三歳くらいまでの子どもしか入園してこないケースが多いのですが、認可外保育所指導監督基準における人員配置基準は認可保育所と同様で、一人の保育士が保育することができるのは〇歳で三人の園児まで、一～二歳で六人の園児までです。よって、特に保育料収入のみで賄わなければならない認可外保育所は〇歳では採算が合わず、一～二歳でも収益面では決して楽ではありません。

一人の保育士につき、三歳児は二〇人まで、四～五歳児は三〇人まで保育可能なので、結局三歳以上が集まらなければ託児所の事業として成立しないのです。しかし、園庭もなく、園児数も少ない小さな託児所の場合、三歳以上の幼児が残るケースは多くありません。

## 四月ショック

もう一つ、新規参入した認可外保育所の大きなハードルが「**四月ショック**」です。四月になると、それまで途中入所できずにやむなく認可外保育所を利用していた認可保育所希望者の大半が認可保育所に入所するために、認可外保育所の園児が大幅に減少する現象を指します。認可外保育所経営にとって最大の難題です。

園児が集まり、人材を増やしても、四月になると園児が減少するため、結局人件費が経営を圧迫することになるのです。園児が安定的にいない状況というのは保育サービス事業においてとてもリスクが高い状況なので、認可外保育所は一人でも認可保育所に移らないように努力をしているのが実情なのです。

よって、廃園を検討している事業者は、新年度の四月の結果を踏まえて、検討に入ります。それくらい託児所にとって影響を及ぼす事象なのです。

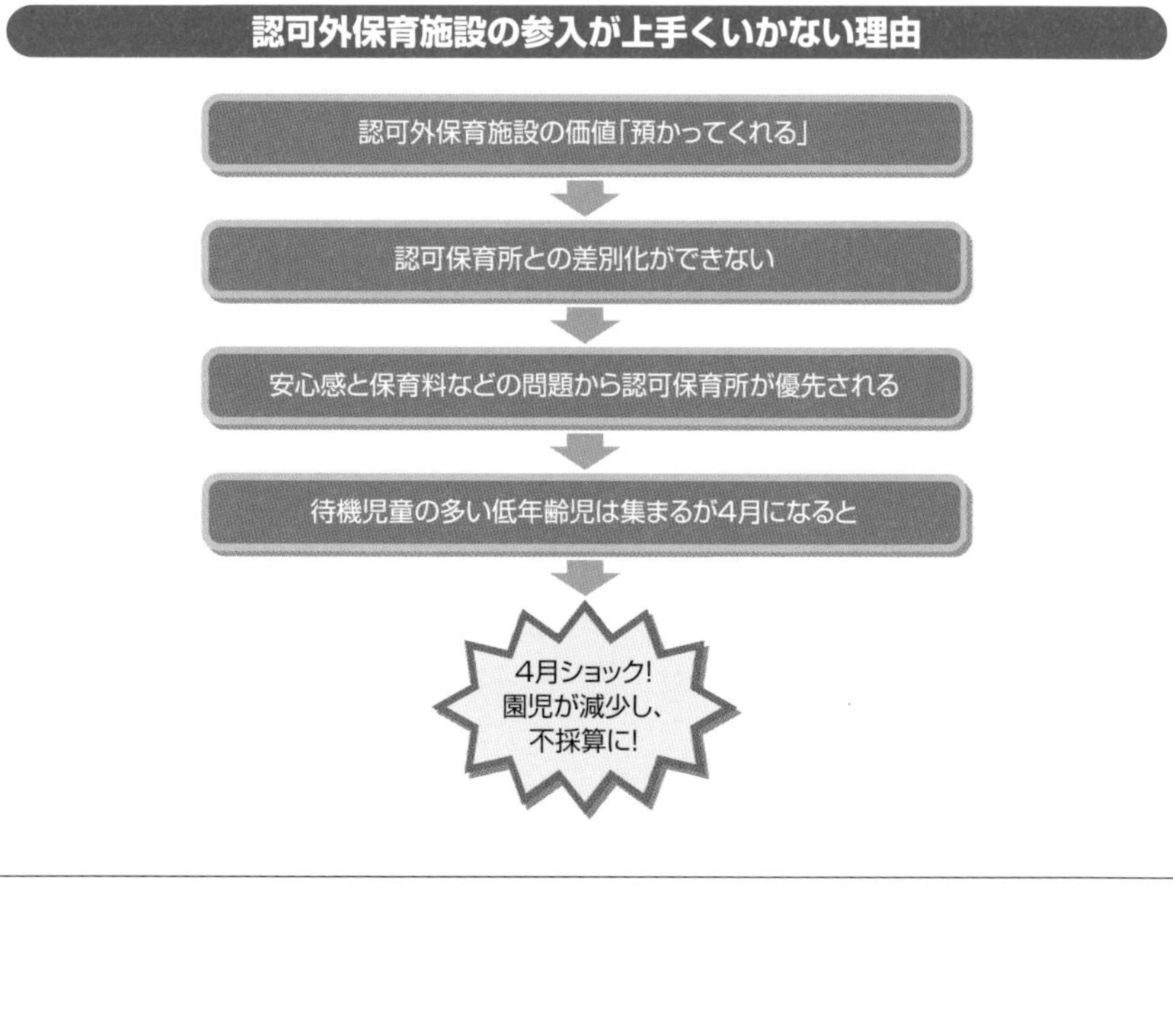

**認可外保育施設の参入が上手くいかない理由**

認可外保育施設の価値「預かってくれる」
↓
認可保育所との差別化ができない
↓
安心感と保育料などの問題から認可保育所が優先される
↓
待機児童の多い低年齢児は集まるが4月になると
↓
4月ショック!
園児が減少し、
不採算に!

# 7 企業主導型保育事業による事業参入

新規事業として保育サービス業界に参入しやすい、ないしは参入すべき業種はどんなものがあるでしょうか？　その特徴をお伝えします。

## 新規参入に求められる条件

企業主導型保育事業がスタートして以来、保育サービス業界への新規参入を検討する際に最も多い施設形態は、この企業主導型保育事業となりました。

今後の保育ニーズ次第では企業主導型保育事業の新規整備も難しくはなりますが、現時点での保育サービス業界での新規参入とは、企業主導型保育事業での参入と捉えてもらってよいでしょう。

それを前提に考えた場合には、「**企業主導型保育事業の需要がある業界であるかどうか**」が最大の条件になってきます。

要素は二つあります。

①人材不足に困っている
②女性スタッフの採用が必要

この二点を満たす業界は、企業主導型保育事業の必要性が高く、結果的には従業員枠の利用が促進されるため、ニーズも高く、それに加えて、地域枠としての立地も考慮して開設することで、安定経営が見込めるということになります。

## 企業主導型保育事業が適した業種

企業主導型保育事業が適した業種の代表格として、医療・介護業界が挙げられます。病院にしても介護施設にしても、有資格者の採用が非常に難しく事業者も悩んでいるケースが多いのは言うまでもありません。

さらに、その有資格者は看護師や介護福祉士のように女性比率が高いのも特徴です。

企業主導型保育事業助成決定一覧を見ても、医療・介護事業者が多いのがよくわかります。

また、それ以外にも最近増えてきているのが、人材サービス業と運送・物流業です。

人材サービス業であれば、派遣社員をできるだけ多く雇用したいという経営側の思いのもと、女性の派遣社員が利用するための保育園を開設しているケースが多いです。運送・物流業においては、現在インターネット通販などで需要が拡大しているにもかかわらず、ピッキングスタッフやドライバーの確保が難しいために案件化できていないことが多いことから、女性スタッフの採用意識が高まっており、保育園を開設したいというニーズが増えています。

このように、今後は経済や雇用環境に応じて、企業主導型保育事業の果たす役割は大きくなるとともに、新規参入が増えることが予想されます。

**新規参入のための要件としやすい業種**

**新規参入しやすい業態**

企業主導型保育

↓

**企業主導型保育に参入すべき要件および業種**

1.人材不足に困っている

2.女性スタッフの採用が必要

↓

医療、介護、人材サービス、物流、飲食業界など

# 8 地域型保育事業による事業参入

**認可事業のため、運営の実績が問われるケースが多いですが、地域型保育事業による参入も検討の余地はあります。**

## 地域型保育事業での参入が増える背景

子ども・子育て支援新制度スタート後から二〇二一年現在までに小規模保育が年々増加するとともに、新規事業者も増加してきました。

これまで保育サービス事業に参入した企業や法人は、企業主導型保育と併せて、小規模保育や事業所内保育などの地域型保育事業を検討しているケースも多くあります。

地域型保育事業も、待機児童数に左右される側面がありますが、保護者の利用者負担は認可保育所と変わりません。よって、認可外保育所と認可保育所の比較とは異なり、利用者負担が同額ということだけで言えば、対等な関係になります。

## 参入の多くは自治体の公募

しかし、どの企業・法人でも地域型保育事業の運営ができるわけではありません。多くの市町村では公募・プロポーザル（企画提案方式）になりますので、過去の運営実績が問われ、参加すらもできないというケースが多いのも事実です。

ただし、一部の自治体では、運営実績がなくても公募に参加できます。自治体が限定されますが、参入する機会は与えられています。

ちなみにそのような自治体では、法人の財務体質や保育士確保策の信ぴょう性、立地やアクセスのよさなどが問われています。

## 基本は都心部での開園

地域型保育給付、特に小規模保育については、現状は都心部に限られています。先に述べたように、待機児童の状況に左右される事業ですので、待機児童が多いエリアほど小規模保育の開設ニーズは高くなります。逆に待機児童がいないような地方エリアでは、小規模保育はほとんど進んでいません。このように地域差があるというのが大きな特徴です。

しかし本章の第7節でも述べた通り、二〇一六年以降の企業主導型保育の登場によって多くの企業は企業主導型保育事業での参入となり、小規模保育などの地域型保育事業での参入は少なくなっています。



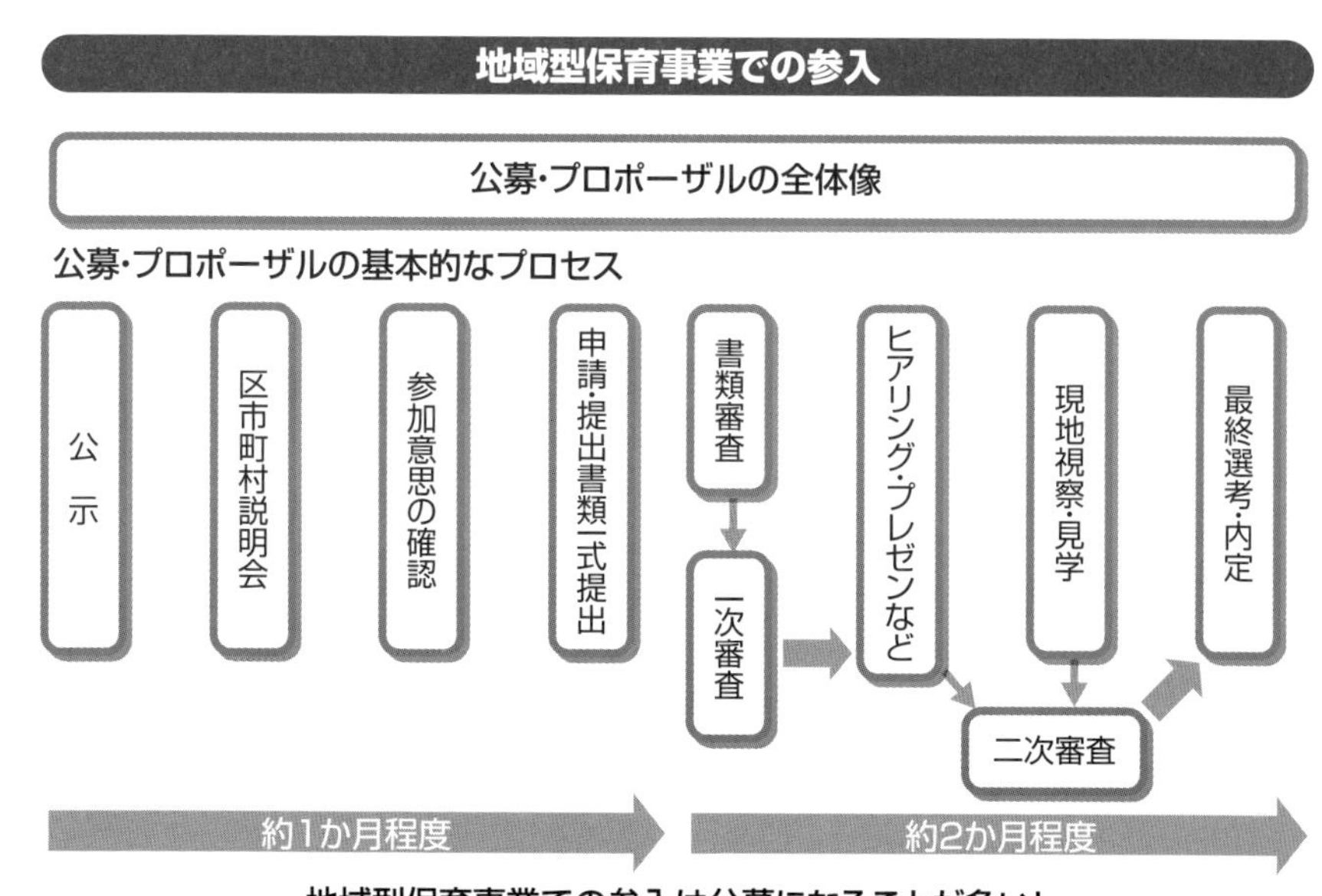

# 9 保育サービス事業参入に伴うリスク

**新規事業を検討する際には、必ずリスクを整理して検証しなければなりません。保育サービス事業のリスクを整理します。**

## 保育サービス事業特有の五つのリスク

保育サービス事業には様々なリスクが潜んでいます。他の業界と同様に収益悪化による撤退リスク、昨今非常に増えている大規模災害や自然災害によるリスク、個人情報の流出などのリスクなどはもちろんのこと、保育サービス事業の特性を踏まえた、次の五つのリスクがあります。

一つひとつ詳しく見ていきましょう。

## 五つのリスクに対する内容と対応策

### ①園児の事故リスク

重大事故や死亡事故があった際に、損害賠償責任や園の評判が著しく低下するなどのリスクがあります。

保険加入は当然のこととして、常日頃から、インシデントの報告基準の作成と社内の情報共有の仕組化、現場で定期的な抜き打ちチェックの実施、事故後の対応方針の明確化（発生直後の対応、事後管理、保護者への説明、保険内容の検討など）などが必要になります。

### ②保育士不足による運営停止リスク

園の方針に不満を抱いた職員が一斉退職するといったトラブルが年々増えています。いかなる状況においても、必ず契約や規定に反した行動はせずに、それに準じた経営を行うことが求められます。

### ③保護者トラブルリスク

保護者クレームは普段から大なり小なり発生していますが、これがエスカレートすると、自治体窓口へと駆け込んだり、さらには訴訟に発展したりして、職員にも精神的な負担がかかり、退職などが続いて予算以上のコストが運営外の部分で発生することもあります。しっかりと市町村と協議をする、苦情処理担当者や第三者委員とも連携しながら対応していくことが求められます。

**④地域トラブルリスク**

都市部を中心に子どもの声を「騒音」だとして近隣住民がクレームをつけてくるケースが未だに多くあります。また、公設民営などのケースでは、民営化に反対する運動が起こり、事業の進捗に影響を及ぼしたりすることがあります。市町村と連携しながら、場合によっては弁護士なども含めて協議することになります。

**⑤国の方針転換リスク**

給付金の減額や規制の厳格化などによって、経営に支障をきたすケースが考えられます。給付金や制度で成り立っている事業だからこそ、常に時流や制度を先読みした経営や公金に依存しない経営も含めて複合的なポートフォリオを形成することが求められます。

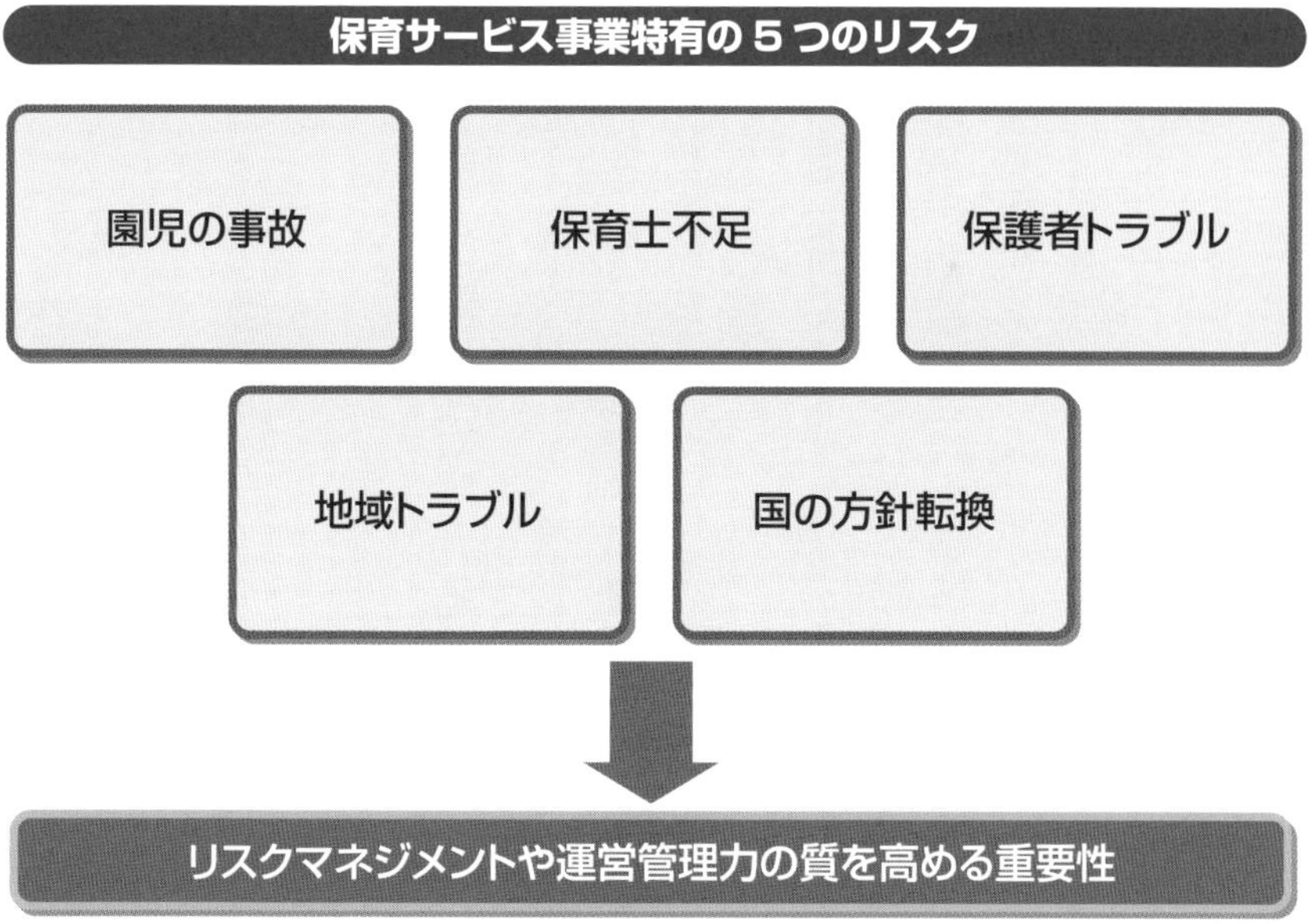

**保育サービス事業特有の５つのリスク**

園児の事故

保育士不足

保護者トラブル

地域トラブル

国の方針転換

↓

**リスクマネジメントや運営管理力の質を高める重要性**

# 10 保育サービス事業の四つの成長ステージ

**保育サービス事業に新規参入して成長する企業は四つのステージを経験します。そのステージの特徴を見ていきましょう。**

## 四つのステージ

事業参入後のステージは以下の四つから成ります。

①導入期……市場に新規参入したタイミング
②成長期……事業が市場にフィットし、軌道に乗り始めるタイミング
③成熟期……成長が鈍化し、停滞するタイミング
④衰退期……衰退の陰りが見え始める中で、新たな成長軌道を描くかの分かれ目となるタイミング

特に成長市場は、導入期のタイミングを間違えなければ、一気にステージを上げやすいのが特徴です。例えば、クラウドやロボティクス、フィンテックなどのテクノロジー事業が典型です。

## 導入期と成長期で考えること

まず導入期で大切なのが、前述した通り、どの制度を活用するかです。地域型保育事業、企業主導型保育事業、認可外保育所などから地域の実情などを踏まえて決定することになります。

補助金や給付金を活用する事業の場合は、比較的活用が容易な地域の選定を行う必要があります。その上で、一拠点目が軌道に乗れば、二拠点目以上を検討していくことになります。成長期への突入のタイミングです。当然ながら保育の必要性の高い成長エリアを重点的に探すべきでしょう。そのため、展開地域の市場成長性、自治体の独自補助などを調査しながら拠点展開を進めることが大切です。認可保育所を目指す上で

は、その地域での実績が非常に重要になるため、既存保育事業者のM&Aなども視野に入れる事業者も増えてきます。

## 成熟期と衰退期で考えること

成長期から成熟期にかけては、安定的な拠点展開が可能なように、人材育成や組織マネジメントなどの人事システムの強化や、特徴的な保育・教育の開発などの保育サービス優位性などが重要になります。また、展開エリアが多岐に渡る中で、より効率性を重視した拠点展開方針（ドミナント戦略など）を掲げた上で、M&Aも含めた事業展開を検討することになります。

その際に、これまでは認可保育所よりもその他の事業展開がメインだった場合は、安定性の高い認可保育所に事業ドメインを転換していくことも大切です。最後に、市場が縮小し、自社の経営努力でも成長が難しくなった衰退期のタイミングでは、無理な拡大戦略はとらず、既存事業を強固なものにしつつ、本業とのシナジーが見込める新規事業の検討も必要になるでしょう。



**保育サービス事業の４つの成長ステージ**

**導入期**
- 新規参入の場合に、まず検討するべきはどの制度を活用するかである。安定性を考慮すると①地域型給付の小規模保育所　②企業主導型保育事業　③認可外保育所の順になる。補助金を活用する制度を利用する場合は、参入が比較的容易な地域の選定を行う必要がある
- 認可外保育所として設置する場合は、認可保育所からのトリクルダウンを期待するのは中長期的に不安定となるため、高単価・高付加価値モデルでの設置を検討していく

**成長期**
- 成長期には2拠点目以上を検討していく。参入時とは異なりより安定的なマーケットを探す必要がある。そのため、出店地域の市場成長性、自治体の独自補助などを調査しながら拠点展開を進める
- 認可保育所を目指す上では、その地域での実績が非常に重要になるため既存保育事業者のM&Aなども視野に入れる

**成熟期**
- 成熟期には、安定的な拠点増が可能なように採用の仕組化、保育・教育内容の差別化を行う
- また給食や物販などの付随事業の内製化を行い、コストダウンと同時に収益性を上げる
- 保育事業の効率性を考慮すると、同じ地域でのドミナント戦略が基本となる。そのため、ドミナント戦略を意識した地域（自治体）選びが必要となる

**衰退期**
- ある程度、拠点数が増えてきた段階で差別化をより強化する
- 保育マーケットの飽和を見据え、「立地」「利便性」のみではない「保育・教育」内容の差別化を図る
- 保育事業以外の新規事業や保育事業の再編、M&Aなどの検討を始める

# 保育サービス業のM&Aとデューデリジェンス

2021年現在では、これまでは買い手が非常に多かった流れから、売り手ニーズも徐々に増えてきた印象です。

直近の保育サービス業界のM&Aの特徴としては、次のようなことが挙げられます。

- ・新型コロナの影響もあり、多くの産業が数年単位で厳しい状況を強いられる中、保育は比較的安定感がある業種のため、異業種の参入が増えている。
- ・一方で、少子化が急速に進む中、市場のピークアウトや長期トレンドを見据えた有力企業のイグジットやバイアウトが目立つ。
- ・企業主導型保育の不安定さから早期売却を検討する企業が増える。
- ・社会福祉法人や学校法人の事業承継が増える。
- ・本業へのポートフォリオ集中のためのサブ事業（保育事業）からの撤退。
- ・認可外保育所などの業績不振事業の売却＆ターンアラウンド（事業再生）。

しかし、総じて認可保育所を運営している事業者においての企業価値は高く、買い手側としても魅力的に映っているようです。

そうは言うものの、企業の個別事情もあり、一概に認可保育所を運営しているから安定性が高いとも言えません。

そのために、デューデリジェンスがあり、財務、法務、労務、ビジネスなどの判断をするわけですが、特にビジネスデューデリジェンスについては、保育サービス業界では以下の項目をチェックすることが重要です。

- ・社長の人間性
- ・業界ポジション・イメージ・歴史
- ・展開エリア
- ・既存施設の立地・定員規模
- ・不動産調達力
- ・HRリソース
- ・財務指標（特に流動比率、ROA、自己資本比率、1拠点開設あたり資産or負債）

言うまでもなく、ビジネスデューデリジェンスの目的は、「マネジメントやオペレーションの観点からその企業を買収する価値があるかを判断する」ことですから、上記7点から強みやリソースの希少性、経済価値、課題、リスクなどを整理して総合的判断をしていきます。

今後は以下の状況からも、M&Aなどの業界再編の動きはますます加速すると思われ、それに連動してビジネスデューデリジェンスの需要も増えてくるでしょう。

この傾向は、この数年はほぼ株式会社によるものでしたが、今後は社会福祉法人や学校法人にも波及していきます。

その際に誤ったジャッジをしてしまうと、業界再編や地域の教育福祉環境にも支障が出てしまい、ひいてはそれが業界に悪影響を及ぼすこともあるので、慎重かつ正確に実施していかなければなりません。

# 第6章

# 保育サービス企業ランクと参考事例

この章では業界の企業ランクや業界を代表する法人、企業について紹介をしていきます。近年は株式会社の急速な事業展開が注目されており、毎年2桁成長を遂げている株式会社もたくさん存在しています。その一方で、社会福祉法人やNPO法人でも独自性を持ちながら業界に大きな影響力を与えている法人も存在します。

各社の事業特性、保育特性を分析していきます。

# 1 保育サービス企業ランキング

**日経流通新聞によると、保育サービス企業は他業種と比べて売上規模は小さいですが、成長率が極めて高く、毎年二桁成長を遂げています。**

## 軒並み二桁成長の業界大手企業

二〇一九年一一月一一日発行の日経MJの「第38回サービス業総合調査」によると、保育サービス業界の売上高は前回調査時の一三・〇%増。高い伸び率での成長を保っていると伝えられています。

業界内で売上高ナンバーワンは東証一部上場企業のJPホールディングスで、売上高三〇〇億円を突破し、前年比で八・三%増と順調に推移しています。

次いで、東証一部上場企業のライクキッズが約二三九億円、こどもの森が約二一六億円、ポピンズは約一九九億円、グローバルキッズCOMPANYが約一九六億円となっています。

当ランキングは全国保育サービス協会会員を中心としたランキングのため、一部の上場企業、大手企業が除かれていますが、ばらつきはあるものの、業界の主要企業の多くは二桁成長を遂げており、上位一〇社の昨年対比成長率の平均は約一一二%と大幅に成長していることがわかります。

しかし、一社一社を見れば、大きく成長している企業がある一方で、一桁成長が例年と比べて増えたのも事実です。

これは、企業姿勢や事業展開方針の中で、無理に急成長をせず、安定成長を選択している企業が増えていることや、用地不足、保育士不足の問題で足踏みせざるを得ない企業が増えたということが言えます。

**保育サービス企業ランキング**

| | 社名 | 部門売上高（百万円） | 前年度比伸び率（%） |
|---|---|---|---|
| 1 | JPホールディングス | 31,719 | 8.3 |
| 2 | ライクキッズ | 22,966 | 11.8 |
| 3 | こどもの森 | 21,607 | 7.9 |
| 4 | ポピンズホールディングス | 19,917 | 24.4 |
| 5 | グローバルキッズCOMPANY | 19,694 | 15.6 |
| 6 | ニチイ学館 | 15,220 | 21.2 |
| 7 | アイグラン | 14,741 | 14.8 |
| 8 | HITOWAキッズライフ | 10,772 | 13.5 |
| 9 | テノ・ホールディングス | 10,050 | 6.9 |
| 10 | アートチャイルドケア | 8,314 | 2.8 |

出典：日経MJ「第38回サービス業総合調査」（2019年11月11日）

| 上位10社平均売上高 | 17,500百万円 |
|---|---|
| 上位10社平均前年対比伸び率 | 12.70% |

**売上高の上位10社は12.7%増と2桁成長している。**

**上記以外にも、グローバルブリッヂHD、キッズスマイルHD、SERIOHD、さくらさくプラスなど上場企業が増加している。**

# 2　JPホールディングス

**業界最大手のJPホールディングスは二〇一二年三月に東証一部に上場され、長期にわたり、業界売上トップの座を不動のものにしています。**

## 業界最大手の総合保育サービス企業

JPホールディングスは子育て支援事業の最大手企業で、東証一部上場企業です。二〇二〇年三月期の連結売上高は、三二七・一億円、経常利益は二〇・〇億円です。グループ全体の施設数は二〇二一年二月時点で三〇一施設（保育園二一二園、学童クラブ七八施設、児童館一一施設）あり、子会社の日本保育サービスが運営する認可保育園であるアスク系列保育園を中心に全国展開しています。

中期経営計画において、子育て支援事業のさらなる質的向上・量的成長、新規事業の創出、保育周辺事業者との提携・連携を掲げ、二〇二一年一月には株式会社学研ホールディングスとの業務提携を開始。幼児教育の充実や保護者向けサービスの拡充など、協業による新たな価値創造に取り組んでいます。

## 保育の特徴

「未来(あす)を生きる力を培う」という保育理念のもと、子どもたちが自分らしく生きる道を歩み、どんな時代にも対応できる資質と能力を培うことを目指した保育・育成を実践しています。食育（安全でおいしい給食の提供、食育活動の実施）、子どもの興味を引き出す幼児教育プログラム（英語・体操・リトミック・知育）などに力を入れているほか、保育用品の販売、発達支援、研修などグループシナジーを最大限に活かした質の高い保育サービスを提供しています。

## 会社概要

| 商　号 | 株式会社JPホールディングス |
|---|---|
| 本　社 | 〒461-0004 名古屋市東区葵3-15-31 千種ニュータワービル17F<br>TEL：052-933-5419　FAX：052-933-5467 |
| 東京本部 | 〒108-0075　東京都港区港南1丁目2番70号 品川シーズンテラス5F<br>TEL：0570-001-335（ナビダイヤル）　FAX：03-6455-8032 |
| 事業内容 | 子会社の管理・統括および、子育て支援施設の開設等コンサルティング事業 |
| 連結子会社 | 株式会社日本保育サービス、株式会社ジェイキッチン、株式会社ジェイ・プランニング販売、株式会社ジェイキャスト、株式会社日本保育総合研究所、株式会社アメニティライフ |
| 設　立 | 1993年3月31日 |
| 資本金 | 16億395.5万円 |
| 年　商 | 317.19億円（2020年3月期 連結）　23.60億円（2020年3月期 単体） |
| 証券コード | 2749（東証一部） |
| 代表取締役社長 | 坂井　徹 |
| 従業員数 | 3,783名〔2,523名〕（2020年3月末現在 連結）<br>※従業員数は就業人数。臨時雇用者数は、〔 〕内に年間平均人員数を概数で記載 |

## 沿革

| 1993年3月 | （有）ジェイ・プランニングを設立 |
|---|---|
| 2000年4月 | 企業内に託児所 開設 |
| 2001年12月 | 郊外型大型保育園 開設 |
| 2002年8月 | 東京都認証保育所第一号 開設 |
| 2002年10月 | 東京証券取引所JASDAQ市場上場 |
| 2004年10月 | 社名を（株）JPホールディングスへ変更 |
| 2005年4月 | 認可保育園第一号 開設 |
| 2006年4月 | 学童クラブ・児童館第一号 受託 |
| 2011年3月 | 東京証券取引所 第二部上場 |
| 2012年3月 | 東京証券取引所 第一部指定 |
| 2016年9月 | 相鉄アメニティライフ（株）の全株式を取得し、（株）アメニティライフとして子会社化 |
| 2018年9月 | 企業主導型保育事業を開始 |
| 2021年1月 | （株）学研ホールディングスと業務提携契約を締結 |

出典：株式会社ＪＰホールディングスHP

3

# ライクキッズ

**保育サービス企業ランキング常連のライクキッズ株式会社は、二〇二〇年八月にライク株式会社の完全子会社となりました。認可保育園だけでなく、病院などの運営受託にも強いことが特徴です。**

## 事業所内・院内保育施設に強い

ライクキッズは、二〇二一年四月期の予想値で売上二六一億円、施設数は二〇二一年一月末時点で、受託保育事業（病院・大学・企業の事業所内保育施設運営）における施設が一四三か所、公的保育事業（認可保育園、東京都認証保育所、学童クラブ、児童館などの施設）における施設が二三二か所と、他の企業と比べて受託保育事業の施設が多いことが事業特徴です。

また、「質の高い保育サービスを提供し、売上・利益共に成長し続ける日本一の保育事業者を目指す」というビジョンのもとに、グループ連携等による保育施設の増加、保育人材の確保を強化していく方針で、二〇一九年には総合職保育士「ミライクル保育士」の導入なども行われています。

## 保育の特徴

受託保育事業の保育特徴としては、何と言っても二四時間三六五日体制です。この点については病院からの需要が大きく、管理体制やシステムが他社と大きく差別化されています。

また、公的保育事業においては、地域一体となった快適な子育て環境づくりを目指し、保護者や地域とのつながりを大切にした子育て支援サービスを実施しています。両事業ともに、一人ひとりの心に寄り添い、人や物、自然との豊かな体験を通し「自ら考え行動できる子ども」「思いやりのある子ども」を育んでいます。

## 6-3 ライクキッズ

### 会社概要

| 名　称 | ライクキッズ株式会社 |
|---|---|
| 設　立 | 2010年11月（事業会社のライクアカデミー株式会社は1989年12月） |
| 決算期 | 4月 |
| 資本金 | 7億85百万円 |
| 代表者 | 代表取締役社長　田中浩一 |
| 従業員数 | 連結5,185名（2020年4月30日現在） |
| 年　商 | 連結229億66百万円（2020年4月期） |

### 沿革

| 1989年12月 | 鎌倉市に株式会社サクセスアカデミー設立、学習塾のフランチャイズ展開 |
|---|---|
| 1991年3月 | 事業所内保育事業開始 |
| 2000年4月 | 公立病院内保育施設受託運営開始 |
| 2003年7月 | 国立大学病院内保育施設受託運営開始 |
| 2004年4月 | 認可保育園、横須賀市認可保育園「にじいろ保育園 久里浜コスモス」開園 |
| 2005年3月 | 東京都認証保育所「にじいろ保育園 町田」開園 |
| 2005年4月 | 私立大学病院内保育施設受託運営開始 |
| 2006年4月 | 浦安市高洲北小学校地区児童育成クラブ（受託運営）開所 |
| 2007年4月 | 公設民営保育園（指定管理）川崎市「塚越保育園」運営開始 |
| 2008年4月 | 企業内保育施設受託運営開始 |
| 2010年11月 | サクセスホールディングス株式会社設立 |
| 2012年8月 | 大阪証券取引所（JASDAQ市場）上場 |
| 2013年4月 | 東京証券取引所第二部上場 |
| 2014年4月 | 東京証券取引所第一部に指定 |
| 2015年7月 | ジェイコムホールディングス株式会社（現：ライク株式会社）の連結子会社となる |
| 2017年8月 | 社名をライクキッズネクスト株式会社に変更 |
| 2019年10月 | 社名をライクキッズ株式会社に変更 |
| 2020年8月 | ライク株式会社の完全子会社となり東京証券取引市場第一部上場廃止 |

出典：ライクキッズ株式会社HP

# 4 こどもの森

**こどもの森は一九九二年創業と業界の中では老舗の企業ですが、時代の流れに適応しながら、成長性かつ安定性の高い事業を拡大しています。**

## 企業立初の認可保育園を開設したパイオニア

こどもの森は一九九二年に創業し、これまで二九年間、業界の老舗企業として安定的に事業を拡大してきました。東京と埼玉では初の企業立の認可保育園を開設するなど、まさに保育サービスのパイオニアとして業界に影響を及ぼしています。

二〇二〇年九月期では売上高一二六億円となっており、認可保育所での展開がメインですが、東京都認証保育所、児童館、学童保育所などの展開も行っています。

## 保育の特徴

こどもの森が特徴的なのは、認可保育所や認証保育所などの「施設型保育」に特化していることで、事業所内・院内保育所などの法人取引などは行っていません。あくまで個人の保護者を対象とした保育所事業にこだわり、展開を続けています。

保育の特徴は、「見守る保育：子どもの違いを認め、それに寄り添い見守ります」、「環境による保育：子どもが自発的に活動でき、安心感と落ち着きのある環境を用意します」、「経験の保育：自然や社会を通した様々な経験により、より良い発達を促します」の三つの考えをベースとして、地域に密着した視野の広い保育を展開しています。また、海外の保育園視察を含め年間約八〇回もの研修を行うなど保育士の育成に力を注ぎ、保育の質だけでなく、職員の資質向上にもつなげています。

## 6-4　こどもの森

### 会社概要

| 社　　名 | 株式会社　こどもの森 |
|---|---|
| 設　　立 | 平成4年1月 |
| 代表取締役 | 久芳 敬裕 |
| 資本金 | 50,000,000円 |
| 社員数 | 3,000名 |
| 本　　社 | 〒185-0034　東京都国分寺市光町2-5-1<br>TEL:042-571-4536　　FAX:042-575-7749 |
| 事業内容 | 保育園（認可・認証保育所等）・児童館・学童保育所の運営 |
| 事業所数 | 240か所（グループ全体） |
| 地　　域 | 東京都、神奈川県、埼玉県、千葉県、他 |
| 主な法人契約・提携先 | 京成電鉄株式会社・西武鉄道株式会社・第一生命・日本生命・東京国税局・株式会社リロクラブ・株式会社JTBベネフィット　他 |

出典：株式会社こどもの森HP

### 施設紹介

遊具専門メーカーと共同設計したオリジナル遊具

隠れ家や秘密基地にもなる
子どもサイズの多様なコーナー

# 5 グローバルキッズCOMPANY

**株式会社グローバルキッズ創業から一〇年でマザーズに上場し、現在はグローバルキッズCOMPANYとして東証一部に上場しています。**

## マザーズ上場の翌年、東証一部へ

二〇二〇年の業績は、売上高が約二二一億円、経常利益約九億円という企業です。施設数は、二〇二〇年決算時点で一七六施設、毎年一〇〜二〇施設ずつ増加しています。

エリア別の認可保育所数では、東京都で九四施設、神奈川県（横浜市・川崎市）で二五施設とドミナント展開の戦略を取っています。施設類型の構成比も、全体の約七〇％が認可保育所で、二〇二〇年九月期の新規開設の施設においても、一〇施設中七施設が認可保育所の開設ということで、認可保育所の開設を重点的に行っています。

二〇一〇年より板橋区より学童クラブを受託開始。二〇一五年には児童館管理開始。二〇一九年に「児童発達支援事業所」グローバルキッズＡｃｔ清澄白河園を開設。地域の保育所や幼稚園などと連携を図り、幅広い子育て支援を提供しています。

## 保育の特徴

「豊かに生きる力を育てる」を保育理念とし、「自立と共生」をテーマに三つの保育方針を掲げています。

### 保育方針1　子どもの姿

乳幼児期は人間関係の基礎となる「自己形成」の大切な時期であるため、思う存分「自己」を発揮し、のびやかに生活していけるよう、「子どもを中心」とした保育を実践する。

**保育方針2　心の育ち**

様々な物や自然とのふれあいや、信頼できる大人との愛情深い関りが、豊かな感情を育てる。生きていくために大切な共感する心の育ちを支える保育を目指す。

**保育方針3　保育に関わる配慮**

保育者は目の前の子どもが今「何に興味があり」「何を求めているのか」をよく観察し、一人ひとりの個性を受け止め、それに合った環境を整え、働きかける。

グループの中核を担う株式会社グローバルキッズでは、保育士、栄養士、看護師から事務職まで、様々な専門家が一つのチームとして取り組む「チーム保育」を実践。それぞれの立場で、〝子どもたちが自分を発揮していく〟ための生活をサポートしていきます。

日々の遊び、食事、生活のあらゆる場面での安心した環境を整え、「遊び込める」「やりたい！」を大事にし、「やった！　できた！」という自信を育む学びや発見を丁寧にとらえ、一人ひとりの成長を支える保育を目指しています。

すべては、企業理念の『子ども達の未来のために』。



**会社概要**

| 社　名 | 株式会社グローバルキッズCOMPANY |
|---|---|
| 本社所在地 | 東京都千代田区富士見二丁目14番36号 |
| 代表者 | 代表取締役社長　中正 雄一 |
| 設　立 | 2015年10月（創業2006年1月） |
| 事業内容 | 保育施設の運営／公共施設、イベントなどにおける託児サービス／開業、経営に関する企画、支援、コンサルティング／給食請負事業／児童発達支援事業　他 |
| 資本金 | 12.6億円 |
| 決算期 | 9月 |
| 従業員数 | 3,842名（連結・パート含む）2020年10月現在 |
| 証券コード | 6189（東京証券取引所市場第1部） |

出典：株式会社グローバルキッズCOMPANY HP

# ポピンズホールディングス

**独自の教育方針のもと、業界の老舗として、「ポピンズブランド」は業界内で大きな影響力を持っています。二〇二〇年一二月には、国内初のＳＤＧｓＩＰＯとして東証一部へ株式上場されています。**

## ミッションは「働く女性の支援」

ポピンズは一九八七年三月に創業され、二〇二〇年一二月期末時点で認可保育所六七施設、認証保育所三六施設、事業所内保育所八七施設をはじめとして、施設数三二二施設、二〇二〇年一二月期売上高見込みは二二八億円と創業以来業績を伸ばし、成長をしています。

事業内容は多岐にわたり、ベビーシッター派遣、認可保育所、東京都認証保育所の運営、事業所内・大学内・病院内保育所、商業施設・ホテル内託児所の運営、学童クラブの運営、受験教室、インターナショナルスクールなどの他にも、保育の質向上のための人材育成、調査研究、教育コンテンツ開発などを行っています。

事業所内保育所の受託先としては日本を代表する大手企業や病院、有名大学が多く、業界内では「最高水準のサービスを提供する『ポピンズ』」というイメージから、ブランド力の高さが際立ちます。一九九九年五月、日本の保育サービス運営会社として初めて品質保証の国際規格であるＩＳＯ９００１の認証を取得しました。二〇二一年四月には、お茶の水女子大学にて「ポピンズ保育マネジメント講座」を開講、幅広い教育ニーズに応える新サービス「ポピンズプラス」の開始や、オンライン保育をはじめとするＤＸにも注力するなど、「保育の質」を追及しています。

今後もポピンズは業界のパイオニアとして、そしてフルラインの総合保育サービス企業として、女性が切れ目なく働き続けられるために業界を牽引することは間違いありません。

## 会社概要

| | |
|---|---|
| 社　名 | 株式会社ポピンズホールディングス |
| 設　立 | 2016年10月 |
| 本　社 | 東京都渋谷区広尾5丁目6番6号 |
| 代表者 | 代表取締役会長 中村紀子　代表取締役社長 轟麻衣子 |
| 主要子会社 | 株式会社ポピンズ、株式会社ポピンズシッター、株式会社保育士GO、株式会社ウィッシュ |

## 沿革

| | |
|---|---|
| 1985年 | JAFE（日本女性エグゼクティブ協会）設立　代表者 中村 紀子 |
| 1986年 | ナニー（教育ベビーシッター）養成開始 |
| 1987年 | ジャフィサービス株式会社（現・株式会社ポピンズ）設立<br>在宅保育サービス（個人向け）開始、セコムセンター内託児サービス開始 |
| 1990年 | EXPO'90「国際花と緑の博覧会」会場にて国際博初の託児ルーム開設 |
| 1993年 | 在宅保育サービス（法人向け）開始 |
| 1994年 | 聖路加国際病院 院内保育所開設 |
| 1997年 | ヤマト運輸事業所内保育所「こねこ保育園」開設 |
| 1999年 | ISO9001認証取得（育児・介護サービス） |
| 2004年 | 恵比寿ガーデンプレイス内に「ポピンズインターナショナルプリスクール」（現・ポピンズアクティブラーニング インターナショナルスクール（PALIS））を開設 |
| 2008年 | ハワイ州公認キッズルーム「ハワイ・ポピンズ・キッズルーム」開設 |
| 2010年 | 東京ミッドタウン内に「ポピンズアクティブラーニングスクール」開設 |
| 2012年 | 長野県・蓼科に「ポピンズ研修センター」を開設 |
| 2016年 | 株式会社ポピンズホールディングス設立 |
| 2017年 | ポピンズホールディングスがベビーシッターマッチングサイト「スマートシッター株式会社」（現・株式会社ポピンズシッター）を子会社化 |
| 2018年 | 株式会社ポピンズ 代表取締役社長 轟麻衣子就任<br>保育士の人材紹介会社「株式会社保育士GO」設立 |
| 2019年 | ポピンズホールディングスが保育所や学童運営を行う「株式会社ウィッシュ」を子会社化 |
| 2020年 | 株式会社ポピンズホールディングス 代表取締役社長 轟麻衣子就任<br>株式会社ポピンズホールディングス、東京証券取引所第一部に上場 |

出典：株式会社ポピンズホールディングスHP

# 7 フローレンス

**フローレンスはこれまで業界内では「アキレス腱」と言われた病児保育事業を事業化し、業界内で独自のポジションを確立しています。**

## 病児保育事業のパイオニア

フローレンスは二〇〇四年に代表の駒崎弘樹氏が創立した認定NPO法人です。「親子の笑顔をさまたげる社会問題を解決する」をミッションとして掲げ、業界内で普及がなかなか進まなかった病児保育という領域に、「訪問型病児保育」という、新たな事業モデルを打ち立てました。

「こどもレスキュー隊員」と呼ばれる保育スタッフの在宅による病児保育、一〇〇%対応、月会費制、教育研修制度など、業界では前例のなかった仕組みを導入し、これまでの施設型病児保育では実現できなかった対応を可能にしたのです。NPO法人ですが、持続可能な運営を実施するために財務健全性も高く、二〇一九年度の収益は約三〇億。病児保育事業単体収益でも約七・七億となっています。

## 社会問題を解決し続ける姿勢

フローレンスは病児保育事業以外にも、待機児童問題に対して「おうち保育園」という小規模保育事業や「みんなのみらいをつくる保育園」という認可保育所の展開、障害児保育・支援問題に対して「障害児保育ヘレン」、「障害児訪問保育アニー」、「医療的ケアシッターナンシー」の展開、さらには赤ちゃん虐待死問題に対して「赤ちゃん縁組」や孤育て問題に対して「こども宅食」など、様々な親子にかかわる社会問題解決法人として、業界では特異な存在感を示しています。

## 団体概要

| | |
|---|---|
| 団体名称 | 特定非営利活動法人　フローレンス（認定NPO法人　フローレンス） |
| 設立年度 | 特定非営利活動法人内閣府認証取得　2004年4月1日登記完了　法人設立 2004年4月12日認定NPO法人の取得　2012年12月7日認定NPO法人の更新　2017年12月7日 |
| 代表理事 | 駒崎 弘樹（保育士・一般財団法人日本病児保育協会 理事長・特定非営利活動法人全国小規模保育協議会 理事長） |
| スタッフ | 合計　604名（2019年4月1日現在） |
| 事　業 | 訪問型病児保育事業（フローレンスの病児保育）、小規模保育事業（おうち保育園）、認可保育事業（みんなのみらいをつくる保育園）、障害児保育事業（障害児保育園ヘレン）、障害児支援事業（障害児訪問保育アニー）、障害児保育事業（医療的ケアシッター ナンシー）、コミュニティ創出事業（グロースリンクかちどき）、働き方革命事業、みんなで社会変革事業、こども宅食事業（こども宅食・こども宅食応援団） |

## ビジョン

**ビジョン―目指すべき社会像―**

みんなで子どもたちを抱きしめ、子育てとともに何でも挑戦でき、
いろんな家族の笑顔があふれる社会

**Mission-果たす使命:**
親子の笑顔をさまたげる社会問題を解決する

**Team-私たちの組織:**
つよくてやさしい組織

**Strategy-私たちの戦略:**
社会問題を事業によって解決する

**Way-私たちの行動指針:**
スタッフの道しるべとなる8つの
“フローレンスウェイ”

出典：認定NPO法人フローレンスHP

# 8 あすみ福祉会

**社会福祉法人あすみ福祉会は埼玉県入間市から始まった社会福祉法人グループで、首都圏を中心に認可保育所、認定こども園を一六施設展開しています。**

## 茶畑の真ん中の保育園

あすみ福祉会は一九七九年に開業した保育園グループです。園名の「茶々（ちゃちゃ）」は第一号園が茶畑の真ん中にあったことから名づけられ、その後も創業時の想いとして園名に受け継がれています。

二〇二一年現在では、入間市、伊勢崎市、さいたま市、横浜市、川崎市、八千代市、千葉市、練馬区、渋谷区、新宿区、世田谷区にて計一六か所の認可保育所を運営しています。

## ビジョンは「Education is Empathy」

茶々保育園グループがビジョンとして掲げているのは「Education is Empathy──よりよく理解しあうことで、世界は変わる。」です。エンパシーとは、シンパシーのように「思いやる」「共感する」だけではなく、考え方や立場が異なっても、相手の身になって、その人のことを「よりよく理解しようとする」チカラを意味します。

子どもたちを一人の人間として見つめ、向き合ってきた同グループは、世界共通の課題とされる持続可能な社会の実現には子どもたちのチカラが不可欠と考え、このエンパシーを日々の保育・教育の柱に据えています。一人ひとり異なる発育や個性を見つめ、対話を重ね、ともに考え、深め続けながら、それぞれの興味や関心、学びを大きく広げていくことを大切にしています。やがて子どもたちの中にもエンパシーが芽生え、人と人とが、よりよく理解しあうことでよりよい未来の担い手となってほしいという願いが込められています。

対象は人だけではなく、自然や生物、物語の世界や世の中のできごとにまで広げれば、観察力や思考力、発想力や想像力もより豊かに育つはずです。そのような理想の実現を〝子どもを真ん中〟に、全力で取り組んでいます。

また、二〇一七年四月には東京都世田谷区に公園内保育園「茶々そしがやこうえん保育園」、二〇二一年四月にはSDGsの視点をコンセプトとして、「子どもも一人の市民」という考えから、積極的に街や人々と向き合い、よりよい社会づくりを考え、実践する「茶々だいかんやま保育園」が開所予定など、新しいチャレンジを展開しています。



**沿革**

| | |
|---|---|
| 昭和54年4月 | 埼玉県入間市の茶畑の真ん中に「茶々保育園」設立 |
| 平成13年4月 | 千葉県八千代市に「茶々おおわだみなみ保育園」開設（公立保育所の民営化による） |
| 平成16年4月 | 神奈川県横浜市に「柿の木台保育園」開設（公立保育所の民営化による） |
| 平成17年4月 | 群馬県伊勢崎市に「iタワー花の森保育所」開設（指定管理者として） |
| 平成20年4月 | 埼玉県さいたま市に「茶々すずや保育園」開設 |
| 平成20年4月 | 群馬県伊勢崎市「iタワー花の森保育所」の民営化により「茶々ｉタワー花の森保育園」開設 |
| 平成21年4月 | 神奈川県川崎市に「茶々いまい保育園」開設 |
| 平成23年4月 | 千葉県千葉市に「茶々まくはり保育園」開設 |
| 平成24年4月 | 東京都練馬区に「茶々おおいずみ保育園」開設 |
| 平成24年4月 | 神奈川県川崎市に「茶々なかまち保育園」開設 |
| 平成25年4月 | 「柿の木台保育園」リニューアルオープン（平成26年4月「茶々かきのきだい保育園」に園名変更） |
| 平成26年4月 | 東京都新宿区に「茶々ひがしとやま子ども園」（認定こども園）開設 |
| 平成27年4月 | 東京都練馬区に「茶々むさしせき保育園」開設 |
| 平成28年4月 | 神奈川県川崎市に「茶々むさしこすぎ保育園」開設 |
| 平成29年4月 | 東京都世田谷区に「茶々そしがやこうえん保育園」「茶々とどろき保育園」開設 |
| 平成30年4月 | 東京都世田谷区に「茶々そしがやこうえん保育園　分園　Park side」開設 |
| 令和3年4月 | 東京都渋谷区に「茶々だいかんやま保育園」開設予定 |

出典：社会福祉法人あすみ福祉会HP

# 9 アゼリーグループ

**幼稚園、認定こども園、保育園だけでなく、民間学童保育、高齢者福祉、医療など東京都江戸川区、千葉を中心に総合的な地域社会保障サポートを行っています。**

## 地域に特化して幼稚園と保育園を展開

アゼリーグループは、学校法人アゼリー学園、社会福祉法人江寿会、医療法人社団東京平成会、一般社団未来創造研究所の法人格を保有し、幼稚園、認定こども園、保育園、地域型保育事業、企業主導型保育事業、民間学童保育、高齢者福祉、医療、サッカースクールなど東京都江戸川区、千葉を中心に総合的な地域社会保障サポートを行っています。

グループの強みとしては、それぞれの事業の特徴を定期的に情報共有することで、教育や保育の質を高め合っていることです。今後はますますこれら事業類型や業態の垣根がなくなるであろう中、複合的に運営し、それぞれの事業特性を活かせるアゼリーグループには、大きな強みがあると言えます。

## 子育て、介護、医療による新時代の地域包括ケア

もう一つの強みとして、グループ内に介護施設、クリニックなどがあり、医療、福祉、教育の総合的な社会保障のサポートを行っていることが挙げられます。

グループの理念でもあり、来栖理事長の想いでもある「利用者第一主義」、「地域社会への貢献」、「仕事を通しての自己実現」の中でも「地域社会への貢献」を具現化した展開であると言えます。これからの人口減少時代において、子育てだけの支援ではなく、社会保障分野を総合的にサポートするアゼリーグループの展開は、まさに新時代のあるべき姿と言えるのかもしれません。

## 沿革と理念

| 昭和53年 | 学校法人 東京来栖学園　設立 |
|---|---|
| 平成10年3月 | 社会福祉法人 江寿会　設立 |
| 平成11年4月 | 特別養護老人ホーム「アゼリー江戸川」開設 |
| 平成11年5月 | ケアセンター「アゼリー江戸川」開設／短期入所生活介護（ショートステイ）開設／在宅介護支援センター（現：地域包括支援センター）開設 |
| 平成13年7月 | 医療法人社団 東京平成会「新小岩クリニック」開設 |
| 平成19年3月 | ケアハウス「アゼリーアネックス」開設 |
| 平成20年4月 | アゼリー塾開始／船井総研コンサルティング依頼 |
| 平成21年4月 | 学校法人　東京来栖学園を改名し、学校法人アゼリー学園（社会福祉法人・医療法人・学校法人をグループ化し、アゼリーグループへ） |
| 平成22年4月 | 社会福祉法人 江寿会「アゼリー保育園」開設／大韓民国　巨済市地域社会福祉協議会老人福祉分科との姉妹提携 |
| 平成22年7月 | 学童保育「アゼリーアカデミア」千葉ニュータウン校 開校 |
| 平成25年9月 | 地域活性化イベント「第1回　GTFスマイルチャレンジin江戸川」を開催 |
| 平成26年4月 | 学童保育「アゼリーアカデミア」新小岩校・浦安校 開校 |
| 平成27年2月 | 一般社団法人未来創造研究所　設立 |
| 平成27年4月 | 学童保育「アゼリーアカデミア」なぎさ校開校 |
| 平成27年10月 | WNI RAIN KIDS HOUSEを運営 |
| 平成28年4月 | 社会福祉法人江寿会「アゼリーアネックス保育園」開設／学童保育「アゼリーアカデミア」おゆみの校開設 |
| 平成29年4月 | 幼保連携型　認定こども園「キッズビレッジ」開設 |
| 令和3年4月 | 企業主導型保育事業「アゼリーファミーユ保育園」開設（予定） |

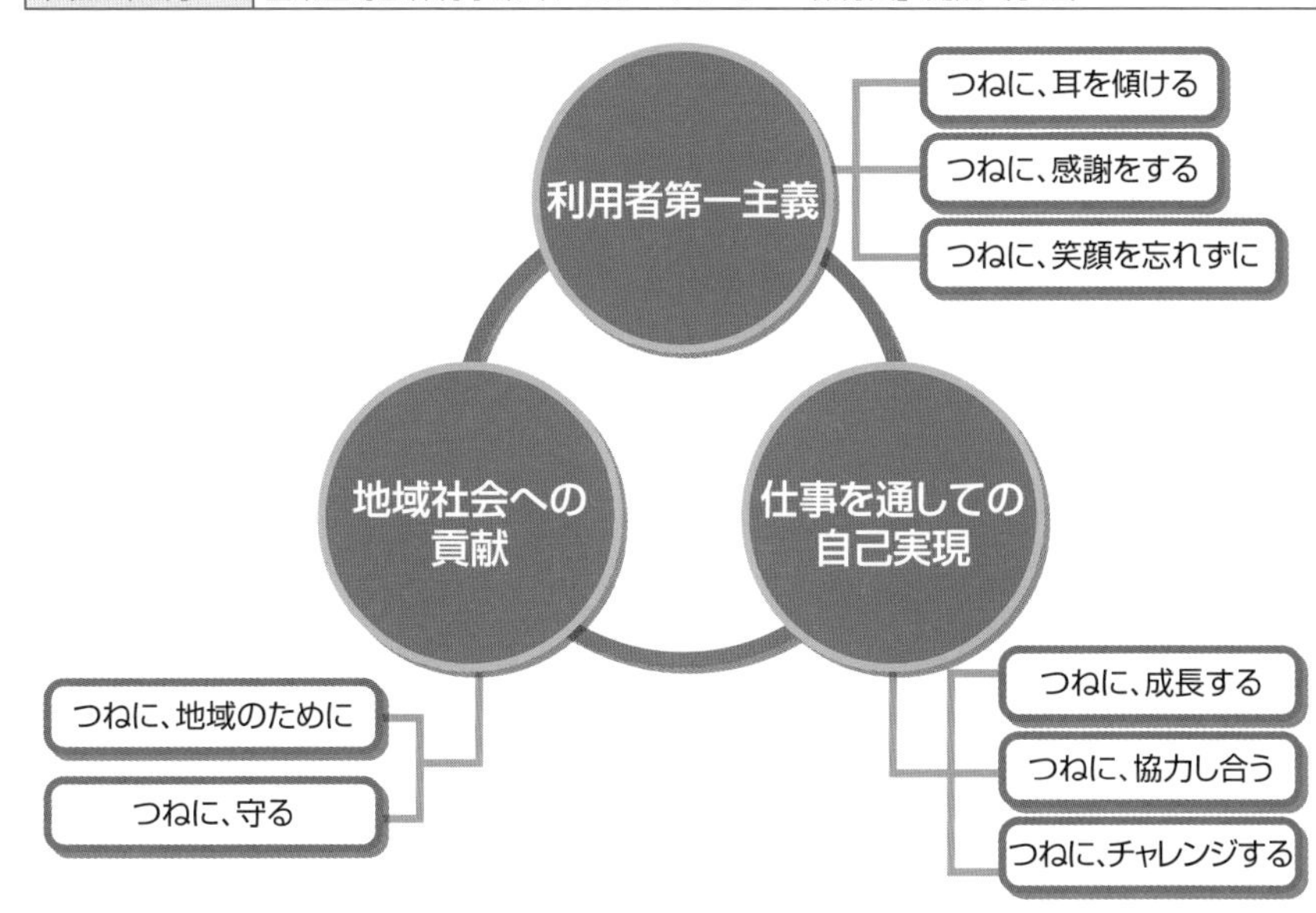

10

# 檸檬会

**檸檬会は二〇〇七年に設立、社会福祉法人としては比較的若い法人ですが、認可保育所、認定こども園、小規模保育、認可外保育施設などを全国で展開する大手社会福祉法人として、業界内での認知度を高めています。**

## 保育が主業の大手社会福祉法人

檸檬会は、二〇二〇年度の資金収支計算書で事業活動収入が約五九億円、そのうち保育事業収入が約五七億円と保育サービス業界における社会福祉法人としてはとても事業規模が大きいのが特徴です。二〇二〇年段階で、認可保育所三六施設、認定こども園五施設、小規模保育一四施設、プリスクール三施設に加えて、学童保育事業や就労移行支援事業など含めて七三施設を展開しています。

## 「三つの心」を育てる

檸檬会が運営する保育施設の保育理念は「人・命を愛する心」「自然と共に生きる心」「想像（創造）する心」の三つの心を育てることにあります。さらに、その上で、

- 子ども一人ひとりの育ちに寄り添いそれぞれの生きる力を育む
- さまざまな体験を通してしなやかな身体と豊かな感性を育む
- 人との「つながり」社会との「つながり」を育む

という「3つの保育方針」と、乳児の育児担当保育、子ども発のつながる保育、子どもの自主性を大切にしたコーナー保育、心揺さぶられる原体験と表現活動、美しい保育空間づくりなどの「13の保育内容」を設けており、〝なんだろうのその先へ〟というコンセプトが表すように、探究心をはぐくむ環境や保育が提供されています。

## 法人概要

| 法人名 | 社会福祉法人 檸檬会 |
|---|---|
| 代表者 | 理事長　前田効多郎 |
| 設立 | 平成19年2月14日 |
| 事業内容 | 第二種社会福祉事業<br>保育所の経営（認可保育園、公立保育園の移管）、地域子育て支援拠点事業の経営（子育て支援センター）、放課後児童健全育成事業の経営（放課後等デイサービス）、児童厚生施設の経営（総合福祉センター）、障害福祉サービス事業の経営（就労移行支援、グループホーム）、幼保連携型認定こども園の経営（認定こども園、公立保育園の移管）、小規模保育事業の経営（小規模保育園）、障害児事業の経営（児童発達支援）、病児保育事業の経営（認可保育園）、研修受け入れ事業、企業主導型保育事業の経営（プリスクール） |
| 法人本部 | 〒649-6432　和歌山県紀の川市古和田240 |
| 職員数 | 約1,300名（2020年12月現在　パート含む） |

## 保育理念

私たちは、全ての子どもに対し、短期的な結果を求めるのでなく、生涯消える事の無い“生きる力”「3つの心」を育てたいと思っています。

人・命を愛する心

自然と共に生きる心

想像（創造）する心

出典：社会福祉法人檸檬会HP

# 保育サービス会社が上場する意義

2021年現在で、保育園運営が主の株式上場企業はJPHDやグローバルキッズCOMPANY、ライクキッズ、テノ．HD、ポピンズHD、グローバルブリッヂHD、SERIOHD、キッズスマイルHDなど、この数年で随分増加しました。

改めて株式上場のメリットを整理すると、以下が挙げられます。

- **会社の信用度が上がる**
- **資金調達力や人材採用力が上がる**
- **創業者利益が増える（一部ストックオプションなどの従業員利益）**

それ以外にも、経営体制やコーポレートガバナンスの見直しになり、経営品質が高まることなどがありますが、概ね上の3つが大きいと思います。

特に創業者利益は、創業オーナーの個人的メリットとしては、言うまでもなく極めて大きいでしょう。

では法人のメリットとしてはどうでしょうか？

ポイントになるのは、会社の信用度や資金調達力、人材採用力が、上場前後でどの程度変わるかということです。

会社の信用度という点では、上場企業ということで管理体制や経営体制への信頼度が増し、自治体が事業者を選定する際の判断材料としてプラスに働く可能性があるかもしれません。

資金調達においてもメリットは大きいでしょう。元々保育サービス事業は、収益性にレバレッジが効かない反面、安定性が高く、金融機関のイメージや評価も高いため、融資においてはかなり優位な面がありました。さらに株主から資金調達することによって、人材や、用地、物件確保にかかる投資がしやすくなります。

人材採用力については、残念ながらさほどのメリットはないかもしれません。保育士養成校は地元の社会福祉法人や学校法人とのつながりも深く、上場しているからといって学生を優先的に紹介するわけではないからです。

一方、上場することによるデメリットは次のことが挙げられます。

- **上場コストの発生**
- **株主の経営参画による株価主義**
- **社会的責任とコーポレートガバナンスによる管理体制強化**

これらのデメリットも含めて、上場する意義、メリットがどれだけあるのかを企業ごとに判断する必要がありますが、経営者の価値観や姿勢でその判断も大きく変わるということです。

# 保育士を取り巻く環境と課題

保育所などの増加に伴い、保育士不足は年々深刻さを増しています。保育の質は保育者の質と言っても過言ではありません。幼稚園教諭や子育て支援員も含めて、保育者の環境改善は待機児童問題だけでなく、子どもたちの健全な成長や安全な環境を守るためにもとても重要なことです。

この章では、保育士を中心とした人材の市場動向、実態、環境改善のポイントについてお伝えしていきます。

# 1 保育士の三つの市場

**保育士には大きく三つの市場があります。三つの市場ごとに性格や特徴は変わりますので、まずはマクロにその市場を捉えていきましょう。**

## 保育士登録者数と従事者数

二〇二〇年に厚生労働省が発表した「保育士の現状と主な取組」によると、二〇一九年四月一日時点の保育士登録者数は一五九・八万人、二〇一八年時点の常勤換算ベースの従事者数は五八・八万人となっています。

保育士の市場は以下の三つに分類されます。

①労働市場……現場で従事している保育士の市場
②潜在市場……現場で従事していない保育士の市場
③創出市場……新たに保育士資格を取得する市場

つまり、①の労働市場が五八・八万人で、全体の約三六%に留まるということになります。

## 労働市場と創出市場の変化

労働市場の五八・八万人には、継続して働いている保育士と離職する保育士が存在します。後述しますが、保育士の離職率は、平均すると一五%前後と考えられます。とすれば、毎年八・八万人程度は離職しており、そのうちの一部は潜在市場に流れています。ちなみに二〇一四年時点での労働市場は四三万人だったので、四年間で約一五・八万人の増加、年単位では毎年四万人弱増加し続けてきたということになります。

一方で創出市場においてはこの数年大きな変化はなく、養成校を卒業する学生は毎年約三・九万人、保育士試験の合格者は約一・四万人、合わせて約五・三万人ですが、保育所などに就職しない学生や資格取得しても就業しない保育士も多くいるため、実際には三〜四万人程度が現場で従事していると考えられます。

## 潜在市場の内訳

潜在市場は、いったん就業した後に離職して復帰しない保育士などで、保育士の市場で最も大きく、最も増えている市場と言えます。その数は二〇一八年時点で九五・三万人と労働市場の約一・六倍の規模です。二〇一三年時点では七六万人だったので、五年間で一・二五倍に膨れ上がっています。

この市場が拡大している要因は、先ほど述べた通り、養成校を卒業した学生の約半数が保育所など以外の福祉施設や幼稚園、その他一般企業に勤めていること、保育士試験の合格者の一部が資格を取得しても従事していないこと、保育従事者の一部が離職して潜在市場に流れ込んでいることと推測されます。一方で国の政策での後押しも含めて潜在市場から労働市場へ流れる動きもありますが、働き方や雇用形態のミスマッチ、賃金に対する不満などから十分な人数が労働市場に流れていません。

**保育士の市場**

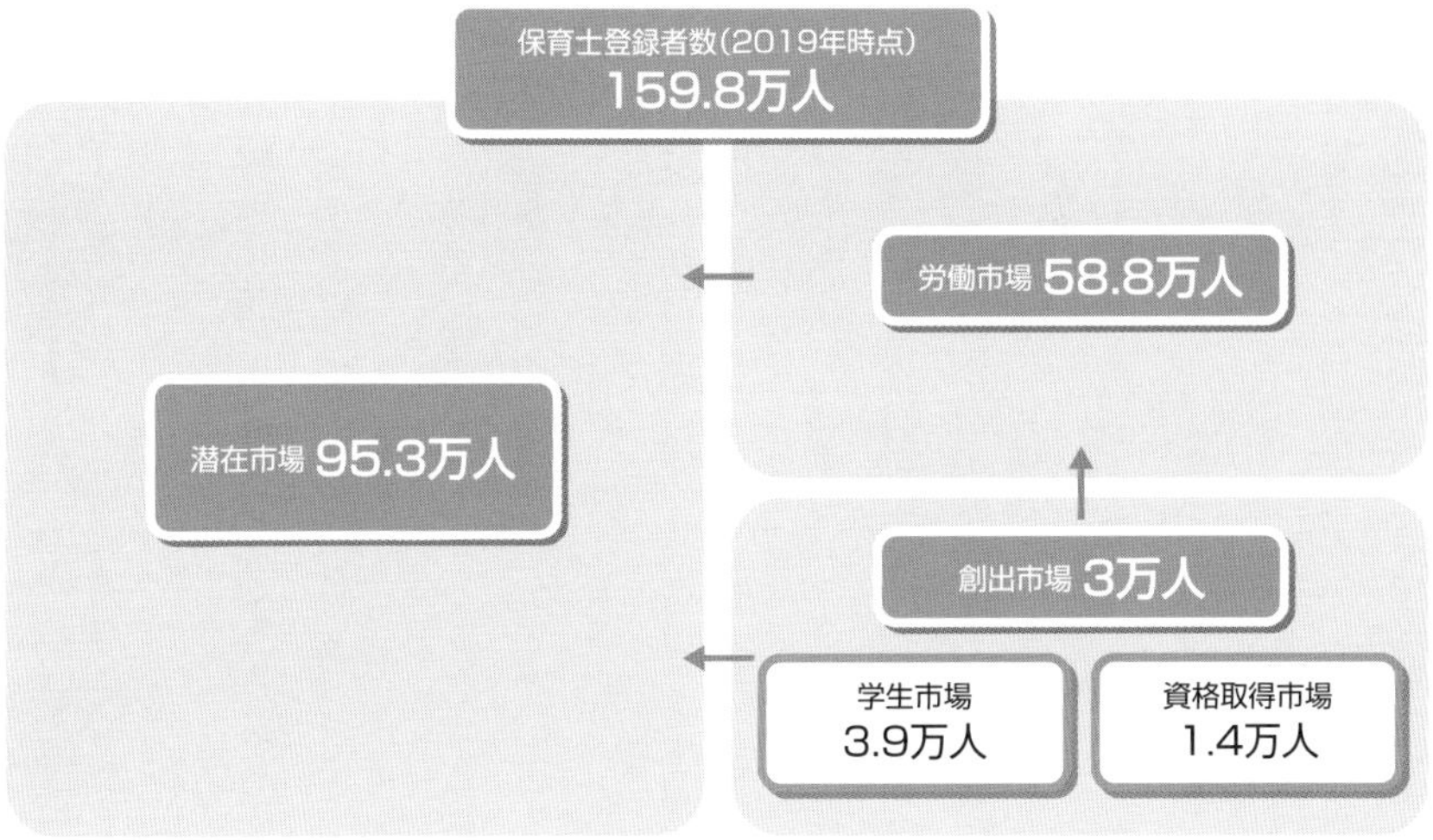

# 2 年々高まる保育士の有効求人倍率

保育士の有効求人倍率は年々高まる一方で、それと連動して保育士採用は難しくなっています。その状況を見てみましょう。

## 有効求人倍率は二・四五倍

厚生労働省の一般職業紹介状況によると、二〇二〇年度四月時点での保育士の有効求人倍率は二・四五倍となっています。全業種の平均値が一・二三倍なので、ほぼ倍の数字です。

有効求人倍率は年末に向けて上昇する傾向があり、二〇一九年一二月では三・八六倍まで引き上がりました。これは、一人の保育士の採用を四法人で競争し合っている状況ということにほかなりません。

## 都道府県別の状況

有効求人倍率を都道府県別に見たデータから、二〇一九年度四月時点で高い順に都道府県を並べると、東京都、大阪府、宮城県の順番でしたが、二〇二〇年度四月時点では広島県、大阪府、宮城県となっています。東京都が四・四二倍から三・四一倍に下がっている一方で、広島県は三・三六倍から四・三七倍へと上がっています。

理由として考えられるのは新型コロナウイルスの影響です。東京都を含む七都道府県で緊急事態宣言が発令されたのは四月七日、強い自粛要請を受けて、多くの園が休園しました。そのため四月はそれらの地域においては求人数も求職数も激減しており、通常時の数字とは言い難い状況になっていたと考えられます。

しかし、それでも東京、大阪、埼玉などは三・〇倍を超えており、緊急事態宣言解除後の二〇二〇年六月以降、保育業界においては雇用情勢も回復傾向にあります。その後も保育の受け皿整備が強化されている状況からも、二〇二一年以降はさらに数字が上がる可能性があると見られます。

## 新型コロナの影響と中長期の動向

ちなみに二〇一七年一二月が三・四〇倍、二〇一八年一二月が三・六四倍となっていることからも、年々有効求人倍率は上がり、それに伴い、**保育士採用の競争が激しくなっている**ことがわかります。二〇二〇年度は新型コロナウイルスの影響を受けて求人倍率が下がるという予想もありますが、景気に左右されにくいのが保育業界の特徴であることからも、大幅な減少は考えにくいと捉えています。

しかし、二〇二一年度以降の新プランからは徐々に供給スピードが落ちることが予想されます。よって、中長期的には、保育士の有効求人倍率は減少する可能性もありますが、地方を中心とした利用者の減少、潜在保育士の増加傾向、養成校卒業生の減少などの要因などが重層的に重なることから、随時慎重に見ていく必要があります。

**保育士の有効求人倍率の推移（全国）**

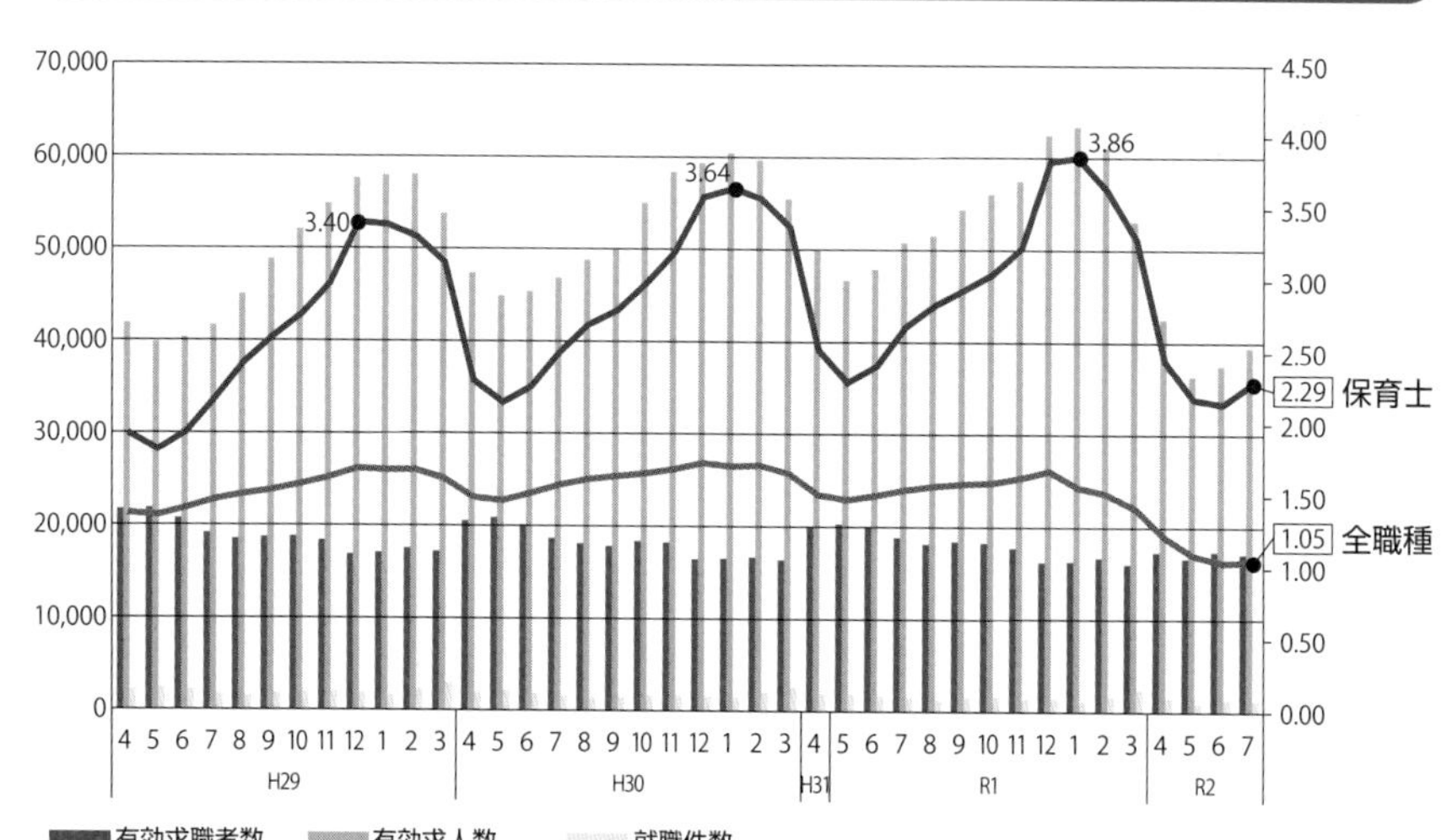


出典：厚生労働省「一般職業紹介状況（職業安定業務統計）」
https://www.mhlw.go.jp/content/000677824.pdf

# 3 保育士の賃金動向

**保育士が思うように増えない、保育士の資格を持っていても現場で働かない潜在保育士が増える理由として、国が最大の課題として位置づけているのが、賃金の問題です。その状況を見てみましょう。**

## 保育士の平均年収

左図の通り、令和元年度賃金構造基本統計調査によると、保育士の全国平均年収は、三六三・五万円となっています。

二〇一五年時点では三二三・三万円だったので、一二%増加しています。この理由は次節で説明しますが、国の政策に基づいた保育士の処遇改善加算制度が大きく寄与しています。国が子ども・子育て支援新制度以降強化してきた処遇改善の結果としてどのように捉えるか、また、絶対額としてこの水準が保育に従事する人たちにとって十分満足する水準なのかは賛否両論あることでしょう。

## 全産業と保育士の平均年収比較

全産業と保育士の平均年収を比較してみましょう。二〇一九年時点における全産業の平均年収は五〇〇・七万円、二〇一五年時点では四八九・二万円でしたから二%ほど増加しています。しかし伸び率は、保育士と比べると明らかに低いです。

全産業平均との差こそ詰まってきているものの、金額的には未だ大きな開きがあるのが実態です。平均年齢が低く、勤続年数も短い保育業界と全産業を一律に比較するのは少々乱暴ではあるのですが、それでも大きな差があるため、さらなる処遇改善が求められているのです。

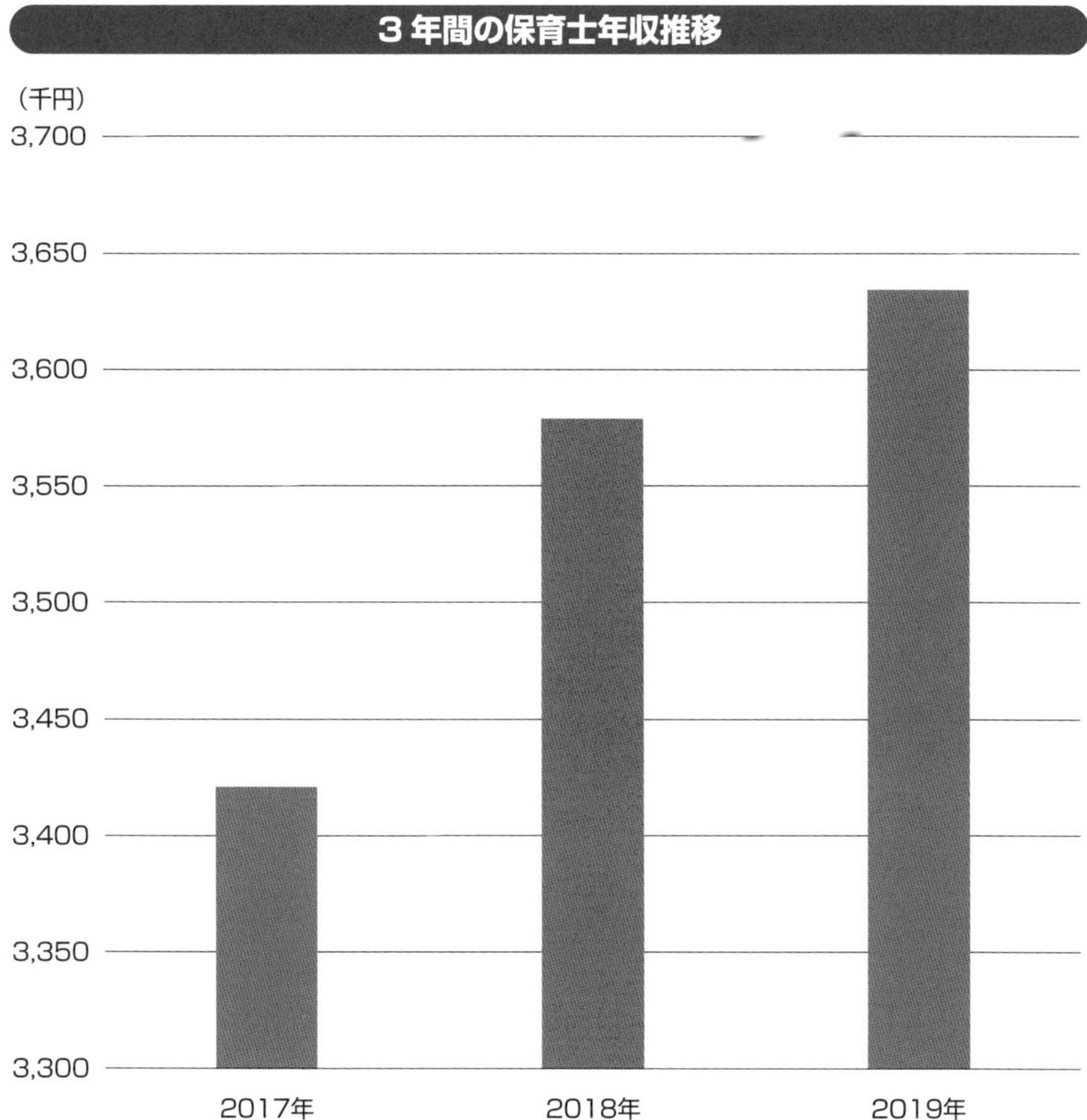


(単位:千円)

| | 2017年 | 2018年 | 2019年 |
|---|---|---|---|
| 決まって支給する給与額 | 230 | 239 | 245 |
| 年間賞与その他特別給与額 | 663 | 708 | 701 |
| 合計 | 3,421 | 3,579 | 3,635 |

出典:厚生労働省「令和元年度賃金構造基本統計調査」

4

# 保育士の処遇改善

**保育士不足という喫緊課題の中で、処遇改善および財源の確保は非常に重要になります。これまでの処遇改善の経緯と、その具体的内容を把握していきます。**

## 処遇改善の歴史と財源

左図の通り、二〇一三年から毎年、保育士の処遇改善が行われています。特に子ども・子育て支援新制度がスタートしてからは、人事院勧告に準拠した改善分に加えて、消費税財源の公定価格に組み込まれる形で処遇改善加算がつきました。さらに追加財源となる〇・三兆円メニューと技能・経験に着目した処遇改善制度として、処遇改善加算Ⅱによる改善が図られるようになりました。二〇一九年度以降は新しい経済政策パッケージによってさらに改善が図られています。

## 処遇改善加算Ⅱ

特筆すべきなのは、保育士などの技能・経験に着目したさらなる処遇改善制度としてスタートした処遇改善加算Ⅱです。左図の通り、キャリアアップできる組織体制の構築に応じた加算制度で、キャリアアップ研修による技能習得に応じて、副主任保育士や専門リーダー、職務分野別リーダーといった役職を設定し、それに応じて給与や手当に充当するという制度です。

この制度は毎年改定や緩和を重ね、徐々に利用しやすい形に変化してきました。まだまだ同法人内における施設類型や業態の違いへの対応などの課題は残したままですが、これによって処遇改善が図られたことは事実です。二〇二一年度以降も国の方針により保育士確保対策と併せて処遇改善は進むことが予想されますので、それに期待したいところです。

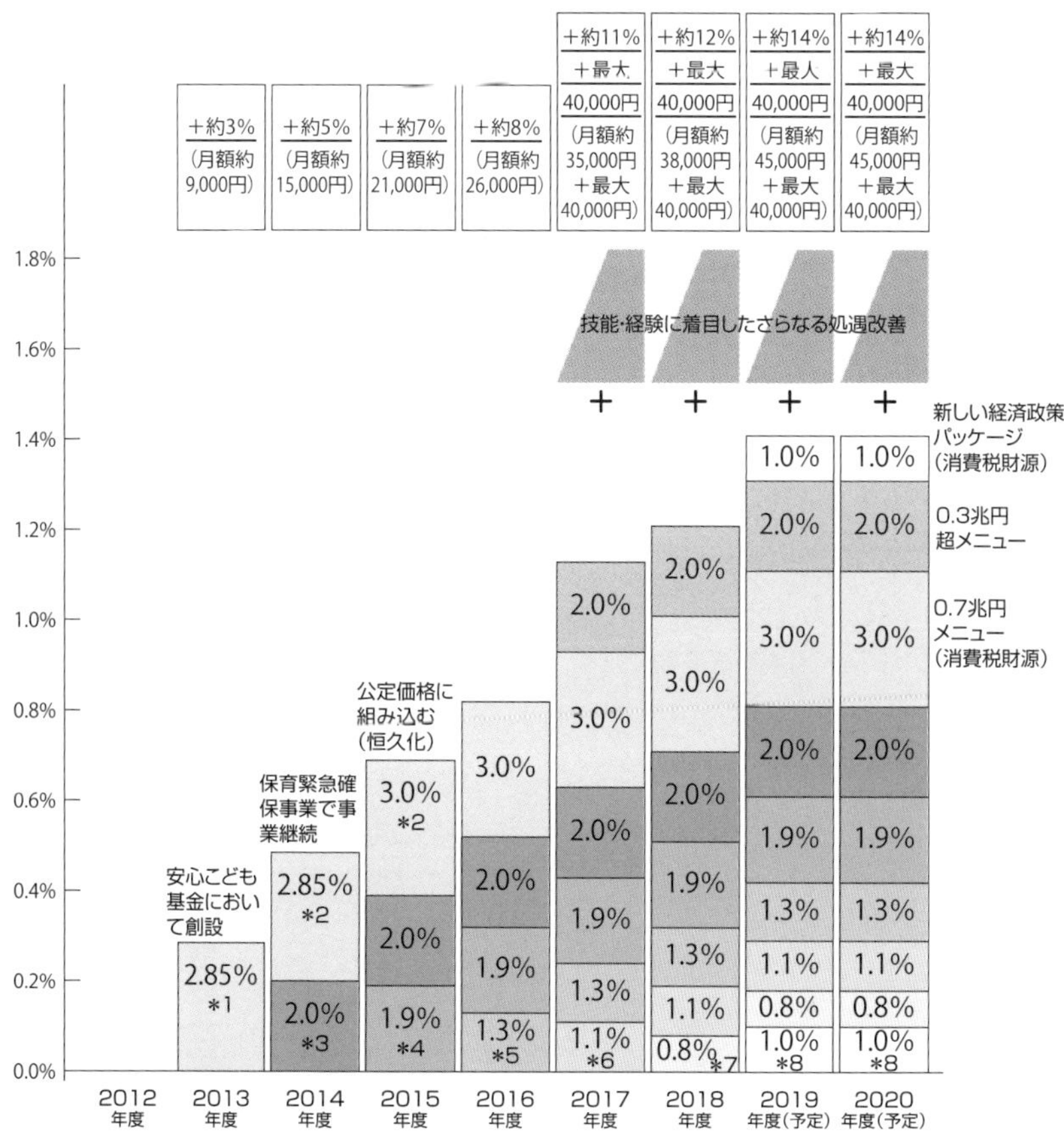


*1:処遇改善等加算(賃金改善要件分)消費税財源以外
*2:処遇改善等加算Ⅰ(賃金改善要件分)消費税財源
*3:平成26年人勧準拠(26補正)
*4:平成27年人勧準拠(27補正)
*5:平成28年人勧準拠(28補正)
*6:平成29年人勧準拠(29補正)
*7:平成30年人勧準拠(30補正)
*8:令和元年人勧準拠(R元補正)

※処遇改善等加算(賃金改善要件分)は、2013、2014年度においては「保育士等処遇改善臨時特例事業」により実施
※各年度の月額給与改善額は、予算上の保育士の給与改善額
※上記の改善率は、各年度の予算における改善率を単純に足し上げたものであり、24年度と比較した実際の改善率とは異なる。

出典:厚生労働省子ども家庭局「全国厚生労働関係部局長会議」資料(令和2年1月17日)

# 5 保育士の離職の実態

**保育士の勤務年数や離職率はどの程度で、またどんな理由で離職しているのでしょうか？　その実態をお伝えします。**

## 経験年数と離職率

かなり古いデータになりますが、二〇一三年に厚生労働省が発表した「社会福祉施設等調査」によれば、勤務年数八年未満の保育士が全体の約五〇％を占めています。つまり、保育業界は経験年数が少ない層の保育士が多く、中間層保育士が少ないというピラミッド構造になっているのです。養成施設を卒業し、新人で保育現場に入っても、四年未満という短期間で退職する保育士が多いという傾向が見えてきます。

また、離職率においては、保育所に勤務している保育士約三二万人のうち、退職者は約三・二万人で、保育所全体の離職率は一割程度となります。

## 離職理由

東京都がまとめた「平成三〇年度東京都保育士実態調査報告書」によると、保育士を辞めた理由で多いのが、「職場の人間関係」「仕事量が多い」「給料が安い」という回答です。結婚や妊娠出産で退職する割合よりもこれらの理由で辞める保育士が多いことから、退職をして保育現場に転職をせず潜在保育士になる保育士の中でも、復帰を望まない保育士が多いことがわかります。これが潜在保育士の掘り起こしに国も事業者も苦労している根本的な理由です。特に職場の人間関係が理由で辞める保育士が圧倒的に多く、現場のマネジメントはこれまでも、そしてこれからも保育の質を高めるために非常に重要な課題になります。

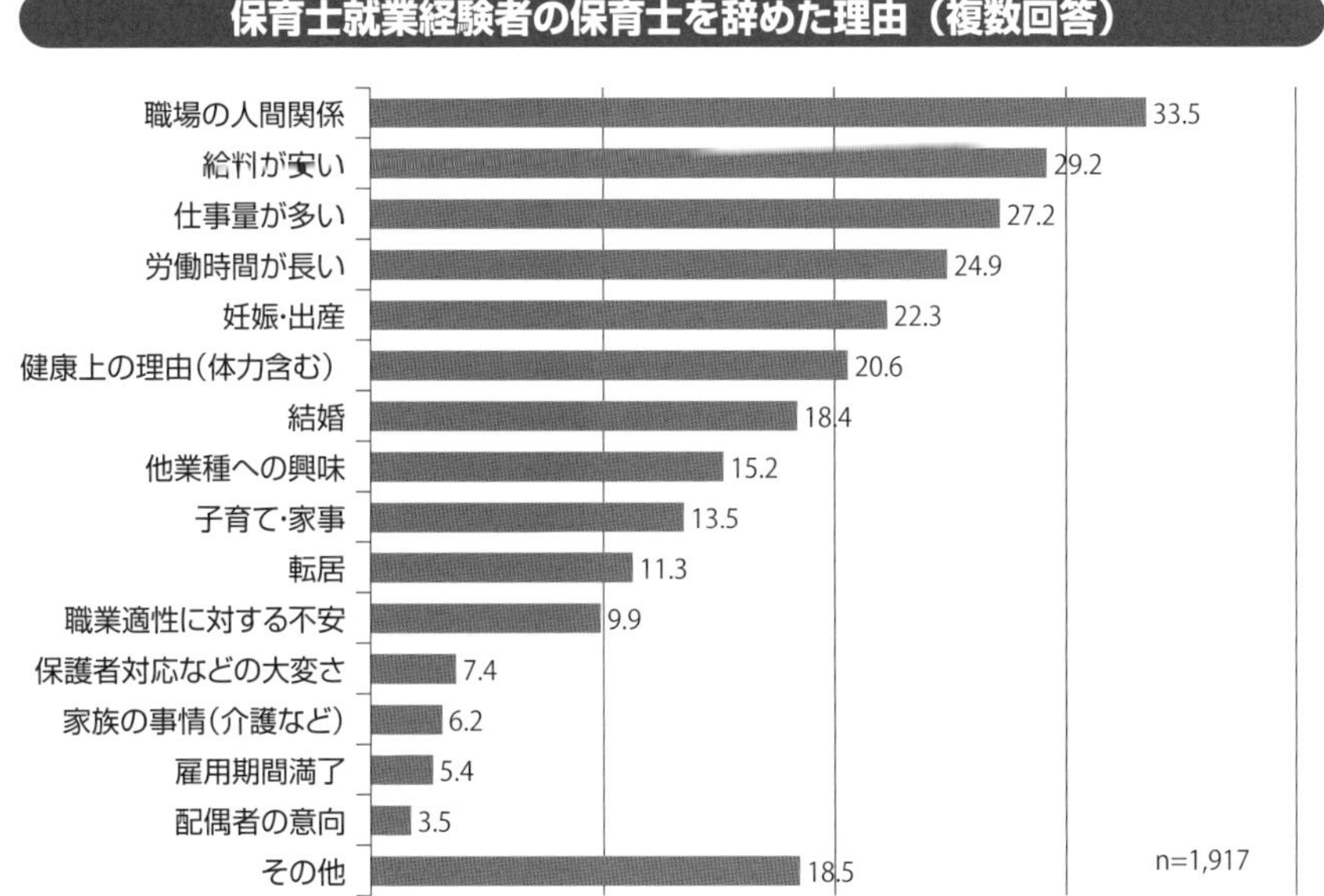
保育士就業経験者の保育士を辞めた理由（複数回答）
職場の人間関係 33.5
給料が安い 29.2
仕事量が多い 27.2
労働時間が長い 24.9
妊娠・出産 22.3
健康上の理由（体力含む） 20.6
結婚 18.4
他業種への興味 15.2
子育て・家事 13.5
転居 11.3
職業適性に対する不安 9.9
保護者対応などの大変さ 7.4
家族の事情（介護など） 6.2
雇用期間満了 5.4
配偶者の意向 3.5
その他 18.5
n=1,917
0.0
10.0
0.0
30.0
40.0

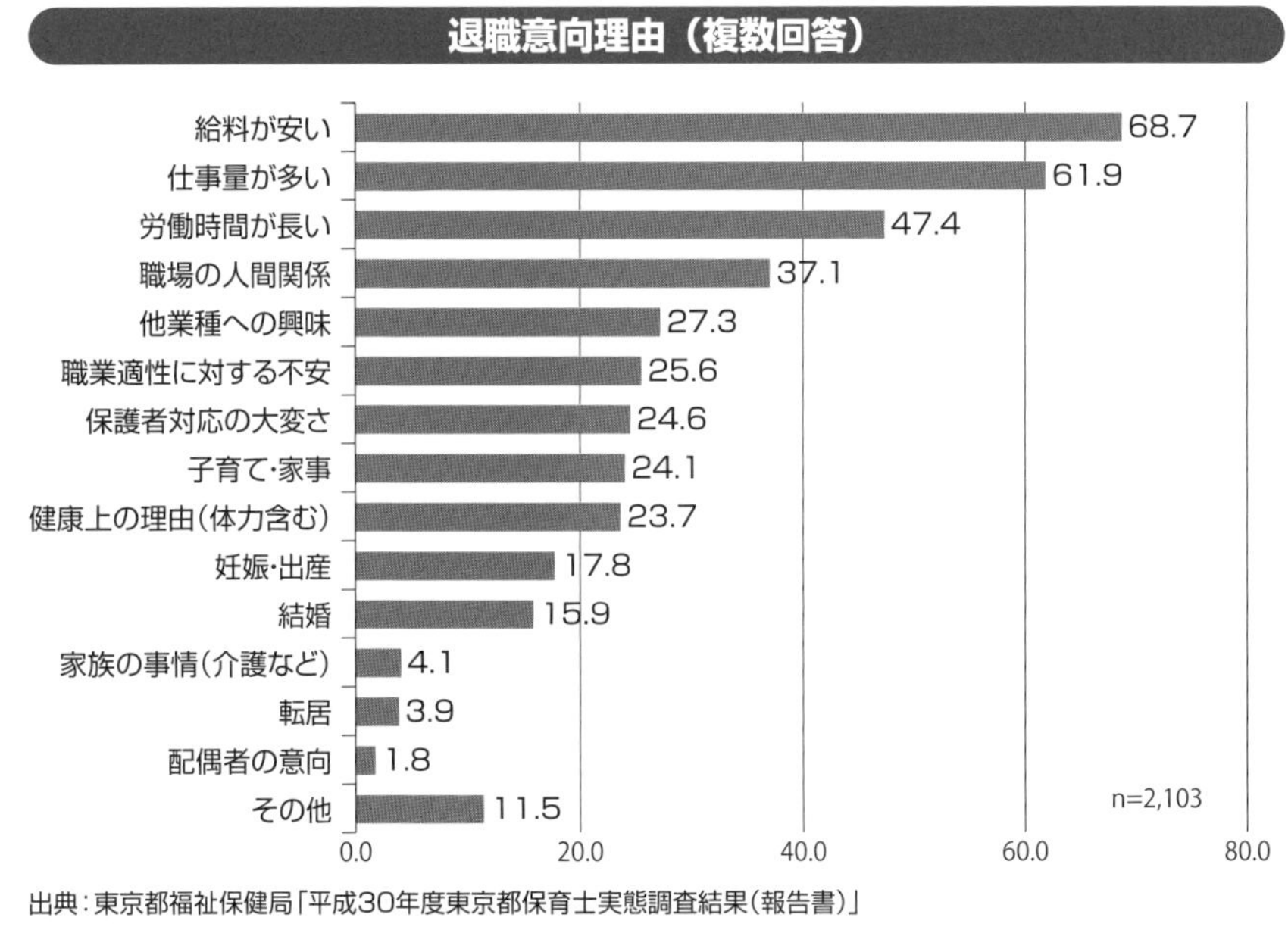
退職意向理由（複数回答）
給料が安い 68.7
仕事量が多い 61.9
労働時間が長い 47.4
職場の人間関係 37.1
他業種への興味 27.3
職業適性に対する不安 25.6
保護者対応の大変さ 24.6
子育て・家事 24.1
健康上の理由（体力含む） 23.7
妊娠・出産 17.8
結婚 15.9
家族の事情（介護など） 4.1
転居 3.9
配偶者の意向 1.8
その他 11.5
n=2,103
0.0
20.0
40.0
60.0
80.0

出典：東京都福祉保健局「平成30年度東京都保育士実態調査結果（報告書）」

# 6 人材が定着する組織づくり

**人材が定着する組織を創るためにはどんなポイントを大切にしなければならないのでしょうか？ その考え方と方法をお伝えします。**

## ハーズバーグの二要因理論

アメリカの臨床心理学者、フレデリック・ハーズバーグの二要因理論＊を保育業界に落とし込むと、**働きやすさ要因**（**衛生要因**）と**働きがい要因**（**動機づけ要因**）はそれぞれ、次のように分類されます。

**働きやすさ要因**

法人の政策・方針・理念、管理・マネジメント体制・業務内容、トップや上司との相性・関係性、職場環境・利便性、給与・休暇、同僚との関係、部下との関係

**働きがい要因**

達成感、役割実感、保育そのもののやりがい、責任感・使命感、昇進・キャリアアップ、成長・能力向上

働きやすさ要因は基準以下の場合不満の要因になり、働きがい要因は基準以上だと満足の要因になります。つまり、人材を辞めさせず、定着率を高めるには、まずは働きやすさ要因を充実させることが重要で、その上で働きがい要因を高めるという順番が職員の定着においては重要になります。

## 働きやすさ要因を高めるために

前節でも触れたように、保育士が離職する理由として多い人間関係、仕事量、給与などの条件は、すべて働きやすさ要因に該当します。給与については前述した国の制度も活用して処遇改善などを強化することが中心になりますが、人間関係の改善は一朝一夕ではできません。ある程度長期的なスタンスで、価値観、理

＊**二要因理論**　アメリカの臨床心理学者であるフレデリック・ハーズバーグが提唱した職務満足・職務不満足を引き起こす要因に関する理論。人のモチベーションの要因は、「動機付け要因(Motivator Factors)」と「衛生要因(Hygiene Factors)」の2種類に分けて考えるべきという主張を展開した。

念、カルチャーを浸透させるミッションフィット、組織に対する心理的安全性や組織の未来に共感するエンゲージメントの向上、仕事の楽しみや意義、未来への可能性によるモチベーションマネジメントの強化などの施策が重要になります。

また、仕事量や労働時間においては、単純に業務時間が長いというのもさることながら、保育に集中できる時間や保育に向き合える時間、さらには、保育者同士が議論し合える時間の確保ができないという視点や持ち帰り仕事が減らない、結果的に業務時間が変わらないなどといった不満が深刻です。

そこで保育サービス業界では二〇一五年頃を皮切りに**ICTの普及**が進みました。このICTの定着や働き方改革の浸透によってかなり改善されていますが、さらなる業務の効率化を図り、デジタル化やDXも積極的に取り入れることで、省力化・省人化の努力を進めていくことが大切です。



**働きやすさ要因と働きがい要因**

| 衛生要因(働きやすさ要因) | 動機づけ要因(働きがい要因) |
|---|---|
| 1. 法人の政策・方針・理念 | 1. 達成感 |
| 2. 管理・マネジメント体制・業務内容 | 2. 役割実感 |
| 3. トップや上司との相性・関係性 | 3. 仕事そのもののやりがい(価値) |
| 4. 職場環境・利便性 | 4. 責任(使命感) |
| 5. 給与・休暇 | 5. 昇進・キャリアアップ |
| 6. 同僚との関係 | 6. 成長・能力向上 |
| 7. 部下との関係 | |
| 基準以上の維持が必要!<br>維持できなければ、不満の要因になる! | なくても不満にはならない。<br>ただ満たされれば、満足の要因になる! |

# 7 働き続けたい組織づくりへ

**人が辞めない組織は組織づくりの第一歩ですが、目指すべきは「ここで働き続けたい」というロイヤリティの高い「人財」を育成することです。**

## 働きがい要因を高める方法

前節でお伝えした通り、働きがい要因には、達成感、役割実感、保育そのもののやりがい、責任感・使命感、昇進・キャリアアップ、成長・能力向上といったものがあります。

ここで根本に立ち返ると、保育者は何故保育士や幼稚園教諭になったのでしょうか？　子どもが好きだから、兄弟の世話が好きだったから、通っていた幼稚園、保育園の先生が好きだったから、子どもが成長する姿を見たいからといった理由が代表的でしょう。

改めてこの根底にある動機に対して向き合う必要があります。しかし、日々の業務の中で本人も周囲もそのことを忘れがちです。ですから、それを仕組みとして導入することをお勧めします。

たとえば、達成感は、子どもの成長が実感できた瞬間、保護者に感謝された瞬間、先輩に褒められた瞬間に感じるものです。ならば保護者の感謝の声をナレッジする、朝礼や会議などを活用して職員同士が褒め合う時間を作るなどです。よって、自己目標の設定に結び付く研修、定期的な1on1ミーティングの実施、それに連動した人事評価制度や成長支援制度を構築するのも一つの方法です。

## 最も大切なのはトップの意識変革

働きやすさを改善することも、働きがいを向上することも、すべてはトップ、つまりは園長や施設長の意識で大きく変わります。

多くの園長や施設長は、いきなり園長や施設長になったわけではなく、保育現場を長年経験してきた方がほとんどです。また、一般の保育者と同様に、元々は子どもが好きでこの世界に入ってきていますから、どうしても「**プレイヤー型**」の人が多いのが特徴です。

しかし、これから求められるのは「**マネージャー型**」です。下の図のようにプレイヤー型とマネージャー型では考え方が大きく異なります。たとえば、組織文化においては、プレイヤー型のトップは自身が管理する園以外の交流を嫌がる、他を寄せつけない、自身の王国のような縦割り的、クローズド的な文化を形成することも、決してない話ではありません。

また、アイデンティティにおいても、プレイヤー型園長は自身の経験と知識による尊厳を前提としますが、マネージャー型はそこには固執せず、それ以上に、法人の法人理念や保育理念、法人のビジョンや保育目標を理解、定着、共感させることで、アイデンティティを作ります。このように、トップが意識改革をして、**プレイヤー型からマネージャー型に転換**することが、変化が激しい時代には求められるのです。



**プレイヤー型園長とマネージャー型園長の特徴**

| | これまで（プレイヤー型園長） | これから（マネージャー型園長） |
|---|---|---|
| ①組織文化 | 縦割的・クローズド的 | 横断的・オープン的 |
| ②リーダーシップ | 統制・統率 | フラット・フォロワー |
| ③アイデンティティ | 保育技術・経験による尊厳 | ミッション・ビジョンへの共感 |
| ④仕事への関与 | 自ら現場業務に関与 | 積極的な権限移譲 |
| ⑤心理的安全性 | 低い・トップダウン | 高い・ボトムアップ |
| ⑥決済可能領域 | 少ない（本部主導） | 多い |
| ⑦マネジメントスキル | OJTベースのマネジメント論の習得 | 外部を活用した問題発見力の習得 |
| ⑧経営管理・数値管理 | 定性的・情緒的管理 | 定量的（KPI）・論理的管理 |

8

# 保育士採用の全体像

**慢性的な保育士不足が今後も続くことが予想される中で、事業規模問わず、持続的成長を目指すためには計画的な採用が必要になります。**

## 採用計画を立てる

保育サービス業の採用計画は、新規開設する施設計画と離職数に紐づきます。新規開設においては、人員配置計画に基づいて、必要な保育士数を設定します。

一方で離職数においては、秋から冬にかけて、職員に雇用継続意思を確認し、離職状況に応じて、新たに必要になる人数を設定します。その上で、予算計画を立てます。ある程度業歴の長い企業・法人であれば、過去の採用コストから予算イメージを設定することはできますが、まだ短い企業・法人の場合は、そのイメージが立てにくいため、思いもよらぬコストが年度末時点で降りかかり、キャッシュフローを悪化させるというケースがよく起こりますので、注意が必要です。

## 保育士採用フロー

左図をご覧ください。自社の採用や人材への想いや求める人材像を定義した上で、媒体・メディアなどの選定を行い、適切なタイミングでメッセージの伝達を行い、結果的に必要な人材が採用できるよう、フローを整理します。

具体的には、**母集団形成・接点フェーズ**、**欲求喚起・共感フェーズ**、**採用・フォローフェーズ**でそれぞれに必要な採用活動を実施していきます。たとえば、転職や復帰などが多くを占める「労働市場」では、求人サイトやダイレクトリクルーティングがメインになりますが、「創出市場」の中の養成校市場においては、養成校との関係構築、求人掲載などがメインになります。

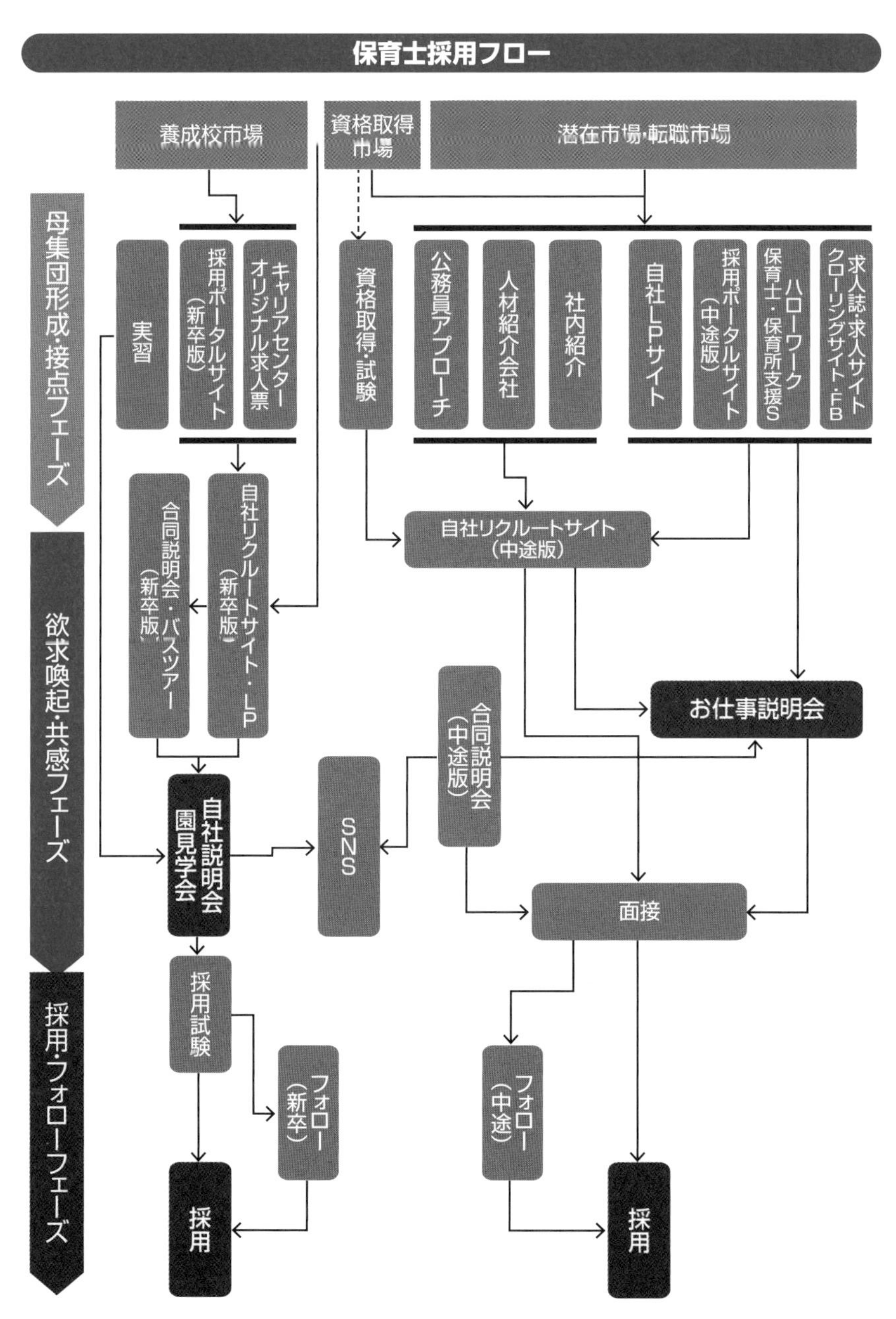
保育士採用フロー
養成校市場
資格取得市場
潜在市場・転職市場
母集団形成・接点フェーズ
欲求喚起・共感フェーズ
採用・フォローフェーズ
実習
採用ポータルサイト（新卒版）
キャリアセンターオリジナル求人票
資格取得・試験
公務員アプローチ
人材紹介会社
社内紹介
自社LPサイト
採用ポータルサイト（中途版）
ハローワーク保育士・保育所支援S
求人誌・求人サイトクローリングサイト・FB
合同説明会・バスツアー（新卒版）
自社リクルートサイト・LP（新卒版）
自社リクルートサイト（中途版）
お仕事説明会
合同説明会（中途版）
自社説明会園見学会
SNS
面接
採用試験
フォロー（新卒）
フォロー（中途）
採用
採用

# 9 新卒採用の動向と実態

前節を前提に、新卒採用について深掘りをしていきます。保育サービス業界は養成校が存在するため、事業者の大小問わず、新卒採用が非常に重要な採用活動になります。

## 新型コロナで新卒採用は大きく変化

新型コロナウイルスによる社会の変化やニューノーマルによって、保育サービス業界の新卒採用は大きく変化しました。

学生の意識、養成校周り、採用チャネル、認知・興味、選考・内定、内定者フォローの六項目において、それぞれに変化があります。これらの変化は今後のニューノーマルになる可能性が高いため、要所を押さえて取り組む必要があります。

特に学生の意識変化としては、リモート授業やオンライン面接、説明会対応による混乱があったこと、それに伴い都市部への就職が減り地元志向に転化したこと、実習時期が遅れるなどのリスクから内定の早期化がさらに加速したことなどが挙げられます。

また、以前は法人が所在するエリア同士での採用競争が一般的でしたが、特に東京を中心とした首都圏における大規模事業者、全国展開する事業者が全国の養成校へアプローチを実施していることからも、近年の傾向では、もはや近隣同士の競争ではなく、全国どこでもこれら事業者と競争をすることが避けられなくなりました。それにより地方の学生が首都圏や都市部に流出し、家賃の補助を受けて、住みながら働くという姿を多く見かけます。

## これからはマーケティング活動が重要

以前のように売り手市場ではなかった頃の新卒採用は、養成校に求人票を掲示してもらい、実習生を受け入れ、HPを設けていれば、それなりに採用できたものでした。しかし、二〇二一年現在から当面は新卒採用の難易度が上がるのは必至です。よって、そのような単純作業からマーケティング活動へ変化させていかなければなりません。

下図は**採用マーケティングファネル**という考え方です。ポイントは、次の三点になります。

①入職前と後それぞれにおいて、採用管理・数値管理を戦略的にすること

②各フェーズに分類して、最新の採用活動を実践していくこと

③内定後からのオンボーディング・定着がますます重要になること

それらに加えて、今後はオンラインとオフラインのハイブリッドの最適化を図ること、より長期目線での採用活動をするためにナーチャリングと言われる学生の育成、そして、個別対応を図ることが重要になります。

採用マーケティングファネル

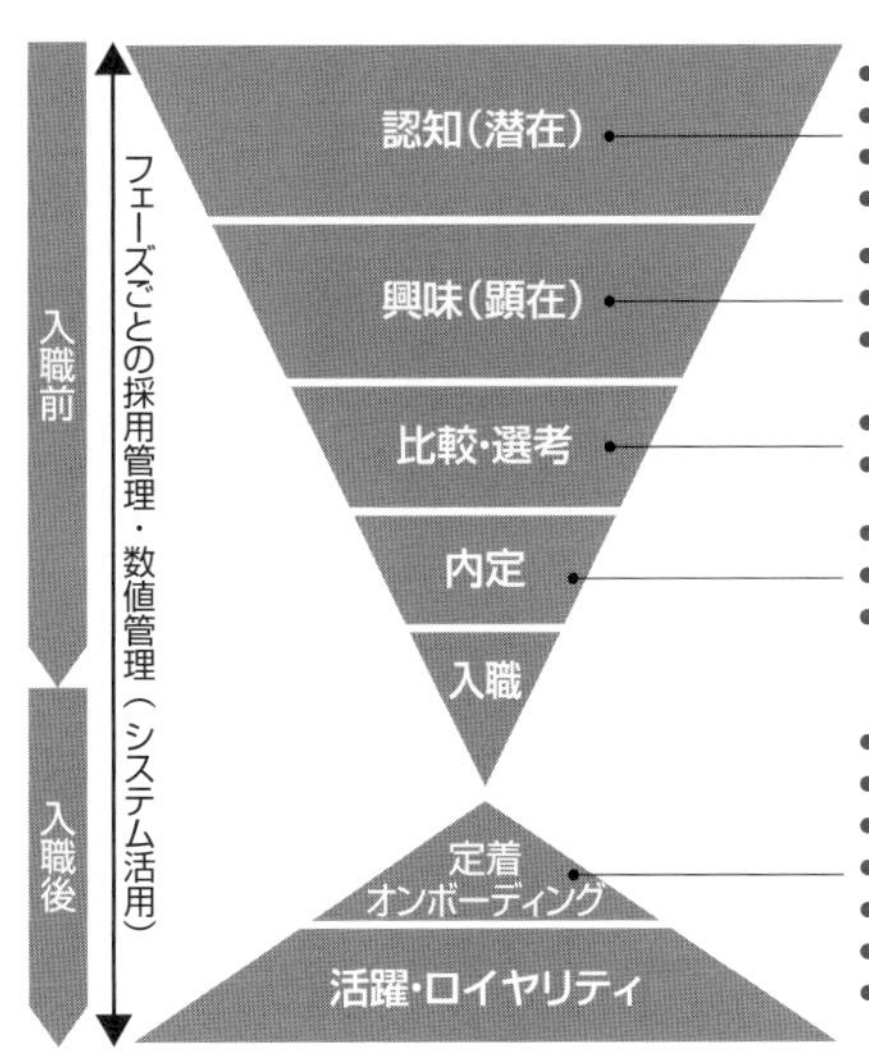
入職前
入職後
フェーズごとの採用管理・数値管理（システム活用）
認知（潜在）
興味（顕在）
比較・選考
内定
入職
定着
オンボーディング
活躍・ロイヤリティ
● 報酬・待遇訴求型からカルチャー（ヒト・風土・価値観）訴求型へ
● オンライン（W eb・スカウトメール）×オフライン（合説・学校訪問）
● 養成校対応はマスで広範囲ではなく、ピンポイントでの信頼関係
● 理想的には自社のオウンドメディアによる動画コンテンツの配信
● 卒業年次にこだわらない長期的なナーチャリング（学生育成）
● 実習生やエントリー者とのLINE@による継続的コミュニケーション
● 人材×職場風景訴求のリクルートSNS&動画の強化（拡散・リファラル）
● オンライン説明会とオフライン説明会の両方を用意
● 適正検査によるカルチャーフィットの精度向上
● 内定者研修はリアル研修×イーラーニング
● リクルーターによる1on 1コミュニケーション機会の設定
● 内定者SNS・内定者アルバイト・オンライン交流会などのフォロー強化
● 新人育成計画の作成
● メンターによる1on 1
● メンタートレーニングの強化
● 3か月・6か月・1年フォローアップ研修
● 法人公認の内定者コミュニティ
● 週報→フィードバック
● グループ園見学会（オンラインもあり）

10

# 中途採用の動向と実態

**新卒採用だけでは採用は事足りません。潜在保育士がますます増える中で、経験豊富な保育士を採用すること、より機動的に働けるパートや非常勤保育士を採用する中途採用はますます重要になります。**

## 中途採用で起きている変化

前述した通り、中途採用は潜在保育士が増える、売り手市場化がエスカレートするにつれて離職者が増え、転職希望者が増える、さらには国家資格試験を受けて、新たに労働市場に参入するなどの活発的な動きが近年続きました。新型コロナにより、若干ながらその加熱も収まりつつある傾向にはありますが、それでも落ち着いたとは言い難い状況です。

その中で、二〇一八年頃から過熱してきたのが「自治体間の競争」です。特に都市部では保育士の獲得競争の様相が年々エスカレートしています。具体的には○○市限定手当、○○市限定お祝い金、というもので、他都市よりもインセンティブを充実させることで、自分たちのエリアへ保育士を呼び込もうとする取り組みなどが挙げられます。すでに見られるように、あまりにも加熱することで、自治体同士のトラブルがいつ起きてもおかしくない状況です。

このように事業者を超えて、自治体による採用競争がある以上、どの地域で園運営をするかによって、複数拠点展開する企業などの場合、同一企業でも処遇に差が出るなどの混乱が起こっています。

## 中途採用の手法

中途採用の手法は年々変化してきています。五〇代以上の世代においては未だにハローワークの存在感が大きいですが、それだけで採用が完結するような時代はとっくに終わっています。また、以前ならば折込チラシや紙の求人誌、フリーペーパー、Web求人サイトなどが主流でしたが、これらも存在感は年々なくなっており、反響が落ちているのが現実です。

現在の中途採用手法の主戦場は**人材紹介会社**と**ダイレクトリクルーティング**です。保育業界に特化した各人材会社のプロモーションは過熱するばかりですし、Web上での保育士登録者は増加していますので、保育サービス事業者としても、人材紹介会社を頼らざるを得ません。また、indeedや求人ボックス、スタンバイなどのダイレクトリクルーティングメディアも保育サービス事業者の広告は増加傾向です。さらに、今後はソーシャルリクルーティング、リファラル採用、そして自社で採用専用の情報提供サイトを運営するオウンドメディア型になっていくでしょう。

競争が激しい中で、求職者である潜在保育士や転職希望者も多くのメディアに触れる機会が増えています。その中で、求職者ターゲットに応じて中途採用の手法も変化させていかなければなりません。

**中途採用メディアの変遷**

| | |
| --- | --- |
| 〜05年頃 | 紙媒体広告、HW(ハローワーク) |
| 05〜10年頃 | Web求人広告、紙媒体広告、HW |
| 10〜15年頃 | Web求人広告、人材紹介会社、HW |
| 15〜20年頃 | indeed、人材紹介会社、自社HP |
| 21年〜 | 業界特化型ダイレクトリクルーティング<br>定額制スカウト×人材紹介<br>業界特化型SNSリクルーティング<br>ホームページのオウンドメディア化 |

# 将来なりたい職業でも離職率の高い職業

様々な企業や調査会社が実施している、小学生や中学生が「将来なりたい職業」、もしくはこれに類似したランキングを見ると、ほとんどの調査で女子の場合は「保育士」が上位にランキングをしています。

この理由は、自身が保育園や幼稚園の時期に、保育士や幼稚園教諭から好影響を受けているからと考えられます。

改めて幼少期の影響は大きいものだと考えさせられますが、そうした夢や想いを持ちながら養成校に入学した人の20%近くが、保育園でも幼稚園でも養護施設などでもなく、まったく別業種の企業に勤めます。さらに、保育関係の仕事に就いた人たちも、多くが5年以内にその職場を辞めたり、保育士という仕事自体を辞めたりします。1年未満で退職するケースもあります。

筆者がこの業界で経営支援を始めたばかりの2006年の頃に、疑問を感じたことの一つが、この「将来なりたい職業なのに離職率の高い職場」でした。

恐らく、職場に何か問題があるに違いないと思い、様々な保育現場を見て、自身も保育補助として一定期間、保育園に勤めたこともありましたが、そこで見たのは、多忙な職場、コミュニケーションが滞っている職場、派閥が存在するギスギスした雰囲気の職場、ブラックボックスが多い職場、管理者の管理能力・マネジメント能力が乏しい職場、子どものことを考える余裕もない職場でした。

もちろん、そうでない職場もたくさん見てきましたが、総じて環境がよいとは決して言えない職場が多いのではないでしょうか。

組織はトップで99%決まります。つまり会社は経営者で、園は園長で99%決まります。特に保育園のような小単位の組織であればなおさら、園長で組織のレベルも、雰囲気も決まります。

本章でも述べたように、これから必要なのはプレイヤー型の園長ではなく、マネージャー型の園長です。

もちろん園長一人だけの問題ではないケースもありますが、それでもそんな園長のいる職場であれば、夢を持って入社・入職してきてくれる学生の夢を打ち砕かずに、「この仕事に就いてよかった！」と言ってもらえることでしょう。

そのためにも、園長自身が学ぶこと、変わること、行動することです。

自身が望まない状況で園長をやらざるを得ないケースもあり、園長自身のメンタルも心配ですし、離職も増えているのが現実ですが、組織全体で支えながら、園長自身がマネジメントに専念できる環境を作ってあげるべきではないでしょうか。

# 中長期における保育サービス経営の展望

2021年現在、女性の就業率の向上とともに、保育ニーズは高まり、待機児童も未だ多く存在しています。一方で2019年の86万人ショックからさらに出生数が落ち込むことが予想され、いよいよ業界はピークアウトを迎えます。

それにあたって、これまでの経営の考え方とは異なる視点で、中長期における経営を考えなければなりません。その考え方について解説します。

1

# 待機児童はいずれいなくなる

**今後、待機児童は減少に向かい、近いタイミングでゼロを迎えることでしょう。経営サイドにとっては不安に感じる一方で、保育園の全入時代というのは、親や今後親になる人々にとっては大きな安心になります。**

## 待機児童という言葉がなくなる

これまで再三述べてきましたが、子ども・子育て支援新制度がスタートして以来、幼稚園や保育園の認定こども園移行、地域型保育給付の小規模保育事業や企業主導型保育事業の増加が飛躍的に進みました。

しかし、二〇二〇年度末までに待機児童を解消するという「子育て安心プラン」は間違いなく達成できません。

一方で、前述した通り、待機児童問題は地域格差が激しく、人口減少地域では〝死語〟になっている地域もたくさんあるのです。

では都心部での、五年後、一〇年後はどうでしょうか？

一〇年後は二〇三一年です。少子化は随分進行していることでしょう。認定こども園も地域型保育事業の各業態も地域に根づいているはずです。もしかしたらそのときには待機児童はいなくなり、全国で待機児童という言葉さえなくなっているかもしれません。

それこそが、社会にとって、日本の子育て環境において理想の姿であると考えます。すべての保護者が自分の生活スタイルや価値観で園を選び、入園ができるという時代が、近い将来やって来るかもしれません。

## 経営の価値観が変わる

待機児童のいない社会は、子どもを持つ保護者にとっては理想の姿かもしれませんが、その業界で経営をする経営者、そして従事する現場職員の方々はどうでしょうか？　競争は年々加速するわけですから、経営力の高い事業者が生き残り、そうでない事業者は生き残れない時代がやって来るわけです。これからは、経営の価値観を大きく転換するように舵取りをしなければなりません。

確かにどうしても近視眼的になるのが人の性です。しかし、近未来を想定し、その時流に適応することは経営のとても重要な考え方です。

経営状態は子どもの成長にも大きく影響します。たとえば経営状態が不安定になり、職員の給与が下がる、施設全体が暗い雰囲気になる、退職者が増えるなどによって、保育士の士気が下がれば、保育に影響を及ぼします。時代が変化する中でも、常に安定経営を実現することと、保育はとても強い結びつきがあるのです。

**保育ニーズの予測**

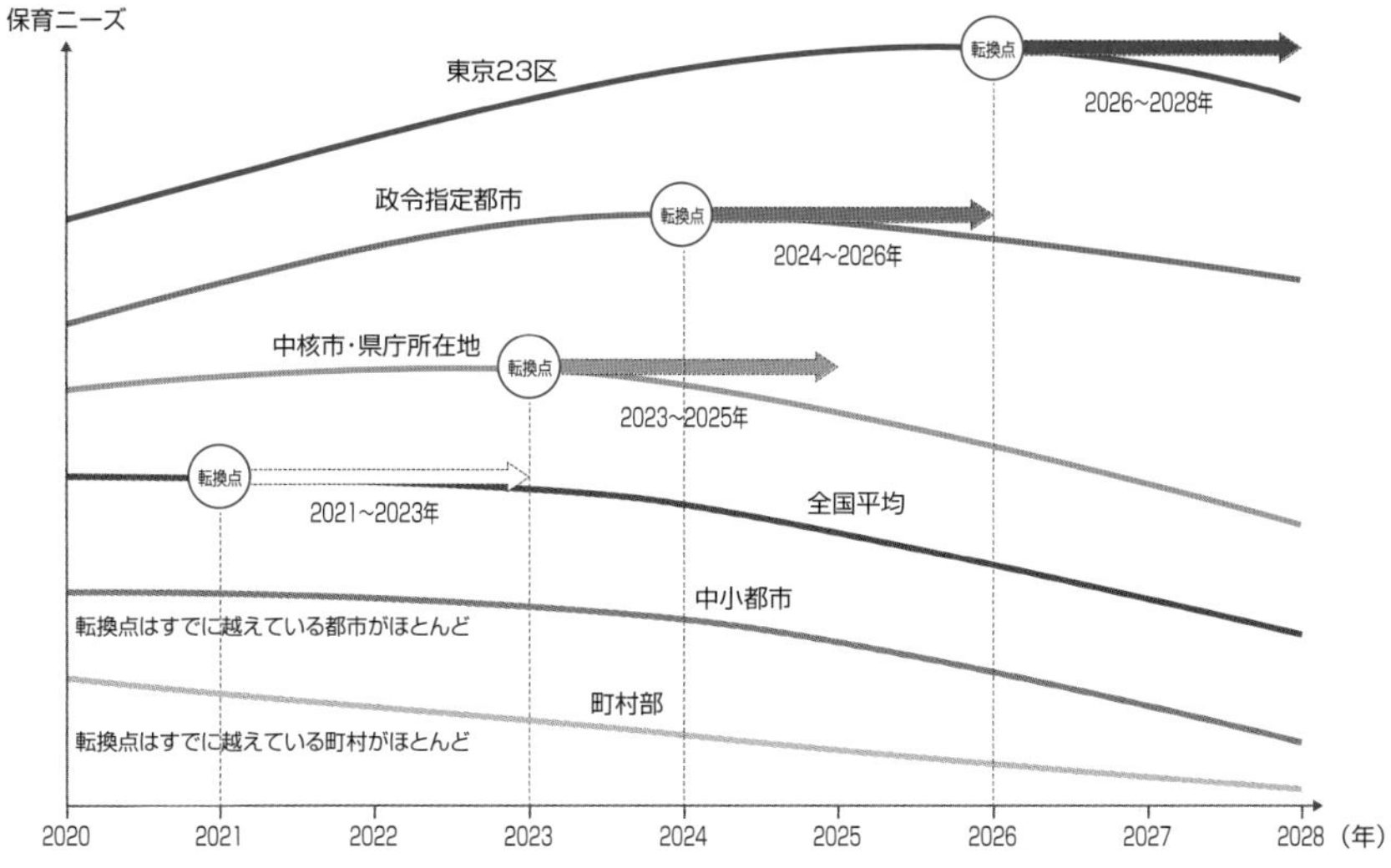

# 2 「選ぶ時代」から「選ばれる時代」へ

**需要と供給のバランスが崩れると、買い手である保護者側に主導権が移ることになり、よい保育サービス事業者だけが選ばれるという時代に突入します。**

## 買い手市場化

これからは業界全体が緩やかに「買い手市場」の時代に突入します。買い手市場とは買い手側が力を持つ市場を言います。一方で「売り手市場」とは、売り手つまり事業者や企業側が力を持つ市場を言います。現状の保育サービス市場は待機児童問題に代表されるように、入りたくても入れない、つまり売り手側に主導権がある状態ですので、売り手市場になります。

しかし、今後は供給が増え、待機児童が減少していくことを考慮すると、買い手市場へと移行していきます。買い手市場ですから保護者が自分の子どもを入園させたい園を選んで入るわけです。よって、**「選ぶ時代」から「選ばれる時代」になる**のです。

このような市場では、**①利用者の減少、②利用者単価の減少、③広告費が膨らむ、④価格競争が起きやすい**といった動きが出てきます。供給が需要を上回るわけですから、一園当たりの利用者は減少します。利用者が減少すれば集客しようという意識が芽生え、広告費にお金をかけなければならなくなります。

しかし、お金もそんなにかけられません。効率的な募集戦略が必要になります。利用者を必死に集めようとするがあまり、価格を下げる事業者が次々と登場します。そして、利用者の単価も減少するわけです。

このような状態では経営は逼迫し、不安定な状態が続きます。経営とは常に生産性、つまり一人当たりの人員に対しての粗利高を高める必要があります。そうでない限り、価格だけ下げてコストが変わらないのでは、経営状態は不安定になります。さらに過剰なコストをかけて非効率な広報を実施し、広告費は増えても収入に転化しなければ、当然ながら経営は成立しないのです。

## 顧客創造力が求められる

選ばれる時代がやって来るわけですから、自分たちの強みや長所をさらに磨き上げなくてはなりません。自分たちに対して興味・関心・共感を持つ利用者を一人でも多く増やさなくては経営が成り立ちません。これらを解決する力を「**顧客創造力***」と言います。

顧客創造力を高めるために、前述した広報力・園児募集力・マーケティング力が鍵になるのです。現在多くの業界で、これらは大きな経営課題になっており、保育サービス業界もこれからこのような課題に直面していくのです。

強い経営体には「強い人材」と「強い顧客」が存在します。人材育成に時間や投資を惜しまず、同様に強い顧客＝共感者、つまり「ファン」を増やす活動に時間や投資を惜しんではなりません。

### 少子化・市場縮小によって求められること

少子化・市場縮小

下山経営

| 持続性の高い経営基盤<br>（川上領域）<br>＝<br>長期視点における適正な内部留保 | 選ばれる園づくり<br>（川下領域）<br>＝<br>園の魅力づくりと発信力 |
|---|---|
| 1. 収益力強化<br>・事業の多角化・LTV(Life Time Value)強化<br>・新制度・認定こども園への移行<br>・分園・サテライト開設<br>・スケールメリット→M&A<br>・都市部進出<br>2. 定員規模の最適化 | 1. 業態・類型<br>（認可≒信用性＋定員規模＋対象年齢）<br>2. 立地<br>3. 教育・保育内容→ ①世界観・独自性 ②組織・「人財」 ③ハード・環境 → 評判ブランド<br>↑<br>広報・発信 |

用語解説

＊**顧客創造力**　市場が飽和し、競争も厳しくなり、顧客の獲得が困難になる中で、市場に自社の魅力を伝え、その魅力に共感してもらうことで、顧客化する力。特に商品・サービスの価値やマーケティング、広報などが重要となる。

# 3 登山経営から下山経営へ

**市場が拡大し続ける中での経営の考え方を「登山経営」と言い、市場がピークアウトを迎え、縮小トレンドに入った際の経営の考え方を「下山経営」と言います。**

## 登山経営と下山経営

**下山経営の根幹の考え方としてあるのは、「量よりも質」です。**市場が拡大し続ける登山経営は、保育園が開設されれば自然に園児が入園し、三年目には定員充足率が一〇〇%に近づくため、人材不足の問題こそあれ、経営資源を投下すれば投資対効果が得られやすく、それによって量や数を増やしやすいので、拡大路線に走る企業が増えるのが特徴です。事実、保育サービス業界もそれによって上場企業が増え、急成長する企業も増えました。

しかし、下山経営は逆で、量や数を増やしても稼働率が上がりにくく、生産性低下や投資回収期間の長期化を招くのが特徴です。よって、量ではなく質を追求し、強い経営体質を創り上げる必要があります。

## 下山経営における全体方針と組織マネジメント

左図にもあるように、下山経営には四つの視点があります。一つ目の全体方針については、登山経営の「売上、規模、数の追求、横・水平展開（施設の拠点展開）、急成長・スピード」に対して、下山経営は「**質と「人財力」の追求、子育て総合拠点化**（8―5参照）、**持続的成長**」が大切になります。次の組織マネジメントに関しては、登山経営は「統率型組織、HR（Human Resource）領域のマルチタスク化、プレイヤー型園長の常態化」、下山経営は「**フラット型組織、HR専任「人財」、部署の設置、マネージャー型**

**園長の育成**」となります。市場が縮小すると、全員経営、さらにはボトムアップを強化して、HR領域はより専門性が高い「人財」や部署を配置しなければ成果が出難くなります。

## 下山経営における運営・オペレーションと採用

運営・オペレーションについては、登山経営は「アナログ・オフライン、時間・手間・苦労の美学、認可定員・クラス定員の大規模化」の一方で、下山経営は「**デジタル・オンラインとの共存、省力化・外注化・分業化の強化、自園における適正定員の定義化**」が必要になります。

市場が縮小すると、デジタルやオンラインを活用して、業務を軽減し、できる限り保育に集中できる環境を作り、質を高めていく必要があります。

最後に採用・リクルーティングですが、こちらについては第7章でも触れた通り、マーケティングを意識して、一段と計画的、効果的な活動を実施していくことが求められます。

**登山経営・下山経営**

| これまで(登山経営) | | これから(下山経営) |
|---|---|---|
| ・売上・規模・数の追求<br>・横・水平展開<br>・急成長・スピード | ①<br>全体方針・戦略 | ・質と「人財力」の追求<br>・子育て総合拠点化<br>・持続的成長 |
| ・統率型組織<br>・HR領域のマルチタスク化<br>・プレイヤー型園長の常態化 | ②<br>組織マネジメント | ・フラット型組織<br>・HR専任「人財」、部署の設置<br>・マネージャー型園長の育成 |
| ・アナログ・オフライン<br>・時間・手間・苦労の美学<br>・認可定員・クラス定員の大規模化 | ③<br>運営オペレーション | ・デジタル・オンラインとの共存<br>・省力化・外注化・分業化の強化<br>・自園における適正定員の定義化 |
| ・単純作業<br>・短期決戦<br>・内定までの勝負 | ④<br>採用・<br>リクルーティング | ・マーケティング活動<br>・早期接触・早期育成<br>・入社1年後までが採用活動 |

4

# 中長期の成長戦略方針

市場が縮小する中でも組織としては力相応に成長していくことが大切です。そのためにはどんな取り組みをするべきでしょうか。その内容を整理していきます。

## 学校法人の成長戦略

法人格に関係なく、園が所在する地域の需給バランスによって、さらには法人や園の規模によって、成長戦略は異なります。学校法人の幼稚園は総じて少子化や保育ニーズの増大による影響を受けており、いかにして魅力的な園を作り、地域から支持され、入園希望者を増やすかどうかが重要になりますが、それに加えて**認定こども園移行**や次節で触れる**子育て総合拠点化**なども検討していく必要があります。また、町村部などの人口が急速に減少している地域においては、現在の拠点だけでなく、都市部への進出による事業のポートフォリオを分散させることも検討しましょう。

## 社会福祉法人の成長戦略

社会福祉法人は認可保育所や幼保連携型認定こども園を運営しているケースがほとんどです。都市部や需要が高い地域では、現時点では定員充足率が極めて高い状況なので、保育を必要とする同一地域や別地域での**拠点展開**を考えるべきです。しかし、人口減少エリアや町村部においては、すでに定員割れしているケースも少なくありませんので、学校法人同様に魅力ある保育特徴の設定や広報の強化、通園範囲の拡大などの園児募集の強化に加えて、**垂直展開**と言われる同拠点での〇歳〜二歳の受け皿整備や都市部への進出を検討していく必要があります。

## 株式会社などの成長戦略

株式会社などは、都市部に集中して運営しているケースが多いのが特徴です。現状では需要が高いので、大企業や上場企業を中心に、事業の多角化や新規事業、M&Aによる事業拡大、場合によっては海外展開を見据えている企業もあるくらいです。

しかし、中小企業の場合は体力的にもそこまでできないケースも多いため、大切なのは現在展開しているエリアをあちこち分散させずに、ある一定の地域を特定してシェアを高め、**一番化**することを基本戦略とすることをお勧めします。さらに規模が小さくなると、小規模保育のみ、企業主導型保育のみで展開しているケースが多くなりますので、何よりも基幹施設となる認可保育所の運営ができるように、地域の新規整備における事業者公募で実績を作る必要があります。しかし、自社の地域では新規整備がないということであれば、別地域になろうとも認可保育所の実績を作ることを優先する場面もあるので、その際の状況に応じて判断することが大切です。

**「需要＜供給」の場合の経営課題**

| | 需要＜供給<br>（待機児童ゼロ、人口減少、地方中小都市など） | | |
|---|---|---|---|
| | 大規模・大企業<br>地域一番 | 中堅規模 | 中小・零細規模 |
| 学校法人<br>（幼稚園） | ・新制度移行<br>・満3歳強化<br>・4年保育化 | ➡ ・子育て総合拠点化<br>・人口増加エリアへの進出 | |
| 学校法人<br>（こども園） | ・3号受け入れ強化<br>・1号、2号定員変更 | ➡ ・子育て総合拠点化<br>・人口増加エリアへの進出 | |
| 社会福祉法人<br>（保育所） | ・こども園化<br>・園児募集強化 | ➡ ・都心部進出<br>・子育て総合拠点化<br>・共生型施設化 | |
| 社会福祉法人<br>（こども園） | ・3号受け入れ強化<br>・1号、2号定員変更<br>・園児募集強化 | ➡ ・都心部進出<br>・子育て総合拠点化<br>・共生型施設化 | |
| 株式・その他 | ― | ・地域一番化<br>・多角化・新規事業<br>・都市部進出 | ・認可開設・移行<br>・都市部進出 |

# 5 子育て総合拠点化と共生型施設

**前節でも触れた通り、今後多くの法人で大切になる概念に「子育て総合拠点化」や「共生型施設」があります。その概要についてお伝えします。**

## 子育て総合拠点化

認可保育所ならば〇歳～六歳まで、幼稚園ならば三歳～六歳までの子どもが通園していますが、今後、地域の子どもがますます減少する中で、既存の対象年齢だけでは園児が減少する可能性が高いです。園児の減少に伴って定員変更し、公定価格の単価を上げるという方法もあるのですが、それにも限界があるため、やはり一定の園児が入園している状態を継続することは大切です。

その場合、たとえば社会福祉法人で認可保育所を運営しているケースならば、放課後児童クラブや児童発達支援や放課後等デイサービスによる障害児の受け入れなどを通じて、〇歳～一二歳を総合的に支援する形が実現できます。また、学校法人で幼稚園や幼稚園型認定こども園を運営しているならば、地域型保育事業の小規模保育や企業主導型保育によって3号認定の受け入れを強化し、さらには先ほどと同様に放課後児童クラブや卒園生向けの習い事やスクールを実施することで、同じように〇歳～一二歳を総合的に支援する形を実現できます。こうした事業モデルを「**子育て総合拠点化**」と呼んでいます。

これを実現している法人は、それぞれの事業が有機的に連携し、それらによるシナジーが結果的に法人全体の事業バリューを高め、ブランディングに寄与しています。このモデルは下山経営に適した形ですので、お勧めです。

## 共生型施設

　共生型施設の概念は、同じ施設内で別の事業が共存しているモデルを指します。現時点ではまだ制度化されていませんが、高齢者施設と保育施設を同じ施設内、建物内で運営しているケースが、全国を見渡すと少数ながら存在しています。

　以前から国が検討を進めている事業モデルではあるので、今後の人口減少による稼働率の低下、遊休スペースの増加、施設の有効活用を考えると、同じ福祉でも高齢者福祉、障害者福祉、児童福祉が共存するこの共生型施設は非常に有効的であると考えます。しかし、運営やオペレーションに課題も残す事業ですので、慎重な制度化が必要です。

**包括的・総合的に保育・教育・福祉を支える**

| | 0歳〜5歳 | 小学生 |
|---|---|---|
| 障害福祉 | 児童発達支援 | 放課後等デイサービス |
| 保育 | 認可保育所・地域型保育事業・企業主導型保育など | 放課後児童健全育成事業 |
| 保育・教育 | 認定こども園 | 民間学童 |
| 教育 | 幼稚園・未就園児教室 | 習い事 |

0歳　2歳　3歳　5歳　小学生

# 6 HR領域への積極的な投資

**今後の業界動向を踏まえると、ますますHR（Human Resource）へ投資できる組織が優位に立てます。具体的にどんなことを考えるべきでしょうか？**

## 「人財」に投資できないと組織は成長しない

少子高齢化が進み、労働生産性人口が減少する中で、保育サービス業界も他業界と同様に、人材不足が長期化することでしょう。子どもが減少し、保育ニーズが縮小傾向に入っても、そのニーズの縮小と連動して養成校卒業生も確実に減少します。潜在保育士も現状のままでは増える一方でしょう。

第4章でも述べましたが、保育サービス業界は典型的な労働集約産業ですから、人材品質そのものがサービス品質になります。つまり、いかにして「人財」に投資できるかが品質を決定づけ、それができないと、組織としても成長しません。組織の成長を考えれば、今後ますます「人財」投資を積極果敢にすべきです。そのためには、経営の安定化、その投資ができるだけの原資が必要になります。来たる市場縮小時代を見据えて、今はその原資を貯蓄し続けるタイミングとも言えます。

## 専任化もしくは専任部署の設置

これまで中小企業・中小法人では人材採用や人材育成に関して専任を配置するということはほとんどありませんでした。理由は明確で、限られた人材、限られた資金の中で、マルチタスクで兼任させたほうが効率的、もしくはコストがかからないからです。よって、理事長や社長が実施しているというケースも少なくありません。中堅企業・法人も同様で、専任に近い人はいるものの、組織として体をなしていないケースが多く見られます。

もちろん安易に専任化すればよい、専任組織を作ればよいということではありません。これから重要になるのは、組織におけるＨＲ「人財」やＨＲ部署の位置づけです。下図は、これまでの組織内におけるＨＲ領域の位置づけと今後必要となるＨＲ領域の位置づけです。

## これからのＨＲ領域の位置づけ

まず、これまでのＨＲ領域の目的は、たとえば事務長が主体となり、労務管理なども含めた人事的な位置づけでした。しかし、これからは明確に「人財開発」が目的です。業務領域としても、人事や労務管理が主体で、ついでに採用などを実施するのではなく、採用・育成・エンゲージメントなどの向上です。人材不足で厳しい中でも、いかに優秀な「人財」を採用し、育て、ロイヤリティを高めて、働き続けたいと思ってもらえるような園づくり、法人づくりをしていくか、これが「人財開発」を目的とした組織の業務領域です。また、組織の中での位置づけも決して間接部門ではなく、中枢的戦略部署、トップ直結の部署という位置づけであるべきです。

**これからのHR**

| | これまで（HR人財不在・兼任組織） | HR人財の専任化（中小規模） | HR専任部署の設置（中堅・大規模） |
|---|---|---|---|
| ①目的 | 人事 | 人財開発 | |
| ②組織・担当 | 本部・事務局兼任 | 専任担当 | 専任部署 |
| ③業務領域 | 人事・労務管理・採用 | 採用・育成・エンゲージメントの向上 | |
| ④組織の位置づけ | 間接部署 | ナンバー２・３ | 中枢的戦略部署 |
| ⑤スタンス | 受動的・対処的 | 主体的・戦略的 | |
| ⑥リソース | 経費的 | 投資的 | |

# 7 デジタル化・DXに適応する

**保育サービス業界でも、デジタルやDXといかに向き合い、共存するかで競争力や質の向上に違いが出る時代に突入しています。**

## 保育サービス業界におけるデジタル化の変遷

保育サービス業界におけるデジタル化の変遷として、二〇一五年頃から、業務効率化や業務支援を目的としたICTやセンサーが業界に浸透し始めました。ICT導入に対する補助金制度の創設のタイミングでもあったため、急スピードでICTの浸透は進みました。これを**保育tec1・0**と呼んでいます。

二〇二〇年頃になると、状況が徐々に変化します。これまでとは異なり、IoT・データ・AIによる保育品質向上・パーソナライズを目的としたフェーズとなり、**保育tec2・0**に突入したことを強く感じます。具体的には子どもの個別の発達データや発達管理ログによって、より一人ひとりに最適な保育を提案・提供するようなシステムや、子どもの教育データを活用したデジタル教育システムです。

## デジタル化・DX化の目的を履き違えない

全産業的にデジタル化やDX（Digital Transformation）と言われるデジタルによる新たな価値創造や競争優位、イノベーションの創出は待ったなしですし、保育サービス業界においても同様です。しかし、前述した通り、ひとまずICTを導入する、導入すること自体が目的になっている法人を見ることも少なくありません。

大切なのは経営者や担当者自身が目的を明確にして、職員に理解してもらうことです。保育サービス業界における、これらデジタル導入の目的は以下の二点です。

① 生産的かつ円滑な組織運営の実現
② 保育に集中して向き合える時間の創造

そして、この二つの目的を通して、より質の高い保育を実現することこそがビジョンです。

## オンラインとオフライン

下のマトリクス図を見ると、たとえばノンアクティブ×オフラインならば、いかにして時間や負担をかけず、さらには人もかけずに一定の質が担保できるかという「省力化・省人化」になります。また、アクティブ×オフラインであれば、この領域はまさに保育活動そのものですので、いかにして時間をかけられるか、リソースを投下できるかが求められます。このためのオンライン・デジタル化ということです。

今後は前述した通り、アクティブ×オンライン・デジタル領域が増えてきますし、そのベースとなるデータ（日誌・記録、健康・午睡チェック）をビッグデータ化し、AIで解析して個別最適化・パーソナル化した新たな保育の質の向上のカタチが増えることでしょう。

保育サービスとデジタル化

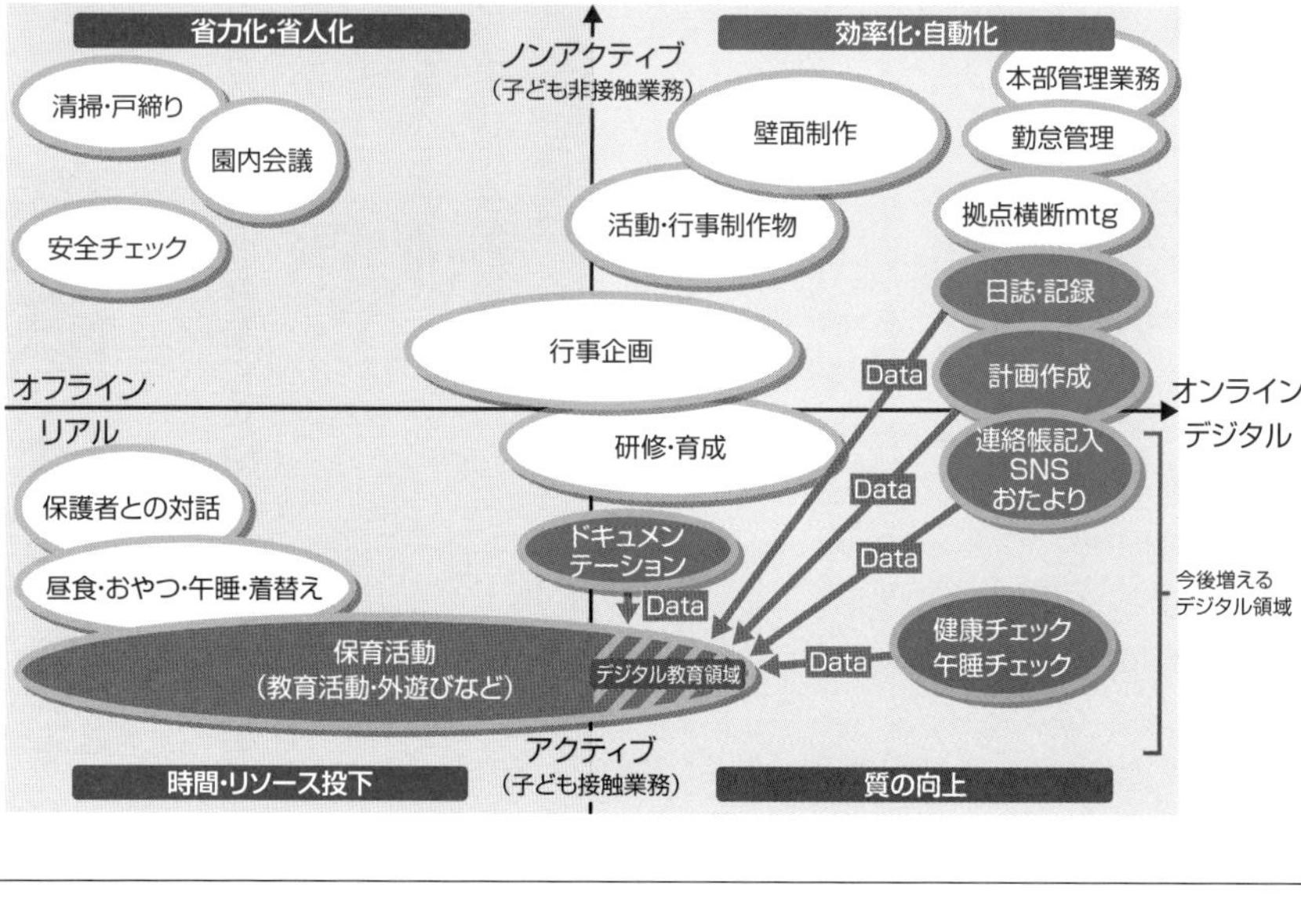

# 8 STEAM教育という新時代標準

**日本の将来を見据えた上で、これから必要になる教育の考え方の一つに「STEAM教育」があります。幼児期もこの考え方に基づいた教育が必要になることは間違いありません。**

## 未来の教室

経済産業省が教育改革のために設置したのが「未来の教室」です。二〇一九年には「未来の教室」ビジョン（第二次提言）がまとまりました。全国各地の教育現場で実施した二三の実証事業の成果を踏まえ、あくまで初等中等教育分野に焦点を絞って今後の政策課題を整理したものですが、教育の接続を考えると、幼児期にも十分必要となる考え方です。それによると、様々な個性の子どもたちが、未来を創る当事者（チェンジ・メーカー）になるための教育環境づくりをビジョンに、次の点を柱にして、実現に向けて進めているとのことです。

①学びのSTEAM化
②学びの自立化・個別最適化
③新しい学習基盤づくり

ちなみに**STEAM**とは「**科学**（Science）、**技術**（Technology）、**工学**（Engineering）。**アート**（Art）、**数学**（Mathematics）」の頭文字から取った造語です。

## 学びのSTEAM化

学びのSTEAM化は、一番先頭に来ていることからも、その重要性がわかると思いますが、「未来の教室」ビジョンには次のように書かれています。

子ども達が未来に向けた様々な社会課題に触れ、ワクワクする感覚を呼び覚まされる、また、文理を問わず必要な教科知識・専門知識の効率的な習得（「知る」）と、探究・プロジェクト型学習（PBL）による課題発見・解決の試行錯誤（「創る」）が循環する学びに。

小学校の指導要領では「アクティブラーニング」の視点が重視されていますが、幼児教育も「主体的・対話的で深い学び」という言葉が保育所保育指針や教育要領に記載されている通り、この視点が重視されています。「未来の教室」に記載されている内容も、非常に近しい表現であり、改めて学びのSTEAM化は幼児期においても求められていると言えます。

よって、今後は保育園や幼稚園などの施設においても、STEAM教育やその考え方に基づいた活動を通して、未来に求められる人材育成の基盤づくりを実践されるケースが増えると考えられます。

**「未来の教室」が目指す姿**

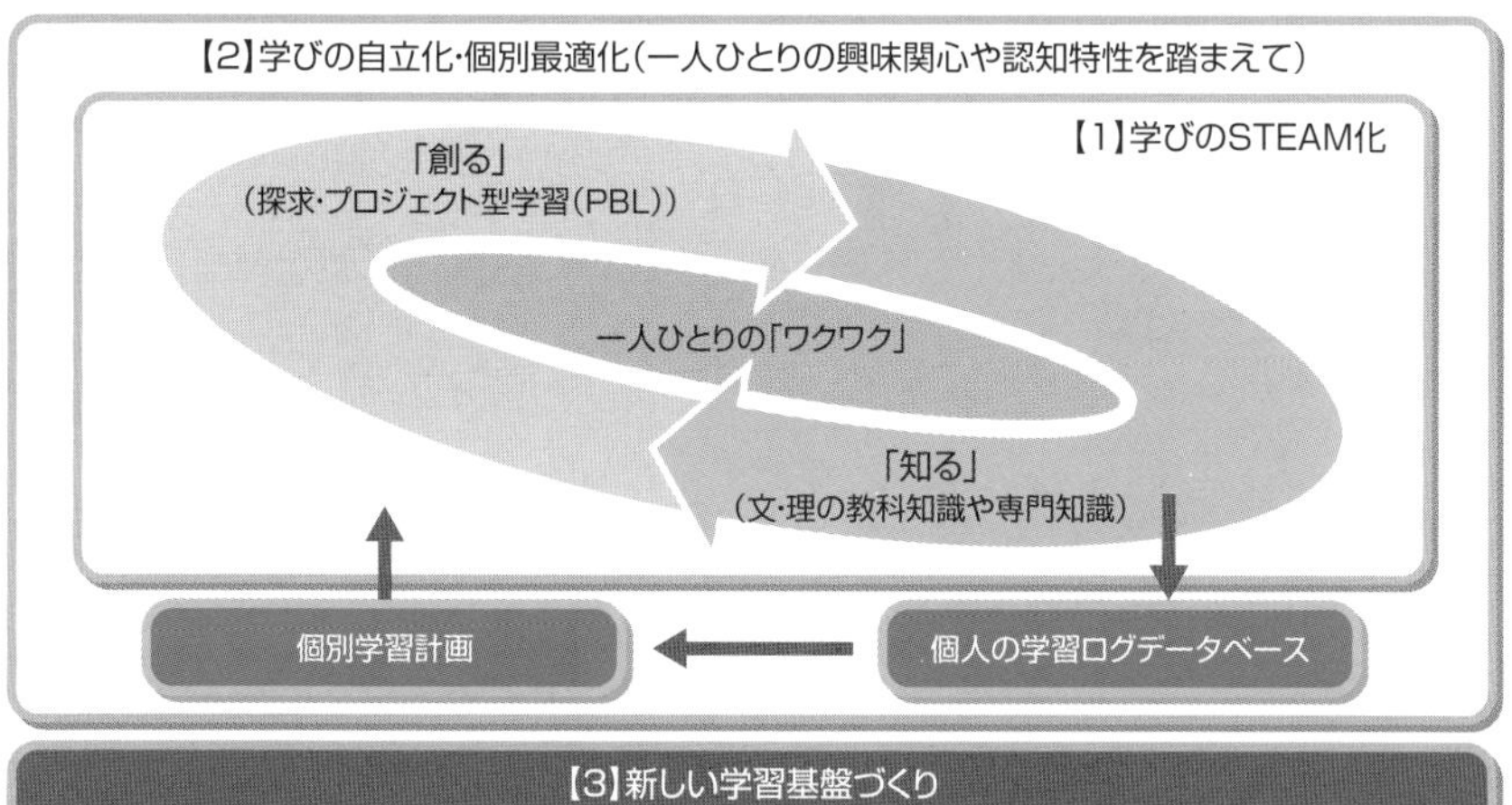


出典:経済産業省「未来の教室」HP
https://www.learning-innovation.go.jp/about/

# 競争も起こるが最後は共生

9

**供給が需要を上回ることで「競争原理」が自ずと働くことは間違いないでしょう。しかし、競争して他を負かすという経営はよい方法ではありません。それぞれの長所を活かす経営こそが「共生」の経営です。**

## 競争は相手を負かす

供給が需要を上回れば必ず「競争原理」が働き、時代は競争時代に突入していきます。競争とは他を負かして自らが勝つことです。そのための経営戦略の根幹にあるのは「他の弱みにつけこみ、それ以上のことをする」という発想であり、言葉はよくないですが、「叩き潰す」という意味が込められています。

今の幼稚園業界にはそれに近いものが時々見受けられます。これまで特定の地域に入ってこなかった幼稚園がいきなり入り込んできて、その商圏から園児を奪い取るという事態が起きているのです。幼稚園もそうですが、保育サービス業界のような社会貢献性の高い事業だからこそ、競争という概念に違和感があります。

現在、都心部の認可保育所については、競争という概念を持たなくても、多くの施設で園児は充足している状況です。しかし、小規模保育や企業主導型保育などについては、すでに競争が起こっています。

その理由は前述しましたが、「四月ショック」によって、多くの園児が認可保育所に移行していくためです。経営を揺るがす大きなショックですから、競合と見なさないわけにはいきません。このように、異業種だけでなく、保育サービス業や幼稚園でも「競争」という考え方が浸透しているのです。

## 共生は長所を活かす

「競争」という言葉の反対の概念として「共生」という言葉があります。「共に生きる」という考え方です。

この共生にとって最も重要なのが、「それぞれの長所を活かす」という発想です。よって、経営戦略のキーワードは「**長所伸展法**」になります。自分たちの長所を発見し、その長所の伸ばし方を仕組み化するのです。その考え方と「他の弱みにつけこみ、それ以上のことをする」という競争の考え方とでは一線を画します。

社会福祉法人の認可保育所にとっては、株式会社の大手は脅威かもしれません。株式会社の新規参入企業としては、近隣に大きな認可保育所ができたら脅威に感じるでしょう。競争心むき出しに戦おうとする人も少なくないでしょう。しかし、それぞれに役割があるのです。それぞれに長所があるのです。それを見極めた上で、何よりも重要なのが「誰のために事業を行っているのか」という原点に立ち返り、長所を磨き上げることなのです。

共生の精神がこれからの保育サービス業界では重要なのではないでしょうか？

**競争志向と共生志向**

| 競争志向 | 共生志向 |
| --- | --- |
| 競争とは「他を負かして自らが勝つこと」 | 共生とは「共に生きること」 |
| ●他の弱みにつけこみ、それ以上のことをする | ●それぞれの長所を活かす=長所伸展法 |
| ●奪い取る | ●相手を意識しすぎない |
| ●叩き潰す | ●役割分担をする |

「共生志向」が日本型経営の原理原則であり、
これからの保育サービス経営のあり方である！

# 10 子どもが子どもらしくいられる社会

**保育や子育ては一つの施設で行うものではありません。地域全体で行うものです。保育サービス事業者が中心になり、地域全体で子育てする文化、そして子どもが子どもらしくいられる社会をつくりましょう。**

## 一つの施設にできることは限られる

再三「理念」の重要性を本書では述べてきましたが、保育サービス業の「理念」が「世の中の子どもたちの健全な成長と家族の幸せ」だとすれば、決して一つの事業者で実現できることではありません。

前節の「共生」という言葉とつながりますが、それぞれの長所を伸ばしながら役割を担い、その上で組織化することが重要であると考えます。これからますますコミュニティ化が重要な時代になるでしょうし、その意識を事業者が持たなくてはなりません。

## 地域で子育てする環境づくり

その基盤が「**地域社会**」です。地域社会とは自治体、企業、各種団体、自治会、商店会、青年会議所、学校、医療施設、福祉施設など挙げればキリがありませんが、これらそれぞれには役割があり、資源があります。たとえば保育所と福祉施設が連携して様々な催しを行うといった基本的なことから、商店会や青年会議所などとの連携でも、子どもたちのために貢献できることはあるはずです。

さらに、保育サービスとは離れますが、それ以上に重要なのが「**近隣コミュニティ**」です。核家族化の進行は言うまでもありませんが、地域に相談できる相手がいないことから育児ノイローゼや育児放棄（ネグレクト）、幼児虐待などに発展するケースも少なくないと言われます。近くに小さな子どもがいればその子育てに積極的に参画できる風土を、皆が意識して創造していかなければなりません。それが地域で子育てをするということなのではないでしょうか。

## 子どもが子どもらしくいられる社会

このままの状況で時代が進めば、日本の明るい未来に期待を持てる人は少ないでしょう。医療や年金、介護の問題が非常に重要なのは言うまでもありませんが、少子化問題や親世代の雇用の問題も本当に重要な問題です。また、保育サービス業界も多くの課題が存在します。人材不足による質の低下、事故の増加、職員のストライキによる突然の閉園、潜在保育士の増加、新人の早期離職、不適切保育（施設職員による園児への虐待）の増加など、これらはすべて大人の事情であり、保護者もそうですが、何より一番の被害者は子どもです。

子どもは「未来」です。日本の未来には子どもへの投資が必要です。そのために保育サービスはとても重要な環境です。これからますます、その影響力は大きくなるでしょう。刻々と変化する時代の中で、子どもが子どもらしくいられる社会を確実につくることこそ、私たちに課されているミッションではないでしょうか。

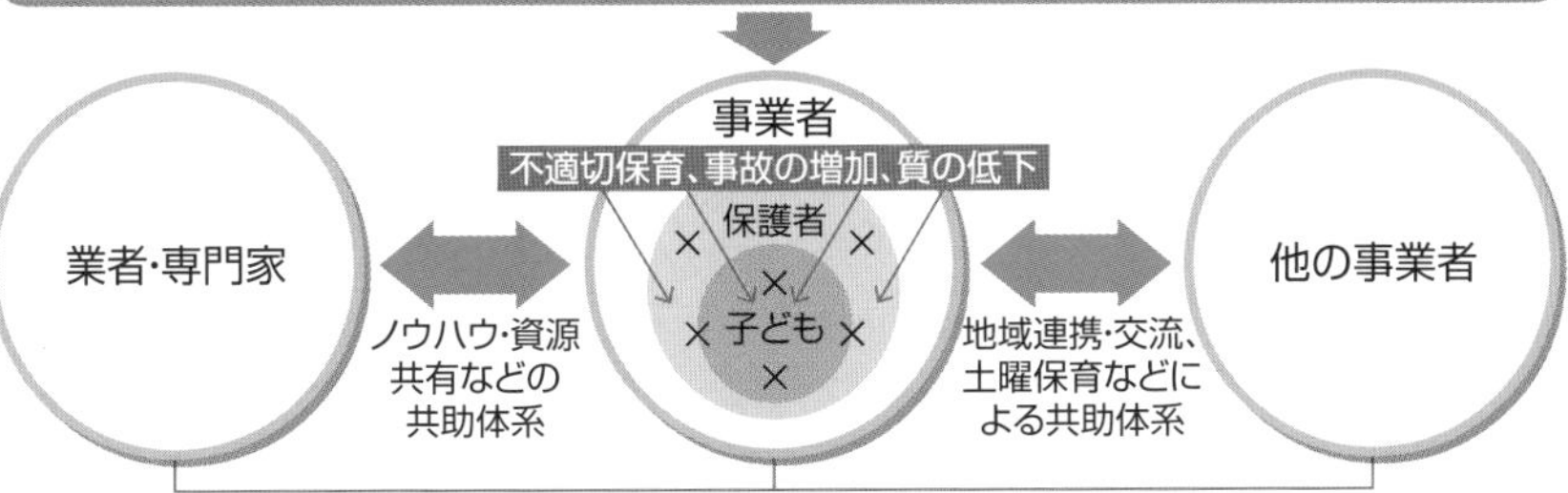
保育サービスの未来
外部環境
（将来的な保育市場の縮小懸念、保育士不足、新規事業者増、稼働率低下）＝逆風
国、都道府県、自治体の意識改革と制度変革が追いつかない
事業者
不適切保育、事故の増加、質の低下
保護者
子ども
業者・専門家
ノウハウ・資源
共有などの
共助体系
他の事業者
地域連携・交流、
土曜保育などに
よる共助体系
経営・運営において、一事業者だけでは解決できない厳しい環境に立たされている
事業者も保護者も、子どもも守るためには、事業者間や事業者と業者・専門家間でもっと
気軽につながれるプラットフォームの重要性

# 私が保育サービス業に携わる理由

最後のコラムでは、ストレートに主観を述べたいと思います。

私が保育サービス業界に出会ったのは2006(平成18)年です。最初のきっかけは「全国ベビーシッター協会」(※現在は全国保育サービス協会)という協会での講演会でした。

それまで私は保育ではなく、教育業界に携わってきました。幼稚園や学習塾、スポーツクラブなどです。マーケティングの支援を中心にコンサルティング活動を行ってきたのですが、この協会との出会いによってその頃の保育サービス業界の現状を知りました。

率直な感想としては「なんて社会に必要な業界なのだろう……」という想いです。

これから日本経済が低迷し、女性の社会進出も進行する時代の中で家族の幸せを考えれば、親が自分の仕事に誇りを持ち、子どもにそれを伝えることが重要である、子どもの未来を考えても、保育という現場のよりよい環境づくりが重要になる、そのためには経営環境の改善が必要であると考えたのです。

保育士の待遇にも疑問がありました。大切なお子様を預かる仕事なのに報われていない、そんな中で本当に保育士はやりがいを持って仕事ができるのだろうか、そんなことを想いながらこの業界に貢献することこそ私の役割であると感じたのです。

そこから24時間365日、この業界のことを考えて日々研究を重ね、保育士の資格試験勉強もし、現場を知るために保育スタッフとしてエプロンをして子どもを寝かせたり、食事の介助をしたり、子どもに勉強を教えたりなど現場に入ったこともありました。知れば知るほど世の中での必要性を感じながら。しかし、経営の実態は正直課題だらけという印象でした。

まだまだ業界は成長します。そしてその成長こそが家族の幸せに直結すると信じています。日本という国の未来を信じられない人も多い昨今、でも誰かが信じてあげなければならない、そう想うと保育サービス事業者の多くはそれを強く信じています。

2020年4月時点で、全国の就学前の子どもの約47%が保育所等に通っていますが、2021年には半数を超えるでしょう。この年頃の子どもたちが、睡眠時間を除いた時間の70%程度を過ごすのが保育所等ですが、心身ともに最もダイナミックに発達し、経済学的にも最も投資対効果が高いと言われているこの時期を過ごす環境に様々なひずみが生まれています。これがどれくらい恐ろしいことか是非考えてみてください。

私はあくまでそのサポーターです。しかし、その役割に誇りを持っています。時代が変わっても制度が変わっても厳しい環境が待っていても、それに対応できる経営体であれば皆幸せになれるはずです。

保育は日本の未来です。そして親子の幸せな未来を願ってやみません。

# Data

# 資料編

- 新型コロナウイルス感染症対策に関する保育所等に関する Q&A（第八報）（厚生労働省）
- 索引

# 新型コロナウイルス感染症対策に関する保育所等に関するQ&A（第八報）

## （保育所の開園関係）

**問1 感染拡大が広がっている中で、なぜ保育所等は開所するのか。**

○保育所等については、保護者が働いており、家に1人でいることができない年齢の子どもが利用するものであることから、原則として引き続き開所いただくこととしています。

ただし、保育所等においても、感染の予防に最大限配慮することが必要であり、①保育所等の園児や職員が罹患した場合や、地域で感染が拡大している場合には、市区町村の判断の下、臨時休園が行われうるとともに、②開園する場合にも、手洗いなどの感染拡大防止の措置を講じたり、卒園式の規模を縮小・短縮して行ったりするなど、感染の予防に努めるよう通知しているところです。

**問2 保育所等において感染してしまった子どもが出た場合、市区町村はまず何をすべきか。**

○都道府県の保健衛生部局等と連携の上、感染者の状況の把握とともに、濃厚接触者の範囲の確認を行い、休園の判断を行ってください。休園に関する措置については「保育所等において子ども等に新型コロナウイルス感染症が発生した場合の対応について（第二報）（令和2年2月25日付事務連絡）」で示しているところです。

○他の保護者への周知については、個人情報に十分配慮した上で、

- 現時点での休園予定期間
- 休園中の健康観察とその連絡（症状が出たら保健所とともに保育所等にも必ず連絡するよう依頼）
- 代替保育の紹介

・保育料や給食費等の取扱い

・今後の連絡先や相談窓口

などについて情報提供及び要請を行ってください。

○感染症対策としての消毒については、保健所の指示に従い、施設の消毒を行ってください。

○感染した子ども等に対して、偏見が生じないよう、人権に配慮した対応が必要です。また、休園に際し子どもや保護者に過度の不安を生じさせないために、新型コロナウイルス感染症について正しい認識や感染症対策を含めた理解を深められるよう情報提供を行ってください。

**問3** 子どもが濃厚接触者に特定された場合どのように対応すべきか。

○子どもが感染者の濃厚接触者に特定された場合には、当該子どもの保護者に対し、市区町村は登園を避けるよう要請することとしています。なお、この場合において、登園を避ける期間の基準は、感染者と最後に濃厚接触をした日から起算して2週間を目安としています。

## （保育士が不足した場合の対応）

**問4** 保育士が濃厚接触者に特定されたことなどにより、保育士等が休まざるをえない状況になった場合に、どのような対応が考えられるか。

○新型コロナウイルス感染症の対応に伴い、保育所等において保育士等が一時的に不足し、人員等の基準を満たすことが出来なくなるなどの場合は、「新型コロナウイルス感染症の発生に伴う保育所等の人員基準の取扱いについて（令和2年2月25日付事務連絡）」に基づき、利用児童の保育に可能な限り影響が生じない範囲で、人員基準を柔軟に取扱いいただくよう、お願いをしているところです。

○ただし、人員基準を長期間にわたり満たさないということは、働いている保育士等の負担が増えることや、保育の質に問題が生じることも考えられるため、例えば、休んでいる保育士等が、放課後児童クラブや、その他のサービスを受けることが出来ないか調整したり（※）、同一の法人や他の法人から一時的な補充を行う等、可能な限りの取組をお願いします。

○その上で、多くの保育士が濃厚接触者に特定されるなどのため保育士等が不足し、やむを得ない場合に、市区町村と相談の上、例えば仕事を休んで家にいる保護者に、園児の登園を控えるようお願いすることは考えられます。この場合にも、保育所等は保育が必要な乳幼児に対して保育を提供するという重要な役割を担っていることに鑑み、保育が必要な者に保育が提供されないということがないよう、市区町村において十分御検討いただきたいと考えています。

（※）「新型コロナウイルス感染症防止のための学校の臨時休業に関連しての放課後児童健全育成事業の優先利用に関する留意事項について（令和2年3月4日付厚生労働省子ども家庭局子育て支援課長通知）」において、放課後児童クラブにおいて利用ニーズが高まる場合には、特に優先利用の対象として、保護者が保育士の場合などが挙げられているところです。

## （感染症の予防について）

**問5** 新型コロナウイルス感染症を予防するために注意すべきことはあるか。

○まずは、一般的な感染症対策や健康管理を心がけてください。最も重要な対策は手洗い等により手指を清潔に保つことです。具体的には、石けんを用いた流水による手洗いや手指消毒用アルコールによる消毒などを行ってください（適切な手洗いの手順等については『保育所における感染症対策ガイドライン（2018年改訂版）』（※1）のP14等を御参照ください。）。また、新型コロナウイルス感染症対策として、手が触れる机やドアノブなど物の表面には、消毒用アルコールのほか、次亜塩素酸ナトリウムによる消毒が有効です(次亜塩素酸ナトリウムについては、吸引すると有害であり、噴霧は行わないでください)。(※2)

定期的な換気(2方向の窓を開け、数分程度の換気を1時間に2回程度行うことが有効です。窓が1つしかない場合は、部屋のドアを開けて、扇風機などを窓の外に向けて設置すると効果的です。)も併せて行ってください。特に、行事等により、室内で多くの子どもたちが集まる場合には、こまめな換気が重要です。

また、マスクや消毒液といった感染症防止に必要な備品については、累次の補正予算を活用し、市区町村がマスクや消毒液の購入等に必要となる経費や消毒・清掃等を行った場合の超過勤務手当や通常想定していない感染症対策に関する業務の実施に伴う手当など職員に支払われる手当等の支給するための経費を上限50万円まで補助しているほか、保育士の業務負担軽減のために消毒作業等の周辺業務を行う保育支援者の配置に係る補助事業を設けており、感染防止に資する各種事業を積極的に御活用いただくようお願いします。(※3)

なお、布製マスクについては、「介護施設等への布製マスクの配布希望の申出について(令和2年8月4日付事務連絡)」等でお示ししたとおり、配布を希望する保育所等に随時配布を行っていますので、厚生労働省ホームページ(※4)で示す所定の方法により申請してください。配布までの所要は概ね3週間程度の見込みです。

さらに、社会福祉施設等(保育所等を含む。)に必要な衛生・防護用品については、各施設で確保していただくことが基本ですが、新型コロナウイルス感染症対応等緊急的に発生する大量の需要や購入費の値上がりにより、乳幼児のおむつ交換時の排便処理に必要な使い捨て手袋などが不足する事態に備え、「新型コロナウイルス感染症に関連した感染症拡大防止のための衛生・防護用品（使い捨て手袋）の都道府県等への配布について」（令和2年9月29日付け 厚生労働省子ども家庭局総務課少子化総合対策室ほか連名事務連絡）等でお示ししたとおり、都道府県・指定都市・中核市から社会福祉施設等に対して使い捨て手袋等が供給できるように、国が直接調達して、都道府県等に配布を行っています。

（※1）『保育所における感染症対策ガイドライン（2018年改訂版）』https://www.mhlw.go.jp/file/06-Seisakujouhou-11900000-Koyoukintoujidoukateikyoku/0000201596.pdf

（※2）厚生労働省・経済産業省・消費者庁特設ホームページ「新型コロナウイルスの消毒・除菌方法について」
https://www.mhlw.go.jp/stf/seisakunitsuite/bunya/syoudoku_00001.html

（※3）令和2年度第3次補正予算案においても、新型コロナウイルス感染症対策として、第2次補正予算に加えた更なる感染症対策の実施に伴う経費の補助や研修のオンライン化への支援などの拡充を盛り込んでいる。

（※4）厚生労働省ホームページ「介護施設等への布製マスクの配布希望の申出について」
https://www.mhlw.go.jp/stf/seisakunitsuite/bunya/mask_haifukibou.html

### （登園を避けるよう要請する目安）

**問6** 発熱に関して、低年齢児の場合、一般に体温が変動しやすい。何を基準に判断すればよいか。

○「保育所等における感染拡大防止のための留意点について（第二報）（令和2年5月 14日）」に基づき、発熱等がある場合は登園を避けるよう要請することとしています。ただし、発熱の判断をする際には、平熱に個人差があることについて留意することが求められます。また、今般の新型コロナウイルス感染症を発症した人の中には、あまり高い熱が出ないケースも見受けられます。子どもの個々の取扱いについては、主治医や嘱託医と相談するとともに、判断に迷う場合は市区町村や保健所とも相談の上対応してください。

**問7-1 発熱や呼吸器症状が有る場合は登園を避けてもらうような要請となっているが、ぜん息など、新型コロナウイルス感染症以外の疾患からくる症状で、新型コロナウイルス感染性によるものではないと医師から診断が出ている場合の取扱いはどのようにすべきか。**

○新型コロナウイルス感染症の感染拡大の防止の観点から、発熱や呼吸器症状など風邪症状がある場合は登園・出勤の回避を要請していただくよう、「保育所等における感染拡大防止のための留意点について(第二報)(令和2年5月14日)」でお伝えしています。ただし、呼吸器症状等が新型コロナウイルス感染性によるものでないと医師が判断した場合はこの限りではありません。なお、症状等で心配がある場合には、主治医や嘱託医と相談するとともに、市区町村や保健所とも相談の上対応してください。

**問7-2 新型コロナウイルス感染症に関して、医療的ケア児の取扱いで注意すべき点は何か。**

○医療的ケアを必要とする子どもの中には、呼吸の障害を持ち、気管切開や人工呼吸器を使用している者もおり、肺炎等の呼吸器感染症にかかりやすい特徴があることから、主治医や嘱託医に現在の保育所等を取り巻く状況を丁寧に説明し、対応方法を相談の上、その指示に従ってください。また、登園時においては、特に健康観察を徹底し、日々の体調の変化に留意してください。なお、医療的ケアを必要としないものの、基礎疾患のある子どもについても同様の対応としてください。

### （保育の代替措置について）

**問8** **臨時休業の際に、どうしても保育が必要となる子どもの保育について、保育士による訪問の検討が挙げられているが、こうした措置を取る際の留意点はどのようなことが考えられるか。**

○保育士の方は、子どもの居宅という環境での保育には必ずしも慣れていないことを踏まえ、保育時間や食事の提供、利用可能な場所や物品等についての確認、緊急時の対応等について留意してください。

いずれにしても、保育士の訪問による保育を行う際には、市区町村が当該保育所等と連携の上で、子どもの安全と家庭のプライバシーに十分配慮するとともに、保育士の方が安心して保育に当たることができるよう取り決め事項等の整備を行った上で実施することが重要です。

### （緊急事態宣言後の対応）

**問9-1** **令和3年1月8日より発令される緊急事態宣言（以下このQ&Aでは「令和3年1月緊急事態宣言」という。）に基づく緊急事態特別措置を実施すべきとされた地域における保育所は、どのように対応すべきか。**

○令和3年1月緊急事態宣言については、「新型コロナウイルス感染症対策の基本的対処方針（令和2年3月28日（令和3年1月7日変更）（新型コロナウイルス感染症対策本部決定）」において、「新型コロナウイルス感染症対策の基本的対処方針」に記載のとおり「社会経済活動を幅広く止めるのではなく、感染リスクが高く感染拡大の主な起点となっている場面に効果的な対策を徹底する。すなわち、飲食を伴うものを中心として対策を講じることとし、その実効性を上げるために、飲食につながる人の流れを制限する」ものであるとされている中で、「厚生労働省は、保育所や放課後児童クラブ等について、感染防止策の徹底を行いつつ、原則開所することを要請する」

こととされていることを踏まえ、原則開所いただくようお願いします。

**問9-2** **なぜ令和3年1月緊急事態宣言では、令和2年4月から5月にかけて発令された緊急事態宣言(以下このQ&Aでは「令和2年4月緊急事態宣言という。」)時と異なり、登園自粛を求めずに原則開所とするのか。**

○令和3年1月緊急事態宣言については、問9-1にあるとおり、社会経済活動を幅広く止めるものではなく、感染リスクが高く感染拡大の主な起点となっている場面に効果的な対策を徹底するものであり、これにより保育を必要とする者が大幅に減少することも想定されないことから、また、新型コロナウイルス感染症の特徴として、子どもが重症化する割合は低いことも踏まえ、必要な者に必要な保育を提供するという観点から、原則開所することをお願いするものです。

【参考1】令和2年4月緊急事態宣言に基づく緊急事態特別措置を実施すべきとされた地域における保育所は、どのように対応すべきとされていたか。

○まずは、仕事を休んで家にいることが可能な保護者に対して、園児の登園を控えるようお願いするなど、保育の提供を縮小して開所することについて検討をお願いします。また、園児や職員が罹患した場合や地域で感染が著しく拡大している場合で保育の提供を縮小して実施することも困難なときは、臨時休園の検討をお願いします。なお、この場合においても、医療従事者や社会の機能を維持するために就業を継続することが必要な者、ひとり親家庭などで仕事を休むことが困難な者の子ども等の保育が必要な場合の対応について、検討をお願いします。

【参考2】令和2年4月緊急事態宣言に基づく緊急事態宣言が解除された地域における保育所は、どのように対応すべきとされていたか。

○緊急事態措置を実施すべき区域の指定が解除された都道府県内の市区町村における保育所等においては、原則として開所していただくようお願いします。

○ただし、新型コロナウイルス感染症対策の基本的対処方針(令和2年5月25日変更)においては、指定を解除された地域においても、基本的な感染防止策の徹底等を継続する必要がある旨が示されていることから、引き続き、一定期間、感染防止のため、仕事を休んで家にいることが可能な保護者に対して、市区町村の要請に基づき、園児の登園を控えるようお願いすることが考えられます。その際にも、必要な者に保育が提供されないということがないよう、市区町村において十分に検討いただくようお願いします。いずれにしても、登園自粛をお願いするか否かの判断は、地域における感染拡大の状況等の実情を踏まえ、市区町村において行ってください。

○なお、保育所等において園児や職員が罹患した場合等においては、問1ただし書や問2に沿って臨時休園等の対応を検討してください。

**問10-1** 4月7日付け事務連絡にある「医療従事者や社会の機能を維持するために就業を継続することが必要な者」には、どのようなものが想定されるか。

○各都道府県における休業要請等の内容や、市区町村の実情を踏まえて検討いただくものではありますが、「新型コロナウイルス感染症対策の基本的対処方針(令和2年 3月28日(令和3年1月7日改正)新型コロナウイルス感染症対策本部決定)」において例示されている「緊急事態宣言時に事業の継続が求められる事業者」(※)を踏まえ、市区町村において検討の上、適切に御判断ください。

(※)(参考)新型コロナウイルス感染症対策の基本的対処方針(令和2年3月28日(令和3年1月7日改正)新型コロナウイルス感染症対策本部決定)(抜粋)

(別添)緊急事態宣言時に事業の継続が求められる事業者

以下事業者等については、「三つの密」を避けるための取組を講じていただきつつ、事業の継続を求める。

1.医療体制の維持

・新型コロナウイルス感染症の治療はもちろん、その他の重要疾患への対応もあるため、すべての医療関係者の事業継続を要請する。

・医療関係者には、病院・薬局等のほか、医薬品・医療機器の輸入・製造・販売、献血を実施する採血業、入院者への食事提供など、患者の治療に必要なすべての物資・

サービスに関わる製造業、サービス業を含む。

2. 支援が必要な方々の保護の継続

・ 高齢者、障害者など特に支援が必要な方々の居住や支援に関するすべての関係者（生活支援関係事業者）の事業継続を要請する。

・ 生活支援関係事業者には、介護老人福祉施設、障害者支援施設等の運営関係者のほか、施設入所者への食事提供など、高齢者、障害者などが生活する上で必要な物資・サービスに関わるすべての製造業、サービス業を含む。

3. 国民の安定的な生活の確保

・ 自宅等で過ごす国民が、必要最低限の生活を送るために不可欠なサービスを提供する関係事業者の事業継続を要請する。

①インフラ運営関係（電力、ガス、石油・石油化学・LPガス、上下水道、通信・データセンター等）

②飲食料品供給関係（農業・林業・漁業、飲食料品の輸入・製造・加工・流通・ネット通販等）

③生活必需物資供給関係（家庭用品の輸入・製造・加工・流通・ネット通販等）

④食堂、レストラン、喫茶店、宅配・テークアウト、生活必需物資の小売関係（百貨店・スーパー、コンビニ、ドラッグストア、ホームセンター等）

⑤家庭用品のメンテナンス関係（配管工・電気技師等）

⑥生活必需サービス（ホテル・宿泊、銭湯、理美容、ランドリー、獣医等）

⑦ごみ処理関係（廃棄物収集・運搬、処分等）

⑧冠婚葬祭業関係（火葬の実施や遺体の死後処置に係る事業者等）

⑨メディア（テレビ、ラジオ、新聞、ネット関係者等）

⑩個人向けサービス（ネット配信、遠隔教育、ネット環境維持に係る設備・サービス、自家用車等の整備等）

4. 社会の安定の維持

・ 社会の安定の維持の観点から、緊急事態措置の期間中にも、企業の活動を維持するために不可欠なサービスを提供する関係事業者の最低限の事業継続を要請する。

①金融サービス（銀行、信金・信組、証券、保険、クレジットカードその他決済サービス等）

②物流・運送サービス（鉄道、バス・タクシー・トラック、海運・港湾管理、航空・空

港管理、郵便等)

③国防に必要な製造業・サービス業の維持(航空機、潜水艦等)

④企業活動・治安の維持に必要なサービス(ビルメンテナンス、セキュリティ関係等) ⑤安全安心に必要な社会基盤(河川や道路などの公物管理、公共工事、廃棄物処理、個別法に基づく危険物管理等)

⑥行政サービス等(警察、消防、その他行政サービス)

⑦育児サービス(託児所等)

5.その他・医療、製造業のうち、設備の特性上、生産停止が困難なもの(高炉や半導体工場など)、医療・支援が必要な人の保護・社会基盤の維持等に不可欠なもの(サプライチェーン上の重要物を含む。)を製造しているものについては、感染防止に配慮しつつ、継続する。また、医療、国民生活・国民経済維持の業務を支援する事業者等にも、事業継続を要請する。

**問10-2** 4月7日付け事務連絡にある「ひとり親家庭などで仕事を休むことが困難な者の子ども等」には、どのようなものが想定されるか。

○ひとり親家庭の子どものほか、例えば、病気や障害を有している保護者の子ども、同居している親族を常時介護・看護している保護者の子ども、要保護児童対策地域協議会に登録されている支援対象児童(※1)などであって、家庭での保育が困難と考えられる場合が考えられ、市区町村において検討の上、適切に御判断ください。

(※1)要保護児童対策地域協議会に登録される支援対象児童については、児童福祉法第6条の3第8項の要保護児童(保護者のない児童又は保護者に監護させることが不適当であると認められる児童)や同条第5項の要支援児童(保護者の養育を支援することが特に必要と認められる児童)などが考えられます。

**問11** 4月7日付け事務連絡にある「仕事を休んで家にいることが可能な保護者」には、テレワークで在宅勤務をしている者は含むのか。

○テレワークで在宅勤務をしている場合は仕事を休んで家にいるものではないため、上記の定義に必ずしも該当するものではありません。いずれにしても、御家庭の状況、子どもの年齢や職務の内容等を十分に勘案した上で、市区町村において適切に御判断ください。

**問12** **登園自粛や臨時休園の際に、保護者や特に支援が必要とされる子どもに対して、保育所等の側からどのような支援を行う必要があるか。**

○登園自粛の継続や臨時休園の実施により、子どもやその保護者が自宅で過ごす時間が長くなることが考えられるため、保育所等においては、市区町村とも連携の上、保護者に対する相談支援を行うなど、必要な支援を行ってください。

特に、要保護児童対策地域協議会に登録されている支援対象児童など、配慮が必要な子どもについては、保育所等において、定期的に（支援対象児童については概ね1週間に1回以上）その状況を確認していただくなど、関係機関との連携を密にして取り組んでいただくようお願いします。

### （健康診断の実施等について）

**問13** **新型コロナウイルス感染症が一部の地域で拡大している中で、保育所の利用児童の健康診断について、どのような対応をしたらよいか**

○設備運営基準では、入所時及び年2回の健康診断を、学校保健安全法に規定する健康診断に準じて行うこととしています。健康診断の実施に当たっては、子どもが密集する状況をつくらない等の工夫をしながら、子どもの健康状況の把握を行うことが望まれます。

ただし、新型コロナウイルス感染症が一部の地域で拡大している中で、地域の感染症の発生状況や施設の状況などから実施体制が整わず、当初予定していた時期に健康診断を行うことが困難となる場合には、健康診断の実施を延期しても差し支えありません。（令和2年度の健康診断をまだ実施していない保育所であっても、嘱託医等と相談し、感染防止に配慮した上で、令和2年度末日までに少なくとも1回は実施してください。）

なお、保育所の利用児童の健康診断について実施を延期する場合には、特に、日常的な健康観察等による子どもの健康状態の把握に一層努め、健康上の問題があると認められる場合には、嘱託医と相談の上、適切な支援を行うようにしてください。

**問14** **自身の子どもの登園自粛の影響等で、調理員が保育所に出勤できなくなった場合には、給食を実施する代わりに弁当持参としてよいか。**

○調理員が出勤できない場合の給食提供については、公定価格の基本分単価に調理員の人件費が計上されていることにも鑑みれば、代替となる調理員の確保に努め、給食実施の継続を図ることが前提です。しかし、それでもなお代替調理員が確保できず、給食の実施がどうしても困難である場合には、その期間についてのみ、保管に当たっての衛生管理にも留意の上、一時的に各家庭から弁当を持参してもらう取扱いとすることもやむを得ないものと考えます。

**問15** **新型コロナウイルス感染症の影響で、給食に使う生鮮食品の入手が難しくなっているが、毎日その日の分の材料を仕入れなければならないのか。**

○保育所等を含む社会福祉施設における調理過程における重要事項については、「社会福祉施設における衛生管理について」（平成9年3月31日付社援施第65号厚生省大臣官房障害保健福祉部企画課長・社会・援護局施設人材課長・老人保健福祉局老人福祉計画課長・児童家庭局企画課長連名通知。以下「衛生管理通知」という。）において、「大量調理施設衛生管理マニュアル」（以下「マニュアル」という。）が適用されない社会福祉施設についても可能な限りマニュアルに基づく衛生管理に努めるよう周知願う旨お示ししているところです。

○今般の新型コロナウイルス感染症への対応において、各自治体で様々な対応がなされているところですが、保育所等における給食の原材料の納入に関しては、衛生管理通知で引用するマニュアルII1(5)において、「缶詰、乾物、調味料等常温保存可能なものを除き、食肉類、魚介類、野菜類等の生鮮食品については1回で使い切る量を調理当日に仕入れるようにすること」とされているところです。この点について、新型コロナウイルス感染症対策の影響で生鮮食品を当日に仕入れる体制の確保が難しい場合には、保存や調理に関して引き続きマニュアルに基づく衛生管理に努めるよう留意した上で、当日ではなく前日に仕入れるなど柔軟な対応をとることは差し支えありません。

**(行事等における注意点など)**

**問16 プール活動を行う際に、新型コロナウイルス感染症対策として、どのような対応をしたらよいか。**

○保育所におけるプールの水質管理については、「遊泳用プールの衛生基準について」(平成19年5月28日付け健発第0528003号厚生労働省健康局長通知別添)に従い、遊離残留塩素濃度が適切に管理されている(※1)場合、学校プールにおける運用(※2)と同様、プールの水を介した感染のリスクは低いとされています。そのため、これまで同様、プールの水質管理の徹底をお願いいたします。なお、低年齢児が利用することが多い簡易ミニプール(ビニールプール等)についても同様の管理が必要です。

○プール活動にあたっては、プールのサイズに合わせ、一度に活動する人数を調整する等子どもが密集する状態を作らないよう工夫をすることが望まれます。また、着替えや、汗等の汚れをシャワーで流すなど、プール活動の前後に行う行動についても、子どもが密集する状況をつくらないよう時間差をつける、タオルなどの備品を共用しない等の工夫が考えられます。

（※1）「遊泳用プールの衛生基準について」（平成19年5月28日付け健発第0528003号厚生労働省健康局長通知別添）に従い、遊離残留塩素濃度が0.4mg/Lから1.0 mg/Lに保たれるよう毎時間水質検査を行い、濃度が低下している場合は消毒剤を追加するなど、適切に消毒する。
https://www.mhlw.go.jp/bunya/kenkou/seikatsu-eisei01/02.html
（※2）「学校プールについては、学校環境衛生基準（平成21年文部科学省告示第60号）に基づき、プール水の遊離残留塩素濃度が適切に管理されている場合においては、水中感染のリスクは低いと指摘されております。」（「今年度における学校の水泳授業の取扱いについて」（令和2年5月22日事務連絡（スポーツ庁政策課学校体育室、文部科学省初等中等教育局幼児教育課）

**問17** 新型コロナウイルス感染症対策を行うことが求められる状況の中で、熱中症予防策としてどのような点に配慮したらよいか。

○熱中症の予防については、「熱中症予防の普及啓発・注意喚起について（周知依頼）」（令和2年5月18日事務連絡）（※1）でお知らせしているように、新型コロナウイルスへの感染拡大の防止の観点には十分留意しつつ、こまめな水分・塩分の補給、扇風機やエアコンの利用等の予防策を適切に行っていただくことが重要です。

○なお、エアコンの利用で室温等の調整を行っている際にも、こまめに換気を行うようにしてください。

○また、飛沫感染対策の一環として、職員がマスクを着用する際も、熱中症などの健康被害が発生する可能性が高いと判断した場合には、マスクを外したうえで、その他の感染症対策を適切に行うよう配慮して下さい（熱中症対策は、※2も御参照ください)。

○子どもについては、子ども一人ひとりの発達の状況を踏まえる必要があることから、一律にマスクを着用することは求めていません。特に2歳未満では、息苦しさや体調不良を訴えることや、自分で外すことが困難であることから、窒息や熱中症のリスクが高まるため、着用は推奨されません。2歳以上の場合であっても、登園している子どもが保護者の希望などからマスクを着用している場合は、マスク着用によって息苦しさを感じていないかどうかについて、十分に注意していただき、持続的なマスクの着用が難しい場合は、無理して着用させず、外すようにしてください。(なお、WHOは5歳以下の子どもへのマスクの着用は必ずしも必要ないとしています。)

(※1)「熱中症予防の普及啓発・注意喚起について(周知依頼)」https://www.mhlw.go.jp/content/000631950.pdf

(※2)「新型コロナウイルスに関するQ&A(一般の方向け)」問4「本格的な夏の到来で、熱中症予防のために、一般的な家庭用エアコンをかけ続けています。そのために換気ができないのですが、どのような工夫をしたらよいでしょうか。」https://www.mhlw.go.jp/stf/seisakunitsuite/bunya/kenkou_iryou/dengue_fever_qa_00001.html#Q1-4

(※3)WHOとUNICEFによる子どものマスク着用に関するガイダンス https://www.who.int/publications/i/item/WHO-2019-nCoV-IPC_Masks-Children-2020.1

**問18** 保護者等が参加する行事について、新型コロナウイルス感染症対策として、どのような配慮が必要か。

○保育所等において保護者等が参加する行事については、保育所等と保護者等との相互理解を図るために、それぞれの保育所等で内容や実施方法を工夫しながら行われてきているものです。一方、実施方法等によっては、大人数が一堂に会し、感染症対策上のリスクに配慮が必要な状況となることが考えられます。

○これまで保護者等が参加していた行事について、地域の感染状況等を踏まえ、その目的に応じた保護者等との相互理解の方法について検討を行ったうえで、現時点で開催を予定する場合には、以下のような感染拡大防止の措置をとっていただくとともに、実施方法の工夫の例が考えられます。

＜感染拡大防止の措置＞

・風邪のような症状のある方には参加をしないよう呼びかけ
・参加者へのマスクの着用や手洗の推奨、可能な範囲でアルコール消毒薬の設置
・屋内で実施する行事の場合には、こまめな換気の実施

＜開催方式の工夫の例＞

・参加人数を抑えること（対象となる子どもやクラスの限定、保護者等の参加人数に制限を加えるなどして最小限とする、保護者等を別会場とする等）
・参加者間のスペースを確保すること

# 索引

INDEX



資料編 索引

## た行



## さ行

## は行



## な行

## ら行



## ま行



## や行

●著者紹介

**大嶽　広展**（おおたけ　ひろのぶ）

東証一部上場企業の経営コンサルティング会社にて保育業界のコンサルティング領域をゼロからスタート。10年間で保育・教育関連の企業・法人と400件以上のコンサルティング契約顧問契約を結ぶ。

2011年に経済産業省事業「全国保育園防災マニュアル作成」、同じく2016年に「保育ニーズに応じた保育供給の在り方及び保育の経営力向上に関する調査研究」の統括責任者として従事。

2021年に、「『保育で働く』を子どもの憧れから社会の憧れにする」をビジョンに、株式会社カタグルマ（KatagrMa）の代表取締役社長／CEOに就任。保育園、幼稚園、こども園の勘と経験から脱却した「計画性」「継続性」「成果」の高いマネジメントを実現するため、自己評価・事業計画等の一元管理・見える化・分析でマネジメントを強力にサポートする園マネジメント支援クラウド「カタグルマ」を開発。

著書に『働き続けたい保育園づくり』（労働調査会）、『図解入門業界研究　最新　保育サービス業界の動向とカラクリがよ〜くわかる本』（秀和システム）などがある。

2児（3歳の息子、1歳の娘）の父親でもある。

図解入門業界研究
最新 保育サービス業界の動向とカラクリがよ～くわかる本［第4版］

発行日　2021年　3月15日　第1版第1刷

著　者　大嶽　広展

発行者　斉藤　和邦
発行所　株式会社　秀和システム
〒135-0016
東京都江東区東陽2-4-2　新宮ビル2F
Tel 03-6264-3105（販売）　Fax 03-6264-3094
印刷所　三松堂印刷株式会社　Printed in Japan

ISBN978-4-7980-6283-9 C0033

定価はカバーに表示してあります。

乱丁本・落丁本はお取りかえいたします。

本書に関するご質問については、ご質問の内容と住所、氏名、電話番号を明記のうえ、当社編集部宛FAXまたは書面にてお送りください。お電話によるご質問は受け付けておりませんのであらかじめご了承ください。